成本会计

Cost Accounting

郑祥玉 主 编 徐慧娥 副主编

浙江工商大学出版社 | 杭州
ZHEJIANG GONGSHANG UNIVERSITY PRESS

图书在版编目（CIP）数据

成本会计 / 郑祥玉主编 ; 徐慧娥副主编. — 杭州 :
浙江工商大学出版社, 2022.8
ISBN 978-7-5178-5066-3

Ⅰ.①成… Ⅱ.①郑… ②徐… Ⅲ.①成本会计—教
材 Ⅳ.①F234.2

中国版本图书馆CIP数据核字（2022）第150024号

成本会计

CHENGBEN KUAIJI

郑祥玉 主　编　徐慧娥 副主编

责任编辑	谭娟娟
责任校对	韩新严
封面设计	朱嘉怡
责任印制	包建辉
出版发行	浙江工商大学出版社
	（杭州市教工路198号　邮政编码310012）
	（E-mail : zjgsupress@163.com）
	（网址 : http://www.zjgsupress.com）
	电话 : 0571-88904980 , 88831806（传真）
排　版	杭州朝曦图文设计有限公司
印　刷	浙江全能工艺美术印刷有限公司
开　本	710 mm×1000 mm　1/16
印　张	18.25
字　数	254 千
版 印 次	2022 年 8 月第 1 版　2022 年 8 月第 1 次印刷
书　号	ISBN 978-7-5178-5066-3
定　价	39.80 元

本书编委会

主　　编：郑祥玉

副 主 编：徐慧娥

成　　员：(按姓氏笔画排序)

朱晓蓉　孙　丽　宋建军

周亚珍　郑　玲　郑国芳

前言

　　根据教育部出台的《关于全面提高高等职业教育教学质量的若干意见》，结合新《企业会计准则》、2014年1月1日起执行的《企业产品成本核算制度》，在税收法律制度不断完善的情况下，作者团队以制造企业对高职学生的需求为导向，以应用为主线，以学生为主体，围绕提高学生成本核算和成本管控职业技能，开发了"成本会计"课程，并编撰此教材。

　　作者团队共同编写调研提纲与设计问卷调查表，主要面向制造企业开展岗位群和岗位工作任务等调研。在调研的基础上，确定课程培养目标，准确进行课程定位；对制造企业的典型工作任务和职业岗位能力进行分析，将工作岗位要求转换为专业课程培养所需达到的知识素养、职业技能、人文素养、数据素养和科技素养目标，进而确定工作岗位需具备的专业能力（专业知识＋职业技能）、方法能力（学会学习＋学会工作）和社会能力（学会共处＋学会做人），同时兼顾学生参加会计职称考试及职业技能竞赛的需求，设计教学项目。教学项目以成本核算工作任务为载体，将相关的理论知识分解嵌入各个教学项目中。

　　教材的编写以职业能力培养为重点，充分体现职业教育的职业性、实践性和开放性，采取"项目导向、任务驱动"的模式，在考虑教学资料全面性和专业知识拓展性的基础上，将全书内容设计为十一个项目，具体包括：成本会计基本认知、产品成本核算基础、要素费用的归集和分配、辅助生产费用的归集和分配、制造费用的归集和分配、生产损失的核算、生产费用在完工产品与在产品之间的分配、产品成本核算的基本方法、产品成本核算的辅助方法、成本报表的编制和分析及产品成本核算的其他方法。团队根据企业经济业务的关联性,通盘考虑相关业务的连续性与数字衔接,力求用原始凭证反映经济业务,通过编制费用分配表分配相关费用,依据原始凭证或费用分配表编制记账凭证,在相关成本核算账户中连续记载,形成完整的成本报表,着力加深学生对产品成本核算方法的理解;同时根据成本核算结果,对照标准化成本核算制度进行成本分析,使学生具备一定的成本管理能力。教材中每个项目都有明确的学习目标、学习任务和同步快速测试,并按照高职学生的认知规律创设学习情景,实现业财融合。项目内容设计过程中充分考虑教学资料的全面性和专业知识的拓展性等特点,努力满足项目教学、任务驱动等教学方法的要求。作者团队进一步吸收国内外会计学科发展的新成果,以校企合作为平台,使教材内容更贴合实际。同时,读者可以通过扫描书中的二维码(二维码内容为该节相关内容),进行与教材内容相匹配的视频学习和在线自测,体验立体化学习。

本书是衢州职业技术学院校企合作开发教材,由衢州职业技术学院教师郑祥玉担任主编,衢州职业技术学院教师徐慧娥担任副主编。具体的编写工作分工如下:项目一、项目八、项目九由郑祥玉(衢州职业技术学院)编写;项目二由孙丽(衢州职业技术学院)编写;项目三、项目六由徐慧娥(衢州职业技术学院)编写;项目四由郑玲(宁波城市职业技术学院)编写;项目五由郑国芳(衢州职业技术学院)编写;项目七由周亚珍(衢州职业技术学院)编写;项目十由宋建军(衢州职业技术学院)编写;项目十一由朱晓蓉(衢州职业技术学院)编写。最后由郑祥玉总纂定稿。同时本书在编写过程中,也得到了浙江衢化氟化学有限公司财务负责人范卫康(高级会计师)、财务科长张长国的大力支持和指导,他们为本书提供了大量素材和教学案例,在此表示感谢。

由于我们水平有限,书中难免有疏漏和不当之处,恳请读者批评指正。

编者

2022 年 5 月

目录

课程介绍

项目一　成本会计基本认知

学习目标

　　知识目标：学习和把握成本、费用、支出的联系与区别，理解成本的经济实质，了解成本会计工作的组织方法，掌握成本会计的职能、作用及熟悉成本会计的基础工作。

　　技能目标：能正确划分企业支出、费用、成本，熟悉成本核算机构的设置和人员配置，熟悉成本核算原始记录的建立和鉴别、内部结算价格的制定、计量验收制度的建立与运用。

学习情境

　　李丽于2019年7月从某财经大学毕业，后应聘到东方机械厂当成本会计核算员。财务部成本会计科王科长向李丽介绍了该厂的基本情况：该厂主要生产用于矿山企业的大型重型机械，全厂设有8个基本生产车间，分别负责生产矿山机械的各种零件和进行零部件的组装。另外，还设有4个辅助生产车间，为基本生产车间和其他部门提供产品和劳务。该厂现有会计人员38人，其中成本会计人员8人（不包括各个生产车间的成本会计人员）。该厂规模较大，但为了集中控制成本和进行成本分析，现在实行的是厂部一级成本核算制度，但有人建议该厂实行车间和厂部两级成本核算制度。王科长让李丽对企业生产经营特点、成本核算和其他方面的情况进行详细的调查之后回答如下几个问题：

　　（1）根据本厂的具体情况，应采用一级成本核算制度还是两级成本核算制度？

　　（2）车间和厂部应该设置哪些成本会计核算的岗位？

　　（3）车间和厂部应该设置哪些成本核算的总账账户和明细账账户？

　　（4）对企业现行的成本核算模式提出进一步的改进意见。

任务一　了解成本

一、成本的概念

众所周知,物质生产是人类生存和发展的必要条件,而社会再生产得以连续不断进行的前提条件,则是生产过程中的一切耗费都必须对应于其所得,并从其所得中得以补偿。这样便产生了一个用价值表现生产耗费的概念——成本。

成本是资源的一种耗费。这种资源的耗费在现实生活中无处不在,每天都在发生,如产品生产过程中发生的各种生产耗费,有劳动手段、劳动对象和劳动者等方面的耗费,具体表现为人力、物力和财力的耗费,用货币形式把它表现出来,会计上称为成本。用会计学语言表述就是:成本是特定的会计主体为了达到一定的目的而发生的可以用货币计量的代价。

成本遍及各行各业的各项活动,但这并不意味着所有活动的成本都需要通过会计来核算和考核。是否需要通过会计来核算和考核成本,是由活动的特点和管理需要决定的。如,政府机关、事业单位等不以营利为目的的单位不进行成本核算与考核,其成本开支不依靠自身创造的收入来补偿,而是通过国家财政预算拨款予以满足的;以营利为目的的物质生产部门及企业化管理的事业单位需要进行成本核算与考核,所发生的成本开支由单位自身的收入来补偿,努力做到以收抵支、自负盈亏、保证盈利。成本会计所研究的成本,主要是以营利为目的的单位所发生的各类成本费用。其中,物质生产部门为制造产品所发生的成本,即产品的生产成本,具有典型的意义。因此,本教材以制造企业的成本核算作为主要内容予以阐述。

成本是商品价值的重要组成部分。商品的价值由三部分组成,即生产中消耗的生产资料的价值（C）,劳动者为自己的劳动所创造的价值（V）及劳动者为社会创造的价值（M）。成本是前两个部分价值之和,即 C＋V。因此,从理论上讲,成本是一个价值范畴,是商品价值中的（C＋

V)部分。换句话说,成本就是企业在生产商品的过程中,已经消耗的生产资料的价值和劳动者为自己劳动所创造的价值的总和。这一表述说明了成本的经济实质,通常被称为理论成本。

实际工作中,成本与管理密切联系,而且成本的内容往往服从于管理的需要,并随着管理的发展而发展。在不同国家的不同发展时期,由于不同的经济环境和管理要求,对于成本的列支范围都有着不同的规定。例如,生产过程中发生的废品损失和停工损失等非生产性支出,从性质上看其并未形成产品价值,它并不是产品的生产性耗费,而是纯粹的损失,即按其性质而言其并不属于成本的范围。但是,考虑到经济核算的需要,在我国制造业的成本核算中,将废品损失和停工损失列入产品成本,使之得到必要的补偿。由此可见,理论上的(C+V)这部分成本,只能是一种高度抽象的理论成本。实际的会计核算中计算的成本,除了考虑对消耗劳动的补偿之外,还必须执行国家的政策和规定,同时考虑管理对成本的要求。可以说,会计成本只是理论成本的近似,是对理论成本进行修订和协调的结果。

鉴于此,在现实经济生活中,成本在会计上的定义是:成本是在为生产一定数量的产品和劳务而耗费的人力、物力等资源的货币表现中,根据会计有关制度规定和操作技术手段以及其他有关制约条件,可以在产品销售收入中直接扣除的部分。会计上所称的成本具有四个特征:第一,成本是原材料、固定资产、人工等经济资源的耗费;第二,成本是以货币计量的耗费,无法用货币计量的耗费不能作为会计成本;第三,成本是特定对象的耗费,是转嫁到一定产出物的耗费,这个产出物可以是一件产品或是一项服务;第四,成本是正常生产经营活动的耗费。当然,成本是一个发展的概念,随着社会经济的发展,成本的概念和内涵也在不断地发生变化,人们所感受到的成本范围也在不断扩大。

二、成本的作用

(一) 成本是补偿生产耗费的尺度

企业的生产经营过程，也是生产的耗费过程。企业在生产经营活动中所耗费的生产要素的种类和数量，也是通过成本指标来反映的。要使企业再生产过程连续不断地进行，就必须对生产过程中的耗费进行补偿。在市场经济条件下，企业作为一个自负盈亏的商品生产者和经营者，生产耗费是用其销售收入来补偿的，而成本就是衡量这一补偿大小的尺度。企业在取得销售收入后，必须把相当于成本的数额划分出来，用以补偿生产经营中所发生的耗费。只有这样，才能维持简单的再生产。成本也是划分生产经营耗费和企业纯收入的依据。在一定的销售收入中，成本越低，企业纯收入就越多。可见，成本作为补偿生产耗费的尺度，对经济发展有着重要的作用。

(二) 成本是综合反映企业工作质量的重要指标

成本是反映企业生产经营管理工作质量的综合指标。经营管理中各方面工作的好坏，都可以直接或间接地在成本上反映出来，比如机器设备的利用是否充分，材料物资的消耗是否节约，生产工艺的设计是否合理，供产销各环节是否顺畅，劳动生产率的高低，产品设计的好坏等，都会对成本产生影响。成本是综合反映企业工作质量的指标，因而可以通过对成本的计划、控制、监督、考核、分析等来促使企业及企业内各部门加强经济核算，努力改进管理，降低成本，提高经济效益。

(三) 成本是制定产品价格的重要因素

市场经济条件下，产品的价格是产品价值的货币表现，它以价值为基础，并围绕价值上下波动。在市场经济中，产品价格要根据国家的经济政策、产品的比价关系、市场的竞争情况、社会供求的关系和成本等因素来综合确定，其中成本是产品价格制定的最低经济界限。一般情况下，产品的价格不能低于产品的成本，否则企业就不能补偿生产过程中的消耗、保证再生产的顺利进行，因此说产品成本是制定产品价格的重要参考因素。

（四）成本是企业经营决策的重要依据

努力提高在市场上的竞争力和经济效益，是社会主义市场经济条件下对企业的客观要求。在市场经济条件下，企业要在激烈的竞争环境下立足，并获得生存和发展的契机，就必须根据市场需要和自身经营状况，做出果断、正确的决策。当企业根据决策目标，从各种备选方案中选择最优方案时，虽然有许多因素需要考虑，但成本是其中必须考虑的因素之一。因为对决策方案的分析和评价都离不开成本—效益的分析，而产品成本是效益分析的基础，它为决策提供重要依据。较低的成本，可以使企业在市场竞争中处于有利地位。

任务二　熟悉成本会计及其职能和任务

一、成本会计的概念

成本会计，就是运用会计的基本原理和一般原则，采用一定的技术方法，结合企业具体的生产经营特点，对企业生产经营过程中所发生的各项费用和产品或劳务成本进行连续、系统、全面、综合的核算和监督的一个会计分支。成本会计实际上是成本与费用会计。

二、成本会计的对象

所谓成本会计的对象，指的是成本会计核算和监督的内容。因为成本会计研究的主要是物质生产部门为制造产品而发生的成本，即产品生产成本，所以成本会计核算和监督的内容也主要是产品生产成本。要说明的是，在产品生产过程中，除了发生直接材料、燃料和动力、直接人工和制造费用外，还会发生筹资支出、管理支出和销售支出，即财务费用、管理费用和销售费用。由于这些费用支出大多按期发生，难以按产品归集，而期间费用直接计入当期损益，不作为产品成本的构成内容。但这些费用作为生产者的经营管理费用，它与产品生产不是毫不相干的，而是相关的，是服务于产品生产的。可以说，没有这些费用的发生，产品生产就不可能正常进行。因此，为了促使生产者节约这些费用，增加盈利，企业需要把它们连同产品成本都作为成本会计的对象。

由此可见，对于工业生产企业来说，成本会计对象包括产品的生产成本和经营管理费用。成本会计对象不仅包括工业生产企业的产品生产成本和经营管理费用，还包括其他行业企业的经营业务成本和经营管理费用，如农业、批发零售业、建筑业、房地产业、采矿业、交通运输业、信息传输业、软件及信息技术服务业、文化业等企业。成本属于经济范畴，牵涉各行业企业的经济活动，这些行业企业从事经济活动发生的耗费也就理所当然地成为成本会计对象的内容。

综上所述，成本会计的对象可以概括为：各行业企业的生产经营业务成本和经营管理费用，简称为成本、费用。所以，成本会计实际上是成本、费用会计。

随着商品经济的不断发展，成本概念的内涵和外延不断变化。所以，在现代成本会计中，还出现了许多新的成本概念，如变动成本、固定成本、边际成本、机会成本、目标成本、标准成本、可控成本和责任成本（又称专项成本）等，从而组成了多元化的成本概念体系。

三、支出、费用与成本之间的关系

要深刻理解成本会计的对象，对支出、费用与成本之间的关系就要有明确的认识。

（一）支出

支出是指企业在经济活动中发生的一切开支与耗费。就一般而言，企业的支出可分为资本性支出、收益性支出、所得税支出、营业外支出和利润分配性支出等五大类。

资本性支出是指该项支出的发生不仅与本期收入有关,也与其他会计期间的收入有关,而且主要是为以后各期的收入取得而发生的支出。如,企业购建的固定资产、取得的无形资产、对外投资等。

收益性支出是指一项支出的发生仅与本期收益的取得有关,因而它直接冲减当期收益。如,企业为生产产品而发生的材料、工资等开支。

所得税支出是指企业在取得经营所得与其他所得的情况下,按我国税法规定,根据企业应纳税所得额计算并缴纳所得税而发生的支出。所得税支出作为所得税费用,直接用当期收益补偿。

营业外支出是指与企业生产经营业务没有直接联系的各项支出,如企业支付的各项罚款、违约金、赔偿金、赞助支出及非常损失等。

利润分配性支出是指利润分配过程中发生的开支,如支付的现金股利等。

(二) 费用

费用是指企业为销售商品、提供劳务等日常活动所发生的经济利益的流出。其具体体现为企业在出售产成品、商品、提供劳务或服务等带来收入的过程中,对企业拥有或控制的资产的耗费。费用按其与产品生产的关系,可划分为产品成本和期间费用两类。产品成本是指产品生产过程中发生的物化劳动和活劳动的货币表现,如直接材料、燃料和动力、直接人工和制造费用等耗费,它与产品生产有着直接关系。期间费用是与企业的经营管理活动有密切关系的耗费,这与产品的生产没有直接关系,应作为当期收益的扣减。期间费用包括销售费用、管理费用和财务费用。

同步思考:对企业直接材料、燃料和动力、直接人工及制造费用、销售费用和管理费用的判断。

某企业发生下列支出:

(1) 针对工厂机器设备采用直线法计提的折旧;

(2) 车间生产椅子使用木材的成本;

(3) 工厂厂房的保险费;

（4）工厂发生的水电费；

（5）工厂采购部经理的薪资；

（6）销货人员的佣金；

（7）组装线上工人的工资；

（8）行政管理部门领导的薪资；

（9）办公使用纸张的费用；

（10）机器使用润滑油的费用；

（11）生产椅子所用机器耗用柴油的费用。

以上支出应计入何种成本费用项目？为什么？请运用生产经营管理费用相关分类理论回答。

理解要点：产品成本是指产品生产过程中发生的物化劳动和活劳动的货币表现，如直接材料、燃料和动力、直接人工和制造费用等耗费，它与产品生产有直接关系；期间费用是指与企业的经营管理活动有密切关系的耗费，这与产品的生产没有直接关系，属于经营管理费用。所以，事项（2）为直接材料，事项（7）为直接人工，事项（1）（3）（4）（10）为车间制造费用，事项（6）为销售费用，事项（5）（8）（9）为管理费用，事项（11）为燃料和动力。

（三）成本

成本是一种耗费，有广义与狭义之分。广义的成本指企业发生的全部费用，包括产品成本与期间费用；狭义的成本通常仅指产品成本。产品成本是指企业在生产产品过程中所耗用的材料费用、人工费用等，以及不能直接计入成本而按一定标准分配计入的各种间接生产费用。

综上所述，支出是企业在经济活动中所发生的所有开支与耗费。费用是支出的主要组成部分，是企业支出中与生产经营相关的部分。产成品成本是产品成本的对象化，产品成本是计算产成品成本的基础，产成品成本是产品成本费用的最后归宿。如果企业没有在产品，当期产品成本即当期完工产品成本，也就是产成品成本；如果企业有在产品，则产品成本与完工产品成本的关系是：本期完工产品成本（产成品成本）＝期初在产品成本＋本期产品成本－期末在产品成本。

四、成本会计的职能

成本会计的职能，是指成本会计在整个生产经营过程中所发挥的作用。由于现代成本会计与管理紧密结合，它实际上包括成本管理的各个环节。现代成本会计的主要职能有成本预测、成本决策、成本计划、成本控制、成本核算、成本分析和成本考核。

（一）成本预测

成本预测是根据成本的有关数据和其他相关资料，运用一定的技术方法，对企业未来的成本水平及其发展趋势做出科学的估计。成本预测是确定目标成本和选择达到目标成本途径的重要手段。也就是说，通过成本预测可以掌握企业未来的成本水平及变动趋势，可以提高企业人员降低成本的自觉性，也为成本决策、成本计划、成本控制提供了及时有效的信息。

（二）成本决策

成本决策是在成本预测的基础上，运用决策理论和方法，结合企业的具体情况，对制订的各种可行性方案进行分析、比较，从中选出最优方案，以便确定目标成本，制订成本计划。例如，同一种产品不同等级的产量，如何搭配才能使利润最大化；自制半成品是直接出售还是继续加工；零部件是自制还是外购；等等。

（三）成本计划

成本计划是根据成本决策提供的最优方案所确立的目标成本，具体规定在一定时期内为完成生产任务所需的生产费用数额，确定各种产品的成本水平，并提出为保证成本计划顺利实现所应该采取的措施。成本计划通常包括编制生产成本及期间费用预算、商品（产品）总成本及单位成本计划、可比产品成本降低计划及完成计划的措施等。成本计划为企业进行成本控制、成本分析、成本考核提供了重要依据，一经确定，对各个生产单位及职能部门都有约束作用。

（四）成本控制

成本控制是指在生产活动过程中，根据预先规定的成本标准和费用预算，对于实际发生的费用与成本，及时发现其与预定的目标之间的差异，及时纠正，将其控制在成本计划和成本标准的范围内。通过成本控制，可以揭示问题，找出差距，防止浪费，消除损失。成本控制的范围涉及企业生产经营的各环节、各部门，控制的内容包括企业人力、物力、财力的消耗及每一项费用的开支。

（五）成本核算

成本核算是对企业生产经营过程中所发生的各种成本、费用进行的核算，它是按照一定的对象和标准进行归集和分配的。成本核算是成本会计工作中的基础内容。通过成本核算，可以计算出产品的实际总成本和单位成本，进而能够反映成本计划的执行情况，为编制下期成本计划、进行未来成本预测和成本决策提供资料，同时也可为制定产品价格提供参考依据。

（六）成本分析

成本分析是根据成本计划、成本核算提供的资料和其他相关资料，与相关指标（如目标成本、上一年实际成本、同行业成本等）进行对比，揭示影响成本、费用的各种因素及影响程度，以了解产品成本的变动情况，挖掘企业降低成本、节约费用的潜力。成本分析是成本核算工作的继续，是成本会计的重要组成部分。

根据成本报表和成本计划等资料进行的成本事后分析，主要包括全部产品成本计划完成情况的分析、可比产品成本计划完成情况的分析、产品单位成本计划完成情况的分析、制造费用预算执行情况的分析、技术经济指标变动对产品成本影响的分析、产品质量变动对成本影响的分析、工人劳动生产率变动对成本影响的分析、材料利用情况的变化对成本影响的分析等。

（七）成本考核

成本考核是指根据成本核算、成本分析提供的资料和其他相关资料,定期对成本计划及有关指标实际完成情况进行总结和评价。成本考核以各责任者为评价对象,以其可控成本为界限,并按责任的归属来核算和考核其成本指标的完成情况,评价工作业绩和决定奖惩情况,以充分调动各个责任者完成预定目标的积极性。

上述成本会计的七项职能既相互独立又相互联系,构成了成本会计的七个环节。成本预测是成本决策的前提;成本决策是成本预测的结果;成本计划是成本决策所确定的成本目标的具体化,同时又是成本控制、成本分析、成本考核的依据;成本控制是对成本计划的实施进行监督,保证决策目标的实现;成本核算是对决策目标是否实现的最后检验;成本核算和成本计划是成本分析的依据,进行成本分析在于找出影响成本变动的各种因素和原因,并对成本决策的正确性做出判断;成本考核是实现成本决策的目标、强化成本核算作用的重要手段。在上述各项职能中,成本核算是成本会计最基本的职能。离开了成本核算,就谈不上成本会计,更谈不上其他职能的发展。

五、成本会计的任务

成本会计的任务是成本会计职能的具体化,也是人们期望成本会计达到的目标和对成本会计的要求。其根本任务:促进企业尽可能节约生产经营过程中活劳动与物化劳动的消耗,不断降低产品成本,提高经济效益。它与成本会计的职能有着密切联系:成本会计能否承担某一项任务,取决于它是否具有完成该项任务的职能;成本会计职能的发挥程度又受制于任务完成情况的好坏。根据企业经营管理的要求,成本会计的任务主要有以下四项。

（一）正确计算产品成本，及时提供成本信息

计算产品成本是成本会计最基本的任务，也是完成成本会计其他任务的前提条件。成本数据正确可靠，才能满足管理的需要。如果成本资料不能反映产品成本的实际水平，不仅难以考核成本计划的完成情况和进行成本决策，而且会影响利润的正确计量和存货的正确计价，歪曲企业的财务状况和经营成果。及时编制各种成本报表，可以使企业的有关人员及时了解成本的变化情况，并作为制定售价、做出成本决策的重要参考资料。

（二）优化成本决策，确立目标成本

优化成本决策，需要在科学的成本预测的基础上收集与整理各种成本信息，在现实和可能的条件下，采取各种降低成本的措施，从若干可能的方案中选择生产每件合格产品所消耗活劳动和物化劳动最少的方案，将成本最低化作为确定目标成本的基础。为了优化成本决策，需增强企业员工的成本意识，使之在处理每一项业务时都能自觉地考虑和重视降低产品成本，把费用与所得进行比较，以提高企业的经济效益。

（三）加强成本控制，防止挤占成本，提高效益

加强成本控制，第一是进行目标成本控制，主要依靠执行者自主管理，进行自我控制，以促进企业提高技术，厉行节约，注重效益。第二是遵守国家有关成本费用开支范围的规定，严格控制各项费用支出、营业外支出等挤占成本，并积极探求节约开支的途径，以促进企业经济效益的不断提高。

（四）建立成本责任制度，加强成本责任考核

成本责任制是对企业各部门、各层次和执行人在成本方面的职责所做的规定，是增强职工降低成本的责任心，发挥职工主动性、积极性和创造力的有效办法。建立成本责任制度，要把完成成本降低这一任务的

责任落实到每个部门和责任人,使职工的责、权、利相结合,职工的劳动所得与劳动成本相结合,因此,各责任单位与个人要承担降低成本之责,执行成本计划之权,获得奖惩之利。实行成本责任制度时,成本会计要以责任者为核算对象,按责任的归属对所发生的可控成本进行记录、汇总、分配整理、计算、传递和报告,并把各责任单位或个人的实际可控成本与其目标成本相比较,揭示差异,寻找发生的原因,以确定奖惩并挖掘进一步降低成本的潜力。

以上各项成本会计任务的核心就是降低成本,提高经济效益。

任务三 组织开展成本会计工作

为了充分发挥成本会计的作用,更好地完成成本会计的各项任务,必须有效地组织成本会计工作。为此,企业一般根据成本管理需要设置成本会计机构,配备成本会计人员,制定有效的成本会计制度。

一、设置成本会计机构

企业的成本会计机构,是指在企业中负责组织领导和从事成本会计工作的职能部门,是企业会计机构的重要组成部分。企业在保证成本会计工作质量的前提下,按照节省成本会计工作时间和费用的原则,设置成本会计机构。企业的生产类型特点、经营规模,以及成本会计机构与会计机构的关系,都影响到成本会计工作机构的设置。成本会计机构可以单独设置,也可以并入企业会计机构。在大中型企业中,通常在厂部专设的会计机构中单独设立成本会计科,并在各生产车间设置成本会计组,专门从事成本会计核算工作。在小型微利企业中,一般在专设的会计机构中设置专职的成本核算员,负责处理成本会计相关事宜。

企业内部各级成本会计机构按照组织分工方式的不同,可以将成本会计工作的组织方式分为集中工作方式和分散工作方式。

（一）集中工作方式

集中工作方式是指企业的成本会计工作，主要由厂部成本会计机构集中处理，车间等其他单位的成本会计机构或人员负责原始记录的登记和填制，并对它们进行初步的审核、整理和汇总，为厂部成本会计机构的进一步工作提供基础资料。在这种方式下，厂部成本会计机构能够比较及时地掌握企业成本费用的各种信息，便于集中使用计算机进行成本数据的处理，还可以减少成本会计机构设置的层次和成本会计人员的数量；但它不便于实现责任成本目标，直接从事生产经营活动的单位和个人不能及时掌握本单位的成本信息，从而不便于成本的及时控制和责任成本制的推行。

（二）分散工作方式

分散工作方式是指将企业成本会计工作中的核算、分析、计划编制等分散到车间部门，由其成本会计机构和人员分别进行。厂部的成本会计机构负责对各车间部门的成本会计机构和人员进行业务上的指导和监督，并对全厂的成本会计信息进行综合的核算和分析。分散工作方式的优缺点正好和集中工作方式的相反。

一般而言，集中工作方式主要适用于中小型企业，分散工作方式主要适用于大中型企业。在实际工作过程中，为了扬长避短，可以在一个企业中将两种工作方式结合起来，即对某些部门采用分散工作方式，而对其他部门采用集中工作方式。

二、配备成本会计人员

成本会计人员是指在会计机构中从事成本会计工作的人员。成本会计工作是会计工作的核心。为了保证成本会计工作的质量，成本会计人员应具备较高的职业素质。

作为一名合格的成本会计人员，首先，应该具备与所从事的会计工作相适应的专业知识和业务能力；其次，要熟悉和执行国家的政策和法规,热爱会计工作,精通会计业务,遵守职业道德;最后,还应当懂得企业成本管理,能经常深入企业生产实践各环节,熟悉企业生产特点和管理具体要求。

同时,成本会计人员的配备应该是多层次的,除厂部和生产车间配备专职的成本会计人员,搞好成本核算,参与成本管理外,在生产班组内也可以设置兼职核算员,开展班组成本核算。班组核算主要负责登记原始记录,填制原始凭证,并对原始资料进行初步的审核、整理与汇总,提供与产品成本计算有关的基础的原始资料。

三、制定成本会计制度

成本会计制度是成本会计工作的规范,是会计法规和制度的重要组成部分。企业成本会计制度包括统一制度和内部制度两方面。统一制度是指国家为统一企业会计核算口径,规范企业会计核算方法而制定的全国性的会计法规制度,是企业成本会计工作应遵循的制度,包括"一法、二则、三制度",即会计法,企业会计准则与企业财务通则,企业会计制度、财务成本制度和小企业会计制度三个法规层次,它们是制定企业内部成本会计制度的基本依据。内部成本会计制度必须以统一制度为指导,适应企业生产类型和成本管理的具体要求而制定,它是本企业成本会计工作的基本规范,是进行成本会计的操作依据。

各行业企业由于生产经营的特点和管理的要求不同,所制定的成本会计制度有所不同。以工业企业为例,企业成本会计制度一般包括以下内容:成本计划的编制方法、成本核算制度、成本预决策制度、成本控制制度、成本分析制度、成本报表制度、责任会计制度等。其中,成本核算制度是成本会计制度的重点内容,包括确定成本核算对象、选择成本计算方法、设置成本明细账及成本项目、生产费用的归集分配、产品生产成本的核算程序、生产费用在完工产品与在产品之间的分配等。以上各项成本会计制度内容,一部分由财政部统一制定(如生产成本总账、主要业务收支明细表、成本项目等),以便进行汇总。这一部分制度内容,企业必须严格执行;其他部分由企业结合自身情况制定,但它们必须符合国家相关成本管理规定的要求。

知识拓展：成本会计岗位职责

（1）按照国家会计法规、公司财会制度和成本治理有关规定，负责拟订公司各部门成本核算实施细则，在上级批准后组织执行。

（2）主动会同有关人员对公司重大项目、产品等进行成本预算，编制项目成本计划，提供有关的成本资料。

（3）当公司推行全面成本核算治理和内部银行核算制时，协助有关主管制定总体方案和实施办法，确定各类成本定额、标准，并协助各部门和下属企业的推广培训。

（4）不断监督、调查各部门执行成本计划的情况，并把出现的问题及时上报。

（5）学习、把握先进的成本治理和成本核算方法及计算机操作流程，提出降低成本的措施和建议。

（6）做好相关成本资料的整理、归档、数据库建立、查询、更新工作。

同步快速测试

一、单项选择题

1. 产品的理论成本由（   ）构成。

A.耗费的生产资料的价值

B.劳动者为社会创造的价值

C.劳动者为自己的劳动所创造的价值

D.以上的A和C

2. 下列各项不应计入产品成本的是（   ）。

A.废品损失   B.管理费用

C.修理期间的停工损失   D.季节性停工损失

3. 成本会计最基本的职能是（　　　）。

A.成本预算　　　　　B.成本决策　　　　　C.成本核算　　　　　D.成本考核

4. 成本会计的对象是（　　　）。

A.产品成本的形成过程

B.各项生产费用的归集和分配

C.各行业企业生产经营业务的成本和有关的期间费用

D.制造业的成本

5. 从管理角度来看,成本会计是（　　　）的一个组成部分。

A.管理会计　　　　　B.财务会计　　　　　C.财务管理　　　　　D.预算会计

6. 成本会计的任务主要决定于（　　　）。

A.企业经营管理的要求　　　　　　　B.成本核算

C.成本控制　　　　　　　　　　　　D.成本决策

7. 成本会计最基本的任务和中心环节是（　　　）。

A.进行成本预测,编制成本计划

B.审核和控制各项费用的支出

C.进行成本核算,提供实际成本的核算资料

D.参与企业的生产经营决策

8. 成本的经济实质是（　　　）。

A.生产经营过程中所耗费生产资料转移价值的货币表现

B.劳动者为自己劳动所创造价值的货币表现

C.劳动者为社会劳动所创造价值的货币表现

D.企业在生产经营过程中所耗费的资金的总和

二、多项选择题

1. 产品成本的作用有（　　　）。

A.产品成本是补偿生产耗费的尺度

B.产品成本是综合反映企业工作质量的重要指标

C.产品成本是制定产品价格的一项重要影响因素

D.产品成本是企业进行决策的重要依据

2. 制造业生产经营过程中发生的下列支出,(　　)不应计入产品成本。

A.管理费用　　　　　B.财务费用　　　　　C.销售费用　　　　　D.制造费用

3. 下列关于成本会计职能的说法中,正确的有(　　)。

A.成本预测是成本决策的前提

B.成本计划是成本决策目标的具体化

C.成本控制对成本计划的实施进行监督

D.成本分析和成本考核为以后的预测和决策及编制新的成本计划提供依据

4. 下列会计法规、制度中,属于企业内部的成本会计制度、规程和办法的有(　　)。

A.关于成本预测和成本决策的制度　　　　　B.《企业会计准则》

C.关于成本定额、成本计划的编制制度　　　　D.《企业会计制度》

三、判断题

1. 成本是为实现一定目的而发生的耗费,是对象化的耗费。
(　　)

2. 只有制造业才有成本会计。　　　　　　　　　　　　　(　　)

3. 在成本会计工作组织上,大中型企业一般采用分散工作方式,小型企业一般采用集中工作方式。　　　　　　　　　　　(　　)

4. 企业在经营过程中发生的各项经营管理费用,应计入产品成本。
(　　)

5. 凡有经济活动的地方,就有成本的存在。　　　　　　　(　　)

6. 成本预测是成本会计的基础。　　　　　　　　　　　　(　　)

7. 企业一定时期的生产费用等于同一时期的产品成本。　(　　)

8. 成本是指企业为生产产品、提供劳务而发生的各种耗费。
(　　)

四、实务操作题

资料:对于学习和运用成本会计的人来说,明确区分"成本"和"费用"的概念是学好、用好成本会计的第一步,也是关键的一步。而对于初学者来说,经常会混淆"产品成本""生产费用""期间费用"等概念。

比如,某企业6月份有关成本费用的资料如下:

(1)生产耗用原材料60000元;

(2)生产耗用燃料3000元;

(3)生产耗用水电费1000元;

(4)支付生产工人工资15000元;

(5)支付车间管理人员工资5000元;

(6)支付销售部门人员工资4000元;

(7)支付企业管理人员工资9000元;

(8)支付车间办公费1000元;

(9)支付厂部办公室电话费800元;

(10)支付第三季度报纸杂志费600元;

(11)支付职工劳保用品费1400元;

(12)支付车间机器修理费300元;

(13)支付为购买车间设备借款应由本季度负担的利息30000元;

(14)固定资产报废清理净损失10000元。

该企业会计人员将上述费用分类列示如下:

生产成本 = (1) + (4) + (5) + (6) = 84000(元)

生产费用 = (2) + (3) + (8) + (12) = 5300(元)

期间费用 = (7) + (9) + (10) + (11) + (13) + (14) = 51800(元)

要求:根据上述资料分析该企业会计人员对这些费用所做的分类是否正确?并说明理由。

项目二　产品成本核算基础

学习目标

　　知识目标：了解成本核算的基本要求，熟悉成本核算的基本程序，掌握成本核算应划分的几个费用界限、生产费用的分类、成本核算主要账户的设置方法及账户的结构和内容，理解不同企业生产类型及管理要求对成本核算方法的影响。

　　技能目标：能根据企业各种类型的生产特点和管理要求选择合适的产品成本计算方法。

学习情境

　　李明是一名会计师，2020年4月被新公司聘为财务总监。为了给公司招聘专业水平高、工作能力强、能吃苦耐劳的成本核算人员，李明都是亲自面试来公司应聘的会计人员，对于每个来面试的人员，他必定问以下两个问题：

　　（1）要正确核算产品成本应该注意哪些问题？

　　（2）如何正确核算产品成本？

　　他认为，能够被他们公司聘用的会计人员一定要能很好地回答这两个问题，否则一律不予聘用。面试人员该如何回答上述两个问题才能让李明满意，才有可能被该公司聘用呢？

任务一　了解产品成本核算的要求

成本核算的要求

　　成本核算一般是对成本计划执行的结果进行的事后反映。企业通过产品成本核算，一方面，可以审核各项生产费用和经营管理费用的支出，分析和考核产品成本计划的执行情况，促使企业降低成本和费用；另一方面，还可以为计算利润、进行成本和利润预测提供数据，有助于提高企业生产技术和经营管理水平。为了充分发挥成本核算职能，在成本核算工作中，应贯彻以下各项要求。

一、做好各项基础工作

成本计算结果的可靠性，主要取决于原始记录的真实性、正确性与及时性，企业应当建立健全各项原始记录，做好各项材料物资的计量、收发、领退和盘点工作，做好劳动用工和工资发放、机器设备交付使用及水、电、暖等消耗的原始记录。同时，产品成本计算往往需要以产品原材料和工时的定额消耗量和定额费用作为分配标准。因此，也需要制定或修订材料、工时、费用的各项定额，强化成本核算的事中控制，使成本核算具有可靠的基础。

企业应当充分利用现代信息技术，编制、执行企业产品成本预算，对执行情况进行分析、考核，落实成本管理责任制，加强对产品生产事前、事中、事后的全过程控制，加强产品成本核算与管理的各项基础工作。

二、对生产经营费用进行合理分类

成本的分类

（一）按经济内容分类

由于企业生产经营特点不同，不同企业生产费用的具体内容会有差别。为了具体反映工业企业各种费用的构成和水平，将生产经营费用按经济内容划分为以下八个费用要素：

1. 外购材料

企业为进行生产而耗用的从外部购入的原料及主要材料、外购半成品、辅助材料、修理用备件及周转材料等。

2. 外购燃料

企业为进行生产而耗用的从外部购入的各种固体燃料、液体燃料和气体燃料。

3. 外购动力

企业为进行生产而耗用的从外部购入的电力、热力和蒸汽等。

4. 职工薪酬

企业为组织和管理企业生产经营活动而发生的应计入生产经营费用的职工工资，以及企业按工资总额的一定比例计提并计入的各项其他职工薪酬。

5. 折旧费

企业按照规定计算提取并计入成本费用的固定资产折旧费用。

6. 利息费用

企业借入款项发生的计入期间费用的利息净支出。

7. 税金

企业发生的计入当期损益的各种税金，如印花税、房产税等。

8. 其他费用

不属于以上要素项目的费用支出，如办公费、差旅费等。

按经济内容分类，能反映企业一定时期内发生的费用种类和金额，可据以分析各个时期各种费用的构成和水平，反映外购材料、外购燃料及职工工资的实际支出，为编制企业的材料采购资金计划和劳动工资计划提供资料，能为企业核定储备资金定额和考核储备资金周转速度提供资料，能划分物质消耗和非物质消耗，为计算工业净产值和国民收入提供数据。

（二）按经济用途分类

生产经营管理费用按经济用途可分为应计入产品成本和不应计入产品成本两大类。

应计入产品成本的费用称为产品成本费用，是指企业在生产产品过程中所发生的材料费用、职工薪酬等，以及不能直接计入而按一定标准分配计入的各种间接费用。对于应计入产品成本的费用，再进一步按经济用途划分为直接费用和间接费用。直接费用包括直接材料、燃料和动力、直接人工及其他直接费用，间接费用指制造费用。这些项目作为产品成本构成内容,在会计上称为成本项目,也就是应计入产品成本的费用按其经济用途进行的分类。

对于成本项目的设置,企业应根据生产特点和管理要求进行。在进行成本核算过程中,一般应设置以下成本项目。

(1)直接材料,指直接用于产品生产、构成产品实体的原料、主要材料费用及有助于产品形成的辅助材料费用。

(2)燃料和动力,指直接用于产品生产的各种外购和自制的燃料、动力费用。

(3)直接人工,指直接从事产品生产的工人的职工薪酬。

(4)制造费用,指企业为生产产品和提供劳务而发生的各项间接费用,包括企业生产部门(如生产车间)发生的水电费、固定资产折旧费、无形资产摊销费、管理人员的职工薪酬、劳动保护费、国家规定的相关环保费用、季节性和修理期间的停工损失等。

不应计入产品成本的费用称为期间费用。对于不应计入产品成本的费用,再进一步划分为管理费用、财务费用和销售费用,这些费用不能计入产品成本,由当期损益负担。其主要包括:行政管理部门为组织和管理生产经营活动而发生的管理费用;为筹集资金而发生的财务费用;为销售商品而发生的销售费用。

费用按经济用途分类,能反映各种费用的具体经济用途,便于考核各项费用定额或计划的执行情况,分析费用支出是否合理、节约。将生产费用划分为若干成本项目,便于分析产品成本构成,寻求降低产品成本的途径,提高成本管理水平。

(三)其他分类

对于企业发生的生产费用,还有以下两种分类。

1. 按与生产工艺的关系分类

计入产品成本的生产费用,按与生产工艺的关系可分为直接产品成本费用和间接产品成本费用。直接产品成本费用是指由于生产工艺本身引起的、直接用于产品生产的各项费用,如材料费用、生产工人工资和机器设备折旧费等。间接产品成本费用是指与生产工艺没有联系，间接用于产品生产的各项费用，如机物料消耗、辅助工人工资和车间厂房折旧费等。

2．按计入产品成本的方法分类

计入产品成本的费用，按计入产品成本的方法，可分为直接计入费用（一般称为直接费用）和间接计入（或称分配计入）费用（一般称为间接费用）。直接计入费用是指可以分清由哪种产品所耗用、可以直接计入某种产品成本的费用。间接计入费用是指不能分清由哪种产品所耗用、不能直接计入某种产品成本，而必须按照一定标准分配计入的各种产品成本的费用。

三、正确划分各种费用的界限

为正确计算产品成本，必须正确划分以下五个方面的费用界限。

1．正确划分各种支出的界限

企业的经济活动是多方面的，企业发生的支出也是多方面的。在成本核算之前，我们要正确区分各项支出是否计入生产经营管理费用。企业的支出并不都是费用支出。例如，企业购置和建造固定资产、购买无形资产及对外投资等支出都属于资本性支出，要在使用过程中才能逐渐转入成本费用；企业在生产经营过程中发生的业务招待费、差旅费等各项耗费，都属于费用支出，计入当期产品成本或者作为期间费用，全部由当期销售收入来抵偿。

2．正确划分产品成本和期间费用的界限

企业发生的生产经营支出，一部分构成产品成本，一部分列入期间费用。为了正确计算产品成本，必须分清哪些支出属于产品的成本费用，哪些作为期间费用，防止混淆两者的界限，将某些期间费用计入产品成本，或者将产品的成本费用计入期间费用，借以调节各期损益。

3．正确划分各个会计期间的费用界限

为了按期分析和考核成本计划的执行情况和结果，正确计算各期损益，需要正确划分各会计期间成本费用的界限。企业生产经营过程中所发生的生产费用,有的应计入当期产品成本,有的则应计入以后各期的产品成本。根据权责发生制的核算要求,对于那些本期尚未支付却应由本期负担的费用应计入本期费用;对于那些已经在本期支付,但应由本期及以后各期共同负担的费用,应根据分期摊销的办法,分期计入各期成本费用。

4. 正确划分各种产品成本费用的界限

为了便于分析和考核不同成本计算对象的耗费和支出情况,对于应计入成本计算对象的各项生产费用,必须正确划分不同成本计算对象之间所应负担的费用的界限。凡是某一成本计算对象单独耗用的生产费用,应直接计入该成本计算对象的成本;凡是属于多个(两个或两个以上)成本计算对象共同耗用的生产费用,则应采用适当的分配方法,分配计入每一个成本计算对象的成本。

5. 正确划分本期完工产品与期末在产品成本的界限

月末计算产品成本时,如果所生产的某种产品已全部完工,则该种产品的各项生产费用就是这种产品的完工成本;如果所生产的某种产品均未完工,则该种产品的各项生产费用就是这种产品的月末在产品成本;如果所生产的某种产品既有完工产品,又有未完工产品,则应将该种产品的各项生产费用,采用适当的分配方法在完工产品与月末在产品之间进行分配,分别计算完工产品成本和月末在产品成本。防止任意提高或降低月末在产品成本,人为地调节完工产品成本的现象发生。

上述五方面费用的划分应当遵循受益原则,即谁受益谁负担、何时受益何时负担、负担费用应与受益程度成正比。上述费用划分的过程,也是产品成本的计算过程。

四、正确确定财产物资的计价与价值结转方法

企业生产经营过程中使用的财产物资将逐渐转移为成本和费用。因此,财产物资的计价和价值结转方法,都会影响成本、费用。企业财产物资的计价和价值结转方法主要包括:固定资产原值的计算方法、折旧方法的选择等;材料按实际成本核算时,可采用先进先出法、个别计价

法、加权平均法等进行计量和确认；低值易耗品和包装物价值的摊销方法等。为了正确计算成本，对于各种财产物资的计价和价值的结转，应严格执行国家统一的会计制度。各种方法一经确定，应保持相对稳定，不能随意改变，以保证成本信息的可比性。因此，为了正确地计算成本、费用，这些财产物资的计价和价值结转方法既要合理，又要简便，同时要保持相对稳定。

五、根据生产特点和管理要求选择适当的成本计算方法

产品成本的计算，关键是选择适当的产品成本计算方法。产品成本计算方法必须根据产品的生产特点、管理要求及工艺过程等予以确定。否则，产品成本就会失去真实性，无法进行成本分析和考核。目前，企业常用的产品成本计算方法有品种法、分批法、分步法、分类法、定额法、标准成本法等。

任务二　遵守产品成本核算的一般程序

成本核算的一般程序，是指按照成本核算的要求，对企业在生产经营过程中发生的各项生产费用和期间费用逐步进行归集和分配，最后计算出各种产品的生产成本和各项期间费用的过程。成本核算的一般程序如下。

一、确定成本核算对象

成本核算对象，即企业归集和分配生产费用的对象。企业应根据其生产特点和成本管理的要求，合理确定成本核算对象。制造企业一般按照产品品种、批次订单或生产步骤等确定产品成本核算对象。产品规格繁多的，可以将产品结构、耗用原材料和工艺过程基本相同的产品，适当合并，作为成本核算对象；批发零售企业一般按照商品的品种、批次、订单、类别等确定成本核算对象；等等。

二、确定成本项目

成本项目,即产品生产成本项目,是企业计入产品生产成本的生产费用按其具体用途所做的进一步分类。企业应当根据其生产经营特点和管理要求,按照成本的经济用途和生产要素内容相结合的原则或者成本性态等设置成本项目。制造企业计算产品生产成本时,一般应当设置直接材料、燃料和动力、直接人工和制造费用等成本项目;批发零售企业一般设置进货成本、相关税费、采购费等成本项目。

三、设置有关成本核算账户

为了进行成本核算,企业一般应设置"基本生产成本""辅助生产成本""制造费用"等科目。核算产品成本时,如果需要单独核算废品损失和停工损失,还应设置"废品损失"和"停工损失"科目,并以此设置相关的明细账,如基本生产成本明细账、辅助生产成本明细账、制造费用明细账等。

四、审核生产费用

企业在生产经营过程中应合理确定各种产品的生产量、入库量、在产品盘存量及材料、工时、动力消耗等,对发生的各项生产费用根据有关的法规制度和成本费用的开支范围进行严格的审核和控制。

五、归集和分配生产费用

企业应合理归集所发生的全部生产费用,并按照确定的成本计算对象予以分配,按成本项目计算各种产品的在产品成本、产成品成本和单位成本。

六、结转本期完工产品的成本

期末,按照一定方法计算出本期完工产品的总成本后,应当采用合理的方法将总成本在本期完工入库产品与期末在产品之间进行分配,将本期完工入库产品总成本结转到"库存商品"等账户。

任务三 设置成本核算账户

产品成本的核算过程是：确定成本计算方法，设置有关成本核算账户，归集并分配发生的产品生产费用，计算完工产品成本。在这一过程中，需要开设的主要会计账户如下：

一、"基本生产成本"账户

基本生产是指为完成企业主要生产目的而进行的产品生产。为了归集基本生产所发生的各种生产费用，计算产品生产成本，应设置"基本生产成本"账户。该账户借方登记企业为进行基本生产而发生的各种生产费用，贷方登记转出的完工入库的产品成本，余额在借方，表示基本生产的在产品成本。

"基本生产成本"还应按产品品种或产品批别、生产步骤等成本计算对象等，设置产品成本明细分类账（或称产品成本计算单），账内按产品成本项目分设专栏或专行。如果企业生产的产品品种较多，为了按照产品成本项目（或者既按车间又按成本项目）汇总反映全部产品总成本，还可以设置"基本生产成本二级账"。

二、"辅助生产成本"账户

辅助生产是指为服务基本生产而进行的产品生产和劳务供应。辅助生产所提供的产品和劳务，有时也对外销售，但这不是它的主要目的。为了归集辅助生产所发生的各种生产费用，计算辅助生产所提供的产品和劳务的成本，应设置"辅助生产成本"账户。该账户的借方登记为进行辅助生产而发生的各种耗费，贷方登记完工入库产品的成本或分配转出的劳务成本，余额在借方，表示辅助生产在产品的成本。

"辅助生产成本"账户应按辅助生产车间和生产的产品、劳务分设明细分类账,账中按辅助生产的成本项目或费用项目分设专栏或专行进行明细登记。

三、"制造费用"账户

为了核算企业生产单位（或车间）为生产产品和提供劳务而发生的各项制造费用,应设置"制造费用"账户。该账户的借方登记实际发生的制造费用,贷方登记分配转出的制造费用,除季节性生产企业外,该账户月末应无余额。

"制造费用"账户,应按车间、部门设置明细分类账,账内按费用项目设立专栏进行明细登记。

四、"销售费用"账户

为了核算企业在产品销售过程中所发生的各项费用,应设置"销售费用"账户。该账户的借方登记实际发生的各项销售费用,贷方登记期末转入"本年利润"账户的销售费用,期末结转后该账户应无余额。

"销售费用"账户的明细分类账,应按费用项目设置专栏进行明细登记。

五、"管理费用"账户

为了核算企业行政管理部门为组织和管理生产经营活动而发生的各项管理费用,应设置"管理费用"账户。该账户的借方登记发生的各项管理费用,贷方登记期末转入"本年利润"账户的管理费用,期末结转后该账户应无余额。

"管理费用"账户的明细分类账,应按费用项目设置专栏进行明细登记。

六、"财务费用"账户

为了核算企业为筹集生产经营所需资金而发生的各项费用,应设置"财务费用"账户。该账户的借方登记发生的各项财务费用,贷方登记应冲减财务费用的利息收入、汇兑收益及期末转入"本年利润"账户的财务费用,期末结转后该账户应无余额。

"财务费用"账户的明细分类账,应按费用项目设置专栏进行明细登记。

七、"废品损失"账户

需要单独核算废品损失的企业,应设置"废品损失"账户。该账户的借方登记不可修复废品的生产成本和可修复废品的修复费用,贷方登记废品残料回收的价值、应收的赔款及转出的废品净损失,该账户月末应无余额。

"废品损失"账户应按车间设置明细分类账,账内按产品品种分设专户,并按成本项目设置专栏或专行进行明细登记。

八、"停工损失"账户

为了单独核算停工损失,可以专设"停工损失"账户,同时在"基本生产成本"账户成本项目中增设"停工损失"项目,用以反映企业发生非季节性停工所造成的损失。

任务四 掌握产品成本核算的方法

产品成本计算
方法概述

生产类型不同、管理要求不同,对产品成本计算的影响也不同,这一不同主要体现在产品成本核算对象的确定上。根据成本核算程序,成本核算对象的确定是产品成本计算的前提,在这个前提下,按照一定的方法在各成本核算对象之间归集和分配生产费用,再在同一个成本核算对象的完工产品和月末在产品之间进行归集和分配生产费用,计算各个成本核算对象的完工产品成本和月末在产品成本。

一、生产特点对产品成本核算的影响

根据生产工艺过程的特点,工业企业的生产可分为单步骤生产和多

步骤生产两种方式。根据生产组织的特点,工业企业生产可分为大量生产、成批生产和单件生产三种。结合两者考虑,工业企业的生产可分为大量大批单步骤生产、大量大批连续式多步骤生产、大量大批平行式加工多步骤生产、单件小批生产。

不同的生产工艺和生产组织,形成不同的生产类型,从而对成本管理的要求也不同。产品成本核算方法的主要影响因素是成本核算对象、成本计算期及生产费用在完工产品与在产品之间的分配。上述三方面是相互联系、相互影响的,其中生产类型对成本计算对象的影响是主要的。不同的成本计算对象决定了不同的成本计算期和生产费用在完工产品与在产品之间的分配。因此,成本计算对象的确定,是正确计算产品成本的前提,也是区别各种成本计算方法的主要标志。

二、产品成本计算的主要方法

为了满足企业各种类型生产的管理要求,产品成本计算的基本方法主要包括以下三种。

(一)品种法

产品成本计算的品种法,是以产品品种为成本计算对象,归集生产费用,计算产品成本的一种方法。品种法是最基本的产品成本计算方法。该方法主要适用于大量大批单步骤生产的企业。在大量大批多步骤生产的企业中,如果企业生产规模较小,而且成本管理上又不要求提供各步骤的成本资料时,也可以采用品种法计算产品成本;企业的辅助生产(如供水、供电、供气等)车间也可以采用品种法计算其劳务成本。

(二)分批法

产品成本计算的分批法,是按照产品批别归集生产费用、计算产品成本的一种方法。产品的批别和批量往往根据购买单位的订单确定,按照产品批别计算产品成本,往往也就是按照订单计算产品成本,因此分批法亦称订单法。该方法主要适用于小批生产和单件生产的企业,例如精密仪器、专用设备、重型机械和船舶的制造,某些特殊或精密铸件的熔铸,新产品的试制和机器设备的修理,以及辅助生产的工具模具制造等企业。

(三)分步法

产品成本计算的分步法,是按照产品的生产步骤归集生产费用,计算产品成本的一种方法。分步法主要适用于大量大批多步骤生产的企业。为了加强成本管理,企业不仅要按照产品品种归集生产费用,计算产品成本,而且要按照产品的生产步骤归集生产费用,计算各步骤产品成本,以提供反映各种产品及其各生产步骤成本计划执行情况的资料。

除上述方法外,在产品品种、规格繁多的工业企业中,为简化成本计算,可采用分类法核算成本;在定额管理工作有一定基础的工业企业中,为配合和加强生产费用和产品成本的定额管理,还可以采用定额法进行成本核算。

同步快速测试

一、单项选择题

1. 下列各项中,应计入产品成本的是( )。

A.固定资产报废净损失　　　　B.支付的矿产资源补偿费

C.预计产品质量保证损失　　　　D.基本生产车间设备计提的折旧费

2. 下列支出属于资本性支出的是( )。

A.购入无形资产　　　　B.支付本期照明用电费

C.购入印花税票　　　　D.支付利息费用

3. 下列属于产品成本核算首要程序的是( )。

A.确定成本核算对象　　　　B.确定成本计算期

C.确定成本项目　　　　D.生产费用的归集与分配

4. 下列各项计入管理费用核算的项目是（　　　　）。

A.房产税　　　　B.业务招待费　　　　C.罚款支出　　　　D.利息支出

5. 主要适用于大量大批单步骤生产的企业的成本计算方法是（　　　　）。

A.品种法　　　　B.分批法　　　　C.分步法　　　　D.定额法

6. 主要适用于小批生产和单件生产企业的成本计算方法是（　　　　）。

A.品种法　　　　B.分批法　　　　C.分步法　　　　D.定额法

7. 主要适用于大量大批多步骤生产的企业的成本计算方法是（　　　　）。

A.品种法　　　　B.分批法　　　　C.分步法　　　　D.定额法

8. 产品成本项目由（　　　　）。

A.国家统一规定

B.企业根据生产特点和管理要求自行确定

C.根据财政部发布的规定确定

D.企业主管部门分别统一确定

二、多项选择题

1. 为了正确计算产品成本，应做好的基础工作包括（　　　　）。

A.定额的制定与修订　　　　　　B.做好原始记录工作

C.正确选择各种分配方法　　　　D.材料物资的计量、收发、领退和盘点

2. 工业企业成本核算的一般程序包括下列的（　　　　）。

A.对企业的各项支出、费用进行严格的审核和控制

B.正确划分各个月份的费用界限，正确核算待摊费用和预提费用

C.将生产费用在各种产品之间进行分配和归集

D.将生产费用在本月完工产品与月末在产品之间进行分配和归集

3. 属于按经济用途分类设置的产品成本项目有（　　　　）。

A.直接材料　　　　B.制造费用　　　　C.职工薪酬　　　　D.外购燃料

4. 属于按经济内容分类设置的产品生产费用的内容有（　　　　）。

A.外购材料　　　　B.制造费用　　　　C.职工薪酬　　　　D.外购燃料

5. 计入产品成本的费用,按与生产工艺的关系,可分为（　　　）。

A.直接产品成本费用　　　　　　B.直接计入费用

C.间接产品成本费用　　　　　　D.间接计入费用

6. 计入产品成本的费用,按计入产品成本的方法,可分为（　　　）。

A. 直接产品成本费用　　　　　　B.直接计入费用

C. 间接产品成本费用　　　　　　D. 间接计入费用

7. 计算制造业产品生产成本,一般应当设置（　　　）成本项目。

A.直接材料　　　　B.燃料和动力　　　　C.直接人工　　　　D.制造费用

三、判断题

1. 成本项目与生产费用要素,是既有联系也有区别的两个概念。
（　　　）

2. 成本计算结果的可靠性,主要取决于原始记录的真实性、正确性与及时性。　　　　　　　　　　　　　　　　　　　　（　　　）

3. 企业发生的支出都是费用化支出。　　　　　　　　（　　　）

4. 为了正确计算产品成本和期间费用,正确计算企业各月份的损益,必须正确划分产品生产费用和各项期间费用的界限。（　　　）

5. 产品成本计算的方法企业可以自行确定。　　　　　（　　　）

6. 所有企业都应设置"废品损失"和"停工损失"两个总账账户。
（　　　）

7. 间接生产费用不一定都是间接计入产品成本的。　　（　　　）

四、实务操作题

资料:某企业主要从事服装的生产与销售。2019年6月,该企业发生的部分经济业务如下,请分析哪些支出应计入产品成本,哪些支出应计入期间费用。

（1）生产服装领用材料200000元,行政管理部门领用材料900元;

（2）服装生产车间耗用水费及电费5000元,行政管理部门用水电费800元;

（3）为生产服装支付生产工人的薪酬100000元,销售部门薪酬20000元;

（4）生产用设备及厂房计提折旧费用9000元，行政管理部门固定资产计提折旧费用8000元，销售部门固定资产折旧费5000元；

（5）支付税收罚款20000元；

（6）支付服装广告费150000元；

（7）支付本月业务招待费6000元；

（8）支付本月短期借款利息4000元。

项目三　要素费用的归集和分配

学习目标

知识目标：了解材料费用、外购燃料和动力费用、职工薪酬费用的确认和计量方法；了解要素费用分配方法的构成要素和应用范围；掌握材料费用、燃料和动力费用、职工薪酬费用归集和分配的原理。

技能目标：能结合企业材料费用、外购燃料和动力费用、职工薪酬费用等消耗的实际，选择恰当的分配方法进行要素费用的核算；熟悉材料费用、燃料和动力费用及职工薪酬费用分配结转的账务处理方法。

学习情境

王越于200×年7月从大学毕业，应聘到某设备制造公司从事会计工作。第2年9月该公司开始生产的甲、乙、丙3种产品共同耗用C材料。该公司以前按产品的产量比例对材料费用进行分配。本月份共使用C材料300000千克，每千克9元。有关资料如表3-1所示。

表3-1　产品基本情况

单位：千克

产品名称	按产品产量比例分配	按产品重量比例分配	按材料定额消耗量比例分配
甲产品	300000	300000	216000
乙产品	900000	500000	486000
丙产品	1500000	1900000	1998000
合计	2700000	2700000	2700000

财务部经理向王越介绍了企业生产产品使用的材料和产品的情况后，提出如下几个问题，请王越在调查后回答。

（1）本企业目前材料费用的分配方法是否合适？

（2）对于本月份开始生产的新产品应采用什么方法分配材料费用？

（3）对本企业材料费用的分配方法提出进一步改进的意见。

假设经过调查，王越发现，甲、乙、丙3种产品消耗材料的成本，与产品的重量有重要的关系，产品越重，消耗的材料就越多。而该企业的定额资料也不稳定，需要完善。

要求：根据所学知识回答上述问题并说明理由。

任务一　核算材料费用

直接材料费用
的核算

企业在生产经营过程中，会耗用各种材料。按其在生产中的不同用途，可以分为原料及主要材料、辅助材料、外购半成品、燃料、修理用备件、包装物和低值易耗品等；也可按照使用部门不同，将材料分为产品生产直接耗用的材料、车间间接耗用的材料及经营管理过程中耗用的材料。

产品生产直接耗用的材料是指发生在生产车间，直接形成产品的材料耗用，包括：①构成产品实体的原料及主要材料、外购半成品、自制半成品及辅助材料，例如鞋厂耗用的皮革、牛皮、橡胶等，机械制造企业耗用的铸件型钢和外购件；②虽然不构成产品实体，但有助于产品形成的辅助材料，例如冶炼化工企业耗用的添加剂、催化剂，纺织企业耗用的颜料，机械制造和家具生产企业耗用的油漆。

车间间接耗用的材料，亦称一般性材料耗用或机物料耗用，是指生产车间为组织和管理生产及保证生产正常进行而耗用的材料，例如办公用品，清洁工具，为保证机器设备正常运转耗用的润滑油、防腐剂及修理用备件，等等。

经营管理过程中耗用的材料，是指生产车间以外的销售机构及行政管理部门耗用的材料，例如销售部门制作广告牌耗用的角钢，厂部行政管理部门领用的清洁工具、办公用品，等等。

材料进入生产经营过程要经过三个环节，即材料的取得、储存、领用。日常核算由企业的材料核算员负责，根据领料单、退料单等凭证，登记材料明细账，月末编制发料凭证汇总表，将这些证表提供给财务部门,成本会计岗位进行成本核算。

随着管理的发展,企业的管理提倡零库存,以减少资金的占用,提高资金的利用效率,因此企业在生产环节会尽量减少库存,一般仅仅储存安全库存即可。

一、材料费用的归集

对材料费用进行归集,就是对产品生产过程中发生的材料耗费,根据领用凭证归集到有关成本计算对象。

材料发出应根据领料单、限额领料单和领料登记表等发料凭证进行。会计部门应对发料凭证所列材料的种类、数量进行审核,检查所领原材料的种类和用途是否符合有关要求,数量是否超过定额。只有经过审核、签章的发料凭证才能据以发料,并作为材料发出核算的凭证。原材料的领料凭证有领料单(见表3-2)、限额领料单(见表3-3)、退料单等。

表3-2 领料单

领料部门:装配车间
用途:生产××产品   20××年3月13日   领料单号:06

材料名称	规格型号	单位	数量		单价	金额(元)
			请领	实发		
底盘		台	1000	1000	67	67000
细牙螺丝	12×50	套	30	30	1.5	45
合计						67045

仓库负责人: 发料人: 领料人: 领料部门主管:

表3-3 限额领料单

领料部门:生产车间   凭证编号:005
用 途:A产品生产   20××年4月   发料仓库:2号仓库

材料类别	材料编号	材料名称及规格		计量单位	领用限额	实际领用	单价	金额(元)	备注
型钢	0389	圆钢	10毫米	千克	500	480	4.40	2112	

供应部门负责人: 生产计划部门负责人:

日期	数量		领料人签章	发料人签章	扣除代用数量	退料			限额结余(元)
	请领	实发				数量	收料人	发料人	
4.3	200	200	李丽	姜维					300
4.12	100	100	李丽	姜维					200

日期	数量		领料人签章	发料人签章	扣除代用数量	退料			限额结余（元）
	请领	实发				数量	收料人	发料人	
4.20	180	180	李丽	姜维					20
合计	480	480							20

供应部门负责人：　　　　生产计划部门负责人：　　　　　　仓库负责人：

　　针对生产所剩余的材料，应该编制退料单，据以退回仓库。对于车间已领未用且下月需要继续耗用的材料，为了避免本月末交库且下月初又领用的手续，可以采用"假退料"的办法，即材料实物不动，只是填制一份本月份的退料单，表示该项余料已经退库，同时编制一份下月份的领料单，表示该项原料又作为下月份的领料出库。

　　月末，材料供应部门根据全部领料凭证和退料凭证，汇总编制"发出材料汇总表"（见表3-4）。成本核算岗位人员首先对材料核算员传递来的各领料凭证、退料凭证和发料凭证汇总表进行审核，监督材料支出的合法性，检查是否符合国家的有关法律制度，有无违法乱纪、违反会计制度的现象。监督材料支出的合理性，检查是否符合企业目标和成本计划，检查有无铺张浪费的行为发生，对成本管理中存在的问题和管理制度中存在的漏洞，及时加以制止和纠正，以改善经营管理，降低消耗，提高经济效益。

　　对审核无误的发料凭证汇总表所列的各项支出，分配计入产品成本、制造费用、辅助生产成本或者期间费用。

表3-4　发出材料汇总表

20××年4月

材料名称	裁剪车间		缝制车间		包装车间		合计	
	数量	金额	数量	金额	数量	金额	数量	金额
涤纶布	172000米	430000元					172000米	430000元
网纱	39000米	46800元					39000米	46800元
PU防水布	92000米	276000元					92000米	276000元
拉绳玻纤杆					30000套	745000元	30000套	745000元
拉链			245000米	53900元			245000米	53900元

续表

材料名称	裁剪车间		缝制车间		包装车间		合计	
	数量	金额	数量	金额	数量	金额	数量	金额
拉头绳			370000根	18500元			370000根	18500元
橄榄扣			60000个	30000元			60000个	30000元
铁地钉					320000个	32000元	320000个	32000元
包装布袋					30000个	32000元	30000个	32000元
纸箱					30000个	17000元	30000个	17000元
合计								1681200元

二、材料费用的分配

材料费用的分配是指定期根据审核后的领料凭证和退料凭证,按照材料的用途进行归类:将其中用于产品生产的材料费用计入各种产品成本直接材料成本项目,将用于产品销售及组织和管理生产经营活动的材料费用计入销售费用和管理费用,将用于建造固定资产的材料费用计入在建工程,等等。对于材料费用同时被多个成本核算对象耗用且无法直接确认的,应采用一定的分配标准进行分配。

编制各种要素费用分配表的程序一般分五步:

① 确定各生产费用受益对象(成本核算对象或受益部门)的分配标准;

② 确定待分配费用总额;

③ 计算费用分配率;

④ 计算每一受益对象应负担的费用金额;

⑤ 根据分配结果,编制费用分配表。

(一)材料费用分配的方法

针对用于产品生产、构成产品实体的原料和主要材料,专门设有"直接材料"成本项目。这些原料和主要材料一般分产品领用,其费用属于直接费用,应根据领料凭证、退料凭证、料凭证直接计入某种产品成本的"直接材料"项目。原料和主要材料的领用也有不能区分产品的,一种或几种原料由几种产品共同耗用,这些材料费用属于间接计入费用,应采用适当的分配方法计算费用分配率,分配材料费用,并计入各有关产品成本的"直接材料"成本项目。

计算公式如下:

费用分配率＝待分配材料费用总额÷分配标准总和

1. 产量比例分配法

由于原料和主要材料的耗用量,一般与产品的重量、体积(或产量)有关,原料和主要材料的费用一般可以按产品的产量比例分配。产量比例分配法是以各种产品的产量为标准来分配材料费用的方法。其计算程序是:

①计算直接材料费用分配率;

②计算各种产品应分配的材料费用。

计算公式如下:

材料费用分配率＝待分配材料费用总额÷各种产品的产量之和

某种产品应分配的材料费用＝该种产品产量×材料费用分配率

业务链接3-1:某公司20××年12月生产的甲、乙两种产品,产量分别为2500千克、2000千克,本月共同耗用A材料90000元。各产品应分配的原材料费用,按产量比例分配法分配如下:

直接材料费用分配率＝90000÷(2500＋2000)＝20

甲产品应分配的材料费用＝2500×20＝50000(元)

乙产品应分配的材料费用＝2000×20＝40000(元)

编制的材料费用分配表如表3-5所示。

表3-5 A材料费用分配表

20××年12月31日

产品名称	分配标准(千克)	分配率(元/千克)	费用合计(元)
甲	2500	20	50000
乙	2000	20	40000
合计			90000

编制会计分录:

借：基本生产成本——甲产品（直接材料）　　　　　　　50000

　　　　　　——乙产品（直接材料）　　　　　　　40000

　　贷：原材料——A材料　　　　　　　　　　　　　　90000

2. 定额耗用量比例分配法

定额耗用量比例分配法，就是以原材料定额耗用量为分配标准，分配原材料耗费的一种方法。在一般情况下，企业对产品都要制定各种消耗定额，因此采用定额比例进行材料耗费的分配是常用的分配方法。消耗定额是指单位产品可以消耗的数量限额；定额耗用量是指一定产量下按照消耗定额计算的可以消耗的数量；费用定额和定额费用，则是消耗定额和定额消耗量的货币形式；材料费用定额和材料定额费用，就是材料耗用定额和材料定额耗用量的货币形式；工资定额和定额工资，则是工时消耗定额（也称工时定额）和工时定额消耗量（也称定额工时）的货币形式。

具体计算公式如下：

某种产品材料定额耗用量＝该种产品实际产量×单位产品材料消耗定额

材料费用分配率＝各产品材料实际消耗总量÷各种产品材料定额耗用量之和

某种产品应分配的材料数量＝该种产品定额消耗的材料量×材料耗用量分配率

某种产品应分配的材料费用＝该种产品应分配的材料数量×材料单价

业务链接3-2：某公司202×年12月生产甲、乙两种产品，本月投产的甲产品为200件、乙产品为180件，生产两种产品领用A材料4500千克，单价20元，共计90000元。单位甲产品的材料消耗定额为16千克，单位乙产品的材料消耗定额为10千克。分配计算如下：

甲产品的材料定额耗用量＝200×16＝3200（千克）

乙产品的材料定额耗用量＝180×10＝1800（千克）

材料耗用量分配率＝4500÷（3200＋1800）＝0.9

甲产品应分配的材料数量＝3200×0.9＝2880（千克）

乙产品应分配的材料数量＝1800×0.9＝1620（千克）

甲产品应分配的材料费用＝2880×20＝57600（元）

乙产品应分配的材料费用＝1620×20＝32400（元）

该分配方法可以考核材料消耗定额的执行情况，有利于进行材料消耗的实物管理，但分配的计算工作量较大。为了简化分配计算工作量，也可以直接按材料定额耗用量分配材料费用。其分配计算公式为：

材料费用分配率＝待分配材料费用总额÷各种产品材料定额耗用量之和

某种产品应分配的材料费用＝该种产品的定额耗用量×材料费用分配率

业务链接3-3：沿用业务链接3-2的资料分配计算如下：

材料费用分配率＝90000÷（3200＋1800）＝18

甲产品应分配的材料费用＝3200×18＝57600（元）

乙产品应分配的材料费用＝1800×18＝32400（元）

编制会计分录：

借：基本生产成本——甲产品（直接材料）　　　　　57600

　　　　　　　　　——乙产品（直接材料）　　　　　32400

　贷：原材料——A材料　　　　　　　　　　　　　　90000

上述两种分配方法的计算结果相同，但后一种方法不能反映各种产品所应负担的材料消耗总量，不利于加强材料消耗的实物管理。

3. 材料定额费用比例法

材料定额费用比例法，就是以各产品直接材料定额费用为分配标准，分配材料费用的一种方法。在各种产品共同耗用材料种类较多的情况下，为了进一步简化材料费用分配工作，可以按照各种材料的定额费用的比例来分配材料实际成本，即材料定额费用比例法。该方法的计算公式如下：

某种产品某种材料定额费用＝该种产品实际产量×单位产品该种材料费用定额

或某种产品某种材料定额费用＝该种产品实际产量×单位产品该种材料耗用定额×该种材料计划单价

材料费用分配率＝待分配材料费用总额÷各种产品各种材料定额费用之和

某种产品分配负担的材料成本＝该种产品各种材料定额成本之和×材料成本分配率

业务链接3-4：假定某企业20××年12月份生产甲、乙两种产品，领用A、B两种主要材料，共计150000元。本月投产甲产品200件、乙产品180件，甲产品的材料消耗定额为：A材料16千克，B材料11千克。乙产品的材料消耗定额为：A材料10千克，B材料10千克。A、B两种材料的计划单价分别为20元和12元，分别计算如下：

甲产品A材料定额费用＝200×16×20＝64000（元）

甲产品B材料定额费用＝200×11×12＝26400（元）

甲产品材料定额费用＝64000＋26400＝90400（元）

乙产品A材料定额费用＝180×10×20＝36000（元）

乙产品B材料定额费用＝180×10×12＝21600（元）

乙产品材料定额费用＝36000＋21600＝57600（元）

材料费用分配率＝150000÷（90400＋57600）＝1.0135

甲产品应负担的材料费用＝90400×1.0135＝91620.4（元）

乙产品应负担的材料费用＝150000－91620.4＝58379.6（元）

此处，对于乙产品应负担的材料费用也可以用倒挤的方法进行确定。

编制会计分录：

借：基本生产成本——甲产品（直接材料）　　　　　91620.4

　　　　　　　　——乙产品（直接材料）　　　　　58379.6

　　贷：原材料　　　　　　　　　　　　　　　　　150000

（二）材料费用分配结转的账务处理

对多种产品共同耗用的材料费用进行分配后，要编制材料费用分配表反映分配结果，以便进行会计核算。企业材料费用分配结果的账务处理原则是：被分配的材料记入贷方，分配给材料费用受益（承担）对象的记入借方，即借记"基本生产成本""辅助生产成本""制造费用""管理费用"等账户，贷记"原材料""材料成本差异"（也可以在借方）等账户。

在实际工作中，材料费用分配的过程与材料费用分配表的编制是结合在一起进行的。操作时，由仓库保管人员依据材料发料凭证（领料单、限额领料单、领料登记簿等）、余料退回凭证和废料交库凭证等确定实际的原材料发出数量，填制发出材料汇总表；会计部门根据仓库部门提供的发出材料汇总表，结合产量记录、定额资料或投料记录等分配材料费用，在月末汇总编制材料费用分配表；再根据材料费用分配表等原始凭证编制记账凭证，登记有关账簿。

业务链接3-5：森野户外用品有限公司主要生产拉绳2A6101帐篷（供2—3人使用）、拉绳3H8101帐篷（供3—4人使用）两种帐篷。该公司具有较为健全的定额管理制度：拉绳2A6101帐篷单位定额总成本为75元，其中单位材料定额成本为45元；拉绳3H8101帐篷单位定额总成本为130元，其中单位材料定额成本为78元。制作两种帐篷共同消耗的材料费用按材料定额费用比例法进行分配。2019年4月，该公司总生产拉绳2A6101帐篷20000顶、拉绳3H8101帐篷10000顶。该公司各车间生产两种帐篷共同消耗的材料情况见表3-6。

表3-6　发出材料汇总表

2019年4月

材料名称	裁剪车间		缝制车间		包装车间		合计	
	数量	金额	数量	金额	数量	金额	数量	金额
涤纶布	172000米	430000元					172000米	430000元
网纱	39000米	46800元					39000米	46800元
PU防水布	92000米	276000元					92000米	276000元
拉绳玻纤杆					30000套	745000元	30000套	745000元
拉链			245000米	53900元			245000米	53900元
拉头绳			370000根	18500元			370000根	18500元
橄榄扣			60000个	30000元			60000个	30000元
铁地钉					320000个	32000元	320000个	32000元
包装布袋					30000个	32000元	30000个	32000元
纸箱					30000个	17000元	30000个	17000元

续表

材料名称	裁剪车间		缝制车间		包装车间		合计	
	数量	金额	数量	金额	数量	金额	数量	金额
合　计								1681200 元

根据材料定额费用比例法分配材料费用,计算生产拉绳2A6101帐篷和拉绳3H8101帐篷各自要承担的材料费用,同时编制材料费用分配表,见表3-7。

表3-7　材料费用分配表

2019年4月

应借账户	产品	间接计入				分配额 (元)	合计 (元)
		单位定额成本 (元)	产量 (顶)	材料费用定额总成本 (元)	分配率		
基本生产成本	拉绳2A6101	45	20000	900000	1.0007	900630	900630
	拉绳3H8101	78	10000	780000	1.0007	780570	780570
	小计		30000	1680000			
合　计						1681200	1681200

根据以上材料费用分配结果编制记账凭证:

借:基本生产成本——拉绳2A6101　　　　　　900630

　　　　　　——拉绳3H8101　　　　　　780570

　　贷:原材料　　　　　　　　　　　　　1681200

三、周转材料的核算

"周转材料"科目核算企业包装物和低值易耗品的计划成本或者实际成本,企业应当按照包装物和低值易耗品的种类进行明细核算。

(一) 低值易耗品的核算

低值易耗品的价值转移方式与原材料不同,作为劳动资料,其价值是逐渐转移到产品成本或转化为期间费用的。低值易耗品作为流动资产进行核算和管理,因此低值易耗品摊销的核算又与固定资产折旧的核算不同,会计上对其采取简化的方法。低值易耗品的摊销方法通常有一次转销法和五五摊销法两种。由于低值易耗品的摊销额在产品成本中所占比重较小,没有专设成本项目。根据企业会计准则的要求,产品生产中用的低值易耗品的摊销额计入"制造费用"账户,管理部门用的低值易耗品的摊销额计入"管理费用"账户,辅助生产用的低值易耗品的摊销额计入"辅助生产成本"账户。

1. 一次转销法

一次转销法适用于单位价值较低、使用期限较短的低值易耗品。领用低值易耗品时,将其价值一次计入当期成本费用,借记"制造费用""其他业务成本""管理费用""辅助生产成本"等账户,贷记"周转材料"账户。报废时,其残料价值冲减有关成本费用,借记"原材料"等账户,贷记"制造费用""管理费用"等账户。

业务链接3-6: 202×年12月,某企业基本生产车间领用生产工具一批,成本为500元,另有一批生产工具在该月报废,残料入库,作价60元。

领用生产工具时:

借:制造费用　　　　　　　　　　　　　　　　　500

　　贷:周转材料——低值易耗品　　　　　　　　　　500

报废生产工具,残料入库时:

借:原材料　　　　　　　　　　　　　　　　　　60

　　贷:制造费用　　　　　　　　　　　　　　　　60

2. 五五摊销法

五五摊销法适用于核算单位价值较高的低值易耗品。领用低值易耗品时,按其账面价值的50%借记"制造费用""其他业务成本""辅助生产成本""管理费用"等账户,贷记"周转材料"账户。报废时,按其账面价值(剩下的50%)借记"制造费用""其他业务成本""辅助生产成本""管理费用"等账户,贷记"周转材料"。

业务链接3-7: 202×年12月,某企业生产车间领用专业工具一批,实际成本为20000元,该批低值易耗品采用五五摊销法进行核算。

领用时：

借：周转材料——低值易耗品——在用　　　　　　　　10000

　　贷：周转材料——低值易耗品——在库　　　　　　　10000

摊销时：

借：制造费用　　　　　　　　　　　　　　　　　　10000

　　贷：周转材料——低值易耗品——摊销　　　　　　　10000

报废时摊销：

借：制造费用　　　　　　　　　　　　　　　　　　10000

　　贷：周转材料——低值易耗品——摊销　　　　　　　10000

同时：

借：周转材料——低值易耗品——摊销　　　　　　　　10000

　　贷：周转材料——低值易耗品——在用　　　　　　　10000

（二）包装物的核算

包装产品所领用的各种包装物品所发生的包装物费用，需区别其不同使用方式进行分配：生产领用作为产品组成部分的，计入"基本生产成本"账户的"直接材料"成本项目；对于随包装产品出售的，如果不单独计价，计入"销售费用"账户，如果单独计价，计入"其他业务成本"账户；出租包装物计入"其他业务成本"账户；出借包装物计入"销售费用"账户。包装物的摊销方法同低值易耗品，这里不再具体介绍。

任务二　核算燃料和动力费用

计入产品成本的燃料和动力费用是指直接用于产品生产的燃料和动力，包括产品生产直接消耗的煤炭、电力、煤制气、液化石油气、天然气等。企业燃料一般由外部购入，动力有外购和自制两种来源。外购动力由企业外部有关单位（如供电、供气公司等）提供，自制动力由企业辅助生产单位（如供电、供气车间）提供。

企业产品生产直接耗用的燃料和动力费用，既属于直接费用，又属于基本费用。在成本项目的设置上，有单独设置和不单独设置两种处理办法。燃料和动力在企业产品成本和国民经济中占重要地位，为体现重要性原则和便于考核，可以单独设置"燃料和动力"成本项目。如果燃料和动力费用在企业产品成本中占比不大，为了简化核算，也可不设"燃料和动力"成本项目。不单设该成本项目时，从燃料和动力费用属于直接费用，燃料是原材料中的一类考虑，可以将其并入"直接材料"成本项目；从动力费用一般为间接计入费用考虑，可以将其并入"制造费用"成本项目。

一、燃料费用的核算

燃料从实质上讲也是材料，所以燃料费用分配及账务处理方法，与原材料费用的分配及账务处理方法相同，但如果其燃料费用所占比重较大，为了加强管理，可在"原材料"账户外增设"燃料"账户进行核算，并在产品项目中，与动力费用一起单设"燃料及动力"项目进行成本核算。

对于直接用于产品生产、专设成本项目的燃料费用，如果分产品领用，属于直接计入费用，应根据燃料费用消耗表和发票账单直接计入该产品成本的"燃料及动力"成本项目；如果不能直接分清哪种产品耗用的，属于间接计入费用，应采用适当的分配方法，分配计入各有关产品成本的项目。分配的标准一般是产品的重量、体积、所耗原材料的数量和费用，以及燃料的定额消耗量或定额费用等。

业务链接3-8：假定某企业生产成本中燃料和动力费用所占比重较大，为了加强对能源消耗的管理，专设"燃料及动力"成本项目。该企业202×年12月直接用于甲、乙两种产品生产的燃料费用共计12000元，按甲、乙两种产品所耗原材料费用比例分配，甲产品耗用材料费用91622元，乙产品耗用材料费用58378元，则甲、乙两种产品应分配燃料费用如下：

燃料费用分配率＝$12000 \div (91622 + 58378) = 0.08$

甲产品应分配的燃料费用＝$91622 \times 0.08 = 7329.76$（元）

乙产品应分配的燃料费用＝$58378 \times 0.08 = 4670.24$（元）

此处，若燃料费用分配率除不尽，则可对乙产品应分配的燃料费用采用倒挤的方法进行确定。

编制会计分录：

借：基本生产成本——甲产品（燃料及动力）　　　　7329.76

　　　　　　——乙产品（燃料及动力）　　　　4670.24

　　贷：应付账款　　　　　　　　　　　　　　　12000

二、外购动力费用的核算

（一）外购动力费用的确认

外购动力主要指外购的电力、热力等，有的直接用于产品生产，有的间接用于产品生产，有的则用于生产经营管理或者项目建设。外购动力实质上相当于外购的材料，只是没有实物存在。所以，其在会计上与材料费用的核算既有相同之处，又有不同之处。相同的是，耗用的外购动力可以计量，而且也是根据其不同用途计入有关的成本费用账户的；不同的是，购入时没有实体，因而无法设置专门收发存账户进行核算，而是在外购时，根据其具体用途，直接计入相关成本费用账户。

（二）外购动力费用的归集

在实际工作中，外购动力付款期与成本费用核算期并不一致，外购动力付款期一般是下月初，而成本费用核算一般在月末进行。为了贯彻权责发生制，实际工作中一般用"应付账款"账户核算外购动力费用，即在付款时先作为暂付款处理，借记"应付账款"，根据结算方式贷记"银行存款""应收票据""应付票据"等账户，月末按照外购动力的用途分配费用，再借记有关成本费用账户，贷记"应付账款"账户，以冲销原来计入"应付账款"账户的暂付款。如果通过"应付账款"账户核算，每月只需在月末分配一次动力费用，每月末根据当月实际耗用的数量分配动力费用即可。

(三) 外购动力费用的分配

外购动力费用的分配,在有仪表的情况下,应根据仪表记录的耗用数量及单位计算;在没有仪表的情况下,可按生产工时的比例、机器功率时数(机器功率×机器时数)的比例或定额消耗量的比例分配。各车间、部门的动力消耗量一般都分别装有仪表。因此,外购动力费用在各车间、部门之间一般按消耗量分配。车间一般不能每个产品分别安装仪表,因而车间生产产品的动力费用在各种产品之间一般按产品的生产工时比例、机器工时比例、定额消耗量比例或其他比例分配。

进行动力费用分配时,应按照外购动力费用的用途,将其计入相应的成本费用账户。产品生产耗用的动力费用应借记"基本生产成本"账户,辅助生产耗用的动力费用应借记"辅助生产成本"账户,车间管理耗用的动力费用应借记"制造费用"账户,厂部管理耗用的费用应借记"管理费用"账户,贷记"应付账款"或"银行存款"账户。

业务链接3-9:202×年12月某企业外购动力费用分配表见表3-8。

表3-8 外购动力分配表

应设科目		成本费用项目	用量(元)	分配率	分配额(元)
基本生产成本	甲产品	燃料及动力	8800	0.8	7040
	乙产品	燃料及动力	7700	0.8	6160
	小计		16500	0.8	13200
辅助生产成本	供水车间	燃料及动力	2500	0.8	2000
	供电车间	燃料及动力	5000	0.8	4000
	小计		7500	0.8	6000
制造费用	基本生产车间	水电费	1031.25	0.8	825
管理费用		水电费	687.50	0.8	550
合计			25718.75	0.8	20575

编制会计分录:

借:基本生产成本——甲产品   7040

      ——乙产品   6160

辅助生产成本——供水车间	2000
——供电车间	4000
制造费用	825
管理费用	550
贷：应付账款	20575

任务三　核算人工费用

直接人工费用
的核算

一、人工费用的确认

人工费用是指企业根据有关规定应付给职工的各种薪酬，即企业为获得职工提供的劳务，而给予的各种形式报酬及其他相关支出，主要包括短期薪酬（职工工资、奖金、津贴和补贴、职工福利费、社会保险费、住房公积金、工会经费和职工教育经费、短期带薪缺勤，短期利润分享计划，非货币性福利及其他短期薪酬）、离职后福利、辞退福利及其他长期职工福利等。

二、人工费用的归集

（一）工资总额的组成

工资总额是指各单位在一定时期内，直接支付给本单位全部职工的全部劳动报酬总额。按照国家统计局规定，工资总额由下列六个部分组成。

1. 计时工资

计时工资是按计时工资标准和工作时间支付给职工的劳动报酬。计时工资包括：①对已做工作按计时工资标准支付的工资；②实行结构工资制的单位支付给职工的基础工资和岗位工资；③新参加工作职工的见习工资（学徒的生活费）；④运动员体育津贴。

2. 计件工资

计件工资是对已做工作按计件单价支付的劳动报酬。计件工资包括：①在实行超额累进计件、直接无限计件、限额计件和超定额计件等工资制度下，按照定额和计件单价支付给职工的工资；②按工作任务包干方法支付给职工的工资；③按营业额提成或利润提成办法支付给职工的工资。

由于集体生产或连续操作，不能按个人计算工作量的，也可以参加工作的集体为单位计算集体计件工资。集体计件工资还应在集体成员内部按照每一职工生产产品的数量和质量进行分配。

3. 奖金

奖金是支付给职工的超额劳动报酬和增收节支的劳动报酬。奖金包括生产奖、节约奖、劳动竞赛奖、机关事业单位的奖励工资、企业支付的其他奖金。奖金应该按照国家和本单位的有关规定计算支付。

4. 津贴和补贴

津贴和补贴是为补偿职工特殊或额外的劳动消耗和因其他特殊原因支付给职工的津贴，以及为了保证职工工资水平不受物价影响支付给职工的物价补贴。津贴包括补偿职工特殊或额外劳动消耗的津贴、保健性津贴、技术性津贴、年功性津贴、其他津贴。补贴包括为保证职工工资水平不受物价上涨或变动影响而支付的各种物价补贴。

5. 加班工资

加班工资是按规定支付的加班加点工资。

6. 特殊情况下支付的工资

特殊情况下支付的工资包括根据国家法律法规和政策规定，由于疾病、工伤、生育、办理婚事或丧事、探亲、定期休假、停工学习、执行国家或社会义务等原因，按计时工资标准或这一标准的一定比例支付的工资。例如工伤、产假、计划生育假、婚假、丧假、探亲假和定期休假等期间，企业均按计时工资标准支付员工工资；病假则按病期长短和工龄长短，按计时工资标准的一定比例支付。另外，还包括附加工资和保留工资。

（二）工资费用的原始记录

工资费用核算，必须有一定的原始记录作为依据。不同的工资制度所依据的原始记录不同。计算计时工资费用，应以考勤记录中的工作时间记录为依据；计算计件工资费用，应以产量记录中的产品数量和质量记录为依据。因此，考勤记录和产量记录是工资费用核算的主要原始记录。

1. 考勤记录

考勤记录是登记职工出勤和缺勤情况的记录，为计算计时工资提供依据。考勤记录有考勤簿、考勤卡片和考勤磁卡等形式。月末考勤人员应该将经过车间部门负责人检查、签章以后的考勤记录，送交人力资源部门审核。

2. 产量记录

产量记录是登记工人或生产小组在出勤时间内完成产品的数量、质量和耗用工时的原始记录，是计件工资计算的依据，同时也是统计产量和工时的依据，如派工单、加工路线单和产量通知单等。会计部门应该对产量记录进行审核，经过审核的产量记录即可作为计算计件工资的依据。

（三）工资费用的计算

工业企业可根据具体情况采用不同的工资制度，其中最基本的工资制度是计时工资制度和计件工资制度。

1. 计时工资的计算

职工的计时工资，根据考勤记录登记的每一职工出勤或缺勤日数，按照规定的工资标准计算。工资标准按其计算的时间不同，可分为年薪制、月薪制、周薪制、日薪制和钟点工资制。下面着重介绍月薪制计时工资的计算方法。

采用月薪制计时工资制度计算工资，由于自然月份的日历天数不同，因而计算的同一职工的日工资率也不相同。在实际工作中，为了简化日工资的计算工作，日工资率一般按照以下两种方法计算：

①按30天计算日工资率,日标准工资＝月标准工资÷30。

②按21.75天计算日工资率,日标准工资＝月标准工资÷21.75,其中21.75天是按照年日历数365天,减去104个休息日,再除以12个月计算出来的。

在按30天计算日工资率的企业中,由于节假日也算工资,因而出勤期间的节假日也按出勤日算工资。事假和病假等缺勤期间的节假日,也按缺勤日扣工资。在按21.75天计算日工资率的企业中,周末不算,不扣工资。

缺勤包括旷工、事假、6个月以内的短期病假和超过6个月的长期病假。针对缺勤时应扣发工资的比例通常有以下规定:旷工扣发比例由企业根据管理需要自行确定,事假工资按日工资的100%扣发,病假扣发比例如表3-9所示。

表3-9　企业职工病假工资扣发比例一览表

工龄	短病假					长病假		
	2年以下	2—4年(不包含4年)	4—6年(不包含6年)	6—8年(不包含8年)	8年及以上	不满1年	1—3年(不包含3年)	3年及以上
扣发(%)	40	30	20	10	0	60	50	40
应发(%)	60	70	80	90	100	40	50	60

月薪制下计时工资计算的两种方法如下。

①按月标准工资扣除缺勤天数应扣工资额计算(减法):

某职工本月应得工资＝该职工月标准工资－(事假天数×日标准工资)－(病假天数×日标准工资×病假扣款率)。

②按出勤天数直接计算(加法):

某职工本月应得工资＝该职工本月出勤天数×日标准工资＋病假天数×日标准工资×(1－病假扣款率)。

业务链接3-10:202×年12月,某企业某工人的月工资标准为4050元,该工人请事假3天、病假3天,星期六、日休假10天,出勤15天。根据该工人的工龄,其病假工资按工资标准的90%计算。该工人病假和事假期间没有节假日。试计算该工人本月应得工资。

按30天计算日工资率：

$4050 \div 30 = 135$（元/天）

按月标准工资扣除缺勤天数应扣工资额计算（减法）：

$4050 - 3 \times 135 - 3 \times 135 \times (1 - 0.9) = 3604.5$（元）

按出勤天数直接计算（加法）：

$135 \times (15 + 10) + 3 \times 135 \times 90\% = 3739.5$（元）

按21.75天计算日工资率：

$4050 \div 21.75 = 186.21$（元/天）

按月标准工资扣除缺勤天数应扣工资额计算（减法）：

$4050 - 3 \times 186.21 - 3 \times 186.21 \times (1 - 0.9) = 3435.51$（元）

按出勤天数直接计算（加法）：

$186.21 \times 15 + 3 \times 186.21 \times 90\% = 3295.92$（元）

综上所述，职工薪酬一般有4种计算方法：

①按30天计算日工资，按缺勤天数扣月工资；

②按30天计算日工资，按出勤天数计算月工资；

③按21.75天计算日工资，按缺勤天数扣月工资；

④按21.75天计算日工资，按出勤天数计算月工资。

企业自行确定工资计算方法后，不应随意变动。

2. 计件工资的计算

①个人计件工资的计算。职工的计件工资应根据产量记录中登记的每一工人的产品产量乘以规定的计件单价计算。这里所讲的产量，包括合格品产量和非工人本人过失造成的不合格品产量。计件工资的计算公式如下：

方法一：

应付计件工资＝∑（某工人本月生产每种产品产量×该种产品计件单价）

某种产品计件单价＝生产单位产品所需工时定额×该工人小时工资率

方法二：

应付计件工资＝某工人本月生产各种产品定额工时之和×该工人小时工资率

业务链接3-11： 甲、乙两种产品都由某工人加工，甲产品单件工时定额为480分钟，乙产品单件工时定额为240分钟，两类产品工人的小时工资率都为10元。某工人202×年12月共加工甲产品15件、乙产品10件，试计算其计件工资。

方法一：

甲产品的计件单价＝（480÷60）×10＝80（元）

乙产品的计件单价＝（240÷60）×10＝40（元）

应付计件工资＝15×80＋10×40＝1600（元）

方法二：

应付计件工资＝[15×（480÷60）＋10×（240÷60）]×10＝1600（元）

②集体计件工资的计算。生产小组等集体计件工资的计算方法与个人计件工资的计算方法基本相同。集体计件工资还需在集体内部各工人之间进行分配，一般应以每人的工资标准和工作天数的乘积作为分配标准，工资分配率公式如下：

工资分配率＝集体计件工资总额÷集体时工资总额

（四）工资费用的归集

除按照计时工资和计件工资两种工资形式计算职工的应付工资外，还应计算每一职工应得的奖金和津贴。奖金和津贴要根据有关规定进行计算，一并计入应付职工薪酬，并据以编制工资结算表及工资结算汇总表（见表3-10）。

工资结算表应一式三份，一份交给企业人力资源管理部门，一份裁成工资条发给每个职工，一份在发工资时由职工个人签名后交给会计部门，由会计部门据以编制工资结算汇总表。工资结算汇总表是进行工资结算和分配的原始依据，表中含应付工资、代发款项、代扣款项和实发工资等项目。

表3-10 工资结算汇总表

20××年4月
单位:元

部门	人员类别	应付工资					代扣款项					实发工资	工资核算员签章
		基本工资	计件工资	津贴和补贴	奖金	合计	伙食费	房租	保险费	个税	合计		
生产部	生产人员	58212	329868			388080	50000	60000	31046		141046	247034	
	管理人员	25600		6000	11500	43100	2000	2400	3448		7848	35252	
财务部	管理人员	17100		6000	6600	29700	1500	1800	2376		5676	24024	
设计与技术部	管理人员	11400		4000	4400	19800	1000	1200	1584		3784	16016	
销售部		11400		4000	4400	19800	1000	1200	1584		3784	16016	
总经理办公室		11400		4000	4400	19800	1000	1200	1584		3784	16016	
合计						520280					165922	354358	

三、工资费用的分配

采用计件工资形式支付的产品生产工人工资,一般可以直接计入所生产产品的成本,不需要在各种产品之间进行分配。采用计时工资形式支付的工资,如果生产工人只生产一种产品,也可以将工资费用直接计入该产品成本,不需要分配;如果生产多种产品,则需要选用合理方法,将工人工资费用在各种产品之间进行分配。

直接人工费用的分配方法有生产工时比例法、直接材料费用比例法和系数分配法等。生产工时分配法中的生产工时,可以是产品生产的实际工时,也可以是单位产品的定额工时和按实际生产量计算的定额总工时。

生产工人工资分配率=生产工人工资总额÷各产品实际(定额)工时之和

各种产品应分配的工资额=各产品实际(定额)工时×生产工人工

资分配率

业务链接3-12：某企业基本生产车间生产甲、乙两种产品，202×年12月发生的生产工人的计时工资共计28800元。甲产品完工120件，乙产品完工120件，产品工时定额如表3-11所示：甲产品8小时，乙产品4小时。计算分配甲、乙产品各自应负担的工资费用。（为简化计算，假定生产工人工资只在完工产品之间进行分配）

表3-11 产品工时定额表

202×年12月

产品	生产定额总工时（小时）	分配率	分配金额（元）
甲产品	960	20	19200
乙产品	480	20	9600
合计	1440	20	28800

甲产品定额总工时 = $120 \times 8 = 960$（小时）

乙产品定额总工时 = $120 \times 4 = 480$（小时）

生产工人工资分配率 = $28800 \div (960 + 480) = 20$

甲产品应负担的工资费用 = $20 \times 960 = 19200$（元）

乙产品应负担的工资费用 = $20 \times 480 = 9600$（元）

假定本月车间管理人员工资共计12000元，厂部管理人员工资共计8000元，辅助生产车间发生工资费用12200元，其中供水车间3200元、供电车间9000元。结合上述工资费用分配表，编制会计分录如下：

借：基本生产成本——甲产品　　　　　　　　　　19200

　　　　　　　　——乙产品　　　　　　　　　　 9600

　　辅助生产成本——供水车间　　　　　　　　　 3200

　　　　　　　　——供电车间　　　　　　　　　 9000

　　制造费用　　　　　　　　　　　　　　　　　12000

　　管理费用　　　　　　　　　　　　　　　　　 8000

　　贷：应付职工薪酬——短期薪酬（工资）　　　 61000

月末，工资费用应按薪酬的用途，分别计入有关成本费用账户，生产工人的薪酬应计入"基本生产成本"账户的"直接人工"成本项目的借方，车间管理人员薪酬应计入"制造费用"账户的借方，辅助生产部门的工人薪酬应计入"辅助生产成本"账户的借方，行政管理部门人员薪酬应计入"管理费用"账户的借方，销售部门人员的薪酬应计入"销售费用"账户的借方，已分配的工资总额应计入"应付职工薪酬——短期薪酬（工资）"科目的贷方。

业务链接3-13： 森野户外用品有限公司主要生产拉绳2A6101帐篷和拉绳3H8101帐篷，20××年4月公司编制的工资结算汇总表中显示两种产品共同承担的计时工资是58212元，按生产工时比例法进行分配。两种产品的计件工资为直接计入工资，分配到拉绳2A6101帐篷的计件工资为179928元，分配到拉绳3H8101帐篷的计件工资为149940元。4月生产拉绳2A6101帐篷消耗30000小时，拉绳3H8101帐篷消耗25000小时。

（1）公司根据工资结算单、工资结算汇总表等有关资料编制工资费用分配表。按生产工时分配生产人员计时工资，按各车间、部门确定各受益对象应负担的人工费用后，将计算结果反映在工资费用分配表中，具体见表3-12。

表3-12 工资费用分配表

20××年4月

应借科目	明细科目	直接计入（元）	分配计入			合计（元）
			生产工时（小时）	分配率	分配金额（元）	
基本生产成本	拉绳2A6101帐篷（直接人工）	179928	30000	1.06	31800	211728
	拉绳3H8101帐篷（直接人工）	149940	25000	1.06	26412	176352
	小计	329868	55000	1.06	58212	388080
制造费用	职工薪酬					43100
管理费用	职工薪酬					69300
销售费用	职工薪酬					19800
合计						520280

（2）根据工资费用分配表编制结转本月职工工资费用的会计分录。

借：基本生产成本——拉绳2A6101帐篷　　　　　　　211728

　　　　　　　——拉绳3H8101帐篷　　　　　　　176352

　　制造费用　　　　　　　　　　　　　　　　　　43100

　　管理费用　　　　　　　　　　　　　　　　　　69300

　　销售费用　　　　　　　　　　　　　　　　　　19800

　　贷：应付职工薪酬——短期薪酬（工资）　　　　　520280

同步快速测试

一、单项选择题

1. 企业为生产产品发生的原料及主要材料的耗费，应通过（　　　）账户核算。

A.基本生产成本　　　B.辅助生产成本　　　C.管理费用　　　D.制造费用

2. 月末编制材料费用分配表时，对于退料凭证的数额，可采取（　　　）。

A.冲减有关成本费用　　　　　　　　B.在下月领料数中扣除

C.从当月领料数中扣除　　　　　　　D.不需考虑

3. 用来核算企业为生产产品和提供劳务而发生的各项间接费用的账户是（　　　）。

A.基本生产成本　　　B.制造费用　　　C.管理费用　　　D.财务费用

4. "基本生产成本"月末借方余额表示（　　　）。

A.本期发生的生产费用　　　　　　　B.完工产品成本

C.月末在产品成本　　　　　　　　　D.累计发生的生产费用

5. 下列各项中，属于直接生产费用的是（　　　）。

A.生产车间厂房的折旧费

B.产品生产专用设备的折旧费

C.企业行政管理部门固定资产的折旧费

D.生产车间的办公费用

6. 基本生产车间本期应负担照明电费1500元,应记入( )账户。

A."基本生产成本"(燃料及动力)   B."制造费用"(水电费)

C."辅助生产成本"(水电费)   D."管理费用"(水电费)

7. 核算每个职工的应得计件工资,主要依据( )的记录。

A.工资卡片   B.考勤记录   C.产量工时记录   D.工资单

8. 某职工10月份有病假3日、事假2日,出勤17日,双休9日。若日工资率按30天计算,按出勤日数计算月工资,则该职工应得出勤工资按( )天计算。

A.17   B.20   C.23   D. 26

二、多项选择题

1. 应记入产品成本的各种材料费用,按其用途进行分配,应记入的账户有( )。

A."管理费用"   B."基本生产成本"

C."制造费用"   D."财务费用"

2. 要素费用中的税金包括( )。

A.房产税   B.增值税   C.印花税   D.所得税

3. 下列支出在发生时直接确认为当期费用的是( )。

A.行政人员工资   B.支付的本期广告费

C.预借差旅费   D.固定资产折旧费

4. "财务费用"账户核算的内容包括( )。

A.财会人员工资   B.利息支出

C.汇兑损益   D.财务人员业务培训费

5. 计提固定资产折旧,应借记的账户可能是( )。

A."基本生产成本"   B."辅助生产成本"

C."制造费用"   D."固定资产"

6. 用于几种产品生产的共同耗用材料费用的分配,常用的分配标准有( )。

A.工时定额   B.生产工人工资

C.材料定额费用   D.材料定额消耗量

7. 根据有关规定,下列不属于工资总额内容的是（　　　）。

A.退休工资　　　B.差旅费　　　C.福利人员工资　　　D.长病假人员工资

8. 职工的计件工资,可能记入（　　　）账户借方。

A."基本生产成本"　　　　　　　B."辅助生产成本"

C."制造费用"　　　　　　　　　D."管理费用"

9. 下列固定资产中,其折旧额应作为产品成本构成内容的是（　　　）。

A.生产车间房屋　　　　　　　　B.企业管理部门房屋

C.生产用设备　　　　　　　　　D.专设销售机构用卡车

三、判断题

1. 一个要素费用按经济用途可能记入几个成本项目,一个成本项目可以归集同一经济用途的几个要素费用。　　　　　　　　　　（　　　）

2. 基本生产车间发生的各种费用均应直接记入"基本生产成本"账户。　　　　　　　　　　　　　　　　　　　　　　　　　　（　　　）

3. 企业固定资产折旧费应全部计入产品成本。　　　　　（　　　）

4. 不设"燃料和动力"成本项目的企业,其生产消耗的燃料可计入"直接材料"成本项目。　　　　　　　　　　　　　　　　　（　　　）

5. 凡是发放给企业职工的货币,均作为工资总额的组成部分。
　　　　　　　　　　　　　　　　　　　　　　　　　　（　　　）

6. 计件工资只能按职工完成的合格品数量乘以计件单价计算发放。
　　　　　　　　　　　　　　　　　　　　　　　　　　（　　　）

四、实务操作题

1. 天水企业20××年7月生产的甲、乙两种产品共同耗用A、B两种原材料,耗用量无法按产品直接划分。具体资料如下:

（1）甲产品投产400件,原材料消耗定额为A材料8千克、B材料3千克。

（2）乙产品投产200件,原材料消耗定额为A材料5千克、B材料4千克。

（3）生产甲、乙两种产品材料实际消耗总量为A材料4116千克、B材料200千克。

（4）材料实际单价为A材料8元/千克，B材料6元/千克。

要求：根据定额消耗量的比例，分配甲、乙两种产品要承担的材料费用。填入表3-13。

表3-13　原材料费用分配表

原材料		A材料	B材料	原材料实际成本（元）
甲产品 投产（400）件	消耗定额（千克）			
	定额消耗量（千克）			
乙产品 投产（200）件	消耗定额（千克）			
	定额消耗量（千克）			
定额消耗总量（千克）				
实际消耗总量（千克）				
消耗量分配率（元/千克）				
实际消耗量的分配	甲产品			
	乙产品			
原材料实际单位成本				
原材料费用（元）	甲产品			
	乙产品			
	合计			

2. 天水企业有两个基本生产车间、一个供电车间和一个机修车间。第一基本生产车间生产A产品和B产品，第二基本生产车间生产C产品。该企业人工费用的相关资料如下：

（1）该企业20××年7月各车间、部门的工资汇总情况见表3-14。

（2）第一基本生产车间生产工人的工资，按A、B两种产品的生产工时进行分配，A产品生产工时为28000小时，B产品的生产工时为30000小时；第二基本生产车间只生产C产品，所以其生产工人工资全部计入C产品的成本。该企业辅助生产车间不单独核算"制造费用"。

表3-14 工资费用汇总表

车间、部门	各类人员	应计工资（元）
第一基本生产车间	生产工人	12400
	管理人员	900
第二基本生产车间	生产工人	5800
	管理人员	700
供电车间	车间人员	1400
机修车间	车间人员	2600
企业管理部门	管理人员	4500
合计		28300

要求：根据资料编制"工资费用分配表"（相关数据填入表3-15），并根据分配结果编制会计分录。

表3-15 工资费用分配表

应借账户		生产工时（小时）	工资（元）		合计（元）
			分配率	分配费用	
基本生产成本	A产品				
	B产品				
	小计				
	C产品				
小计					
制造费用	第一基本车间				
	第二基本车间				
小计					
辅助生产成本	供电车间				
	机修车间				
小计					
管理费用					
合计					

项目四　辅助生产费用的归集和分配

学习目标

知识目标：了解企业辅助生产的特点，理解辅助生产费用归集与分配等核算程序，掌握辅助生产费用分配方法的基本原理和适用情况。

技能目标：能熟练运用各种辅助生产费用分配方法进行辅助生产费用的核算，会编制辅助生产费用分配表，能够根据分配表做相关的账务处理，进行成本结转。

学习情境

某钢铁企业除了基本生产部门外，还设动力、机修、运输三大部门。属于动力部门的有发电、供水、燃气等车间；属于机修部门的有生产修理用备件的铸造、锻造和机械加工车间，以及专门从事修理工作的机械设备修理车间、电气设备修理车间和冶金炉修理车间等；属于运输部门的有铁路运输、汽车运输等。

该企业辅助生产部门的职工人数约占全部人数的30%，这些部门提供的产品、劳务和作业的价值，在基本生产车间产品成本构成中占10%。然而，该企业管理人员认为，这些部门只是为基本生产提供服务的辅助生产部门，因此，为了简化核算，只根据动力、机修、运输三大部门设置了辅助生产成本明细账，并且辅助生产部门的间接生产费用也一并直接归入相关部门的辅助生产成本明细账，而没有通过专门设置"制造费用——××辅助生产车间"进行归集之后再分配。

要求：分析该企业辅助生产费用核算的账户设置是否科学合理。为什么？

任务一　归集辅助生产费用

辅助生产费用
核算的内容

　　辅助生产是指为基本生产、经营管理等服务而进行的产品生产和劳务供应。辅助生产在工业企业指的是为基本生产服务而进行的产品生产和劳务供应。辅助生产车间一般有两种类型：第一，只生产一种产品或只提供一种劳务的车间，如供电、供水、供气、运输等辅助生产车间；第二，生产多种产品或提供多种劳务的车间，如从事工具、模具、修理用备件的制造及机器设备修理等活动的辅助生产车间。辅助生产费用是辅助生产车间为生产产品或提供劳务而发生的原材料费用、动力费用、人工费用及辅助生产车间发生的制造费用。辅助生产车间生产的产品或提供的劳务有时也对外销售，但这不是辅助生产的主要目的。辅助生产产品的质量和提供劳务成本的高低会直接影响企业基本生产制造成本的水平。因此，准确、及时地组织辅助生产费用的归集和分配，对正确计算产品成本、加强企业成本管理具有重要意义。

一、账户的设置

　　为了核算辅助车间所发生的辅助生产费用，应设置"辅助生产成本"账户，按辅助生产车间及其生产的产品、提供劳务的种类设置明细账户。辅助生产车间日常发生的各种辅助生产费用，归集在"辅助生产成本"账户的借方，月末分配结转到基本生产成本和相关期间费用账户。另外，也可直接通过"生产成本——辅助生产成本"账户进行归集和分配。本书采用设置"辅助生产成本"账户的方法。

　　对于辅助生产车间制造费用账户的设置，也有两种方法。实际工作中可根据辅助生产车间的规模大小、制造费用多少等情况来确定。

　　（1）设置"制造费用——辅助生产车间"账户，将辅助生产车间发生的制造费用先归集在"制造费用——辅助生产车间"账户的有关费用明细账或专栏，月末再分配结转到"辅助生产成本"账户。这种方法适合于辅助生产规模较大、制造费用较多、生产多种产品或提供多种劳务的辅助生产车间。

（2）不设置"制造费用——辅助生产车间"账户，将辅助生产车间发生的各项生产费用全部归集到"辅助生产成本"账户中的有关费用明细账或专栏。这种方法适合于辅助生产规模较小、制造费用极少、只生产一种产品或只提供一种劳务的辅助生产车间。

二、辅助生产费用的归集

辅助生产费用的归集，是指在生产费用发生时按照受益对象将其归属到辅助生产成本账户中的过程和结果。其归集的具体内容包括：辅助生产车间领用材料费用；辅助生产车间人工费用；辅助生产车间动力费用；辅助生产车间固定资产折旧费用；辅助生产车间制造费用；辅助生产车间其他费用。

对于辅助生产车间日常发生的各种辅助生产费用，有以下两种归集方法。两者的区别在于辅助生产的制造费用的归集程序不同。

（1）如果辅助生产车间设置"制造费用"账户，辅助生产车间发生的直接材料、直接人工费用，根据"材料费用分配表""工资及其他薪酬费用分配汇总表"和有关凭证归集到"辅助生产成本"账户的有关明细账或专栏的借方。辅助生产车间为组织、管理生产发生的间接费用，应先归集到"制造费用——辅助生产车间"账户的有关明细账或专栏的借方。月末，将"制造费用——辅助生产车间"账户的借方发生额直接转入或分配转入"辅助生产成本"及其明细账账户（见表4-1），以计算各辅助生产的产品或提供的劳务的成本。

表4-1 辅助生产成本明细账

车间名称：供电车间

年		凭证字号	摘要	费用项目（元）							
月	日			材料费	人工费	办公费	劳动保护费	运输费	折旧费	修理费	合计
			分配材料费	12000							12000
			分配工资		1500						1500

续表

年		凭证字号	摘要	费用项目（元）							
月	日			材料费	人工费	办公费	劳动保护费	运输费	折旧费	修理费	合计
			计提其他薪酬		200						200
			发生办公费			600					600
			支付劳动保护费				1500				1500
			支付运输费					400			400
			计提折旧费						3000		3000
			发生修理费							3000	3000
			合计	12000	1700	600	1500	400	3000	3000	22200
			分配转出	12000	1700	600	1500	400	3000	3000	22200

（2）为简化核算，如果辅助生产车间不设"制造费用"账户，则将辅助生产车间发生的全部生产费用直接归集到"辅助生产成本"账户中的有关费用明细账或专栏。

不论采用哪种方法归集辅助生产费用，辅助生产车间完工的产品或劳务成本，均应从"辅助生产成本"总账科目及其明细账的贷方转出。"辅助生产成本"科目的借方余额表示辅助生产的在产品成本。

任务二　分配辅助生产费用

辅助生产费用的分配是指根据辅助生产成本各明细账上所归集的费用，采用一定的方法计算出产品或劳务的成本，并按受益对象耗用的数量计入基本生产成本或期间费用的过程。由于辅助生产车间账户设置情况不同，所生产的产品或提供的劳务不同，辅助生产车间所发生的费用分配转出的程序及方法也有所差异。如果辅助生产车间设置了"制造费用——辅助生产车间"账户，在分配辅助生产费用之前，还应将各辅助生产车间的制造费用分别转入各"辅助生产成本"账户，再进行分配。

（1）辅助生产车间生产可以入库的产品。企业辅助生产车间生产加工的自制材料、自制工具和修理用备品备件等辅助性产品,完工时,先作为材料或自制工具入库,将辅助产品的生产成本从"辅助生产成本"账户转入"原材料""周转材料"等账户,即借记"原材料""周转材料"等科目,贷记"辅助生产成本"科目。领用时,按其用途和使用部门一次或分期摊入成本。

(2)辅助生产车间生产、提供不入库的产品和劳务。企业辅助生产车间生产的水、电、气等产品,或提供运输劳务及设备维修劳务等,成本应当按照一定标准和方法在各受益对象之间进行分配。分配时,将辅助生产费用从"辅助生产成本"账户分别转入各受益对象的有关账户,即借记"制造费用"或"管理费用"等科目,贷记"辅助生产成本"科目。

(3)企业内部各辅助生产车间之间相互提供产品或劳务。辅助生产车间提供的产品和劳务,主要是为基本生产车间和经营管理部门服务的,但在某些辅助生产车间之间也有相互提供产品和劳务的情况。例如,锅炉车间为供电车间供气取暖,供电车间为锅炉车间提供电力。由此,为了计算供气成本,就要确定供电成本;为了计算供电成本,又要确定供气成本。这里就存在一个辅助生产费用在各辅助生产车间之间分配的问题。

辅助生产费用的分配方法主要有直接分配法、交互分配法、代数分配法、计划成本分配法和顺序分配法等。

一、直接分配法

直接分配法是直接将各辅助生产车间发生的费用分配给辅助生产车间以外的各个受益对象或产品,即不考虑辅助生产车间内部相互提供的产品或劳务,不需要进行辅助生产费用的内部分配。这种分配方法的要领可以概括为"只对外,不对内"。直接分配法的计算公式如下:

辅助生产费用分配率=某辅助生产车间待分配费用÷该辅助生产车间提供给辅助生产车间以外受益对象的产品或劳务总量

某受益对象应负担的费用＝该受益对象接受的产品或劳务供应总量×辅助生产费用分配率

辅助生产费用一般通过编制辅助生产费用分配表进行分配。该分配表不仅方便分配计算，而且是各受益对象核算成本登记入账的依据。

业务链接4-1：某热力公司有一车间、二车间两个基本生产车间和供电、机修两个辅助生产车间。20××年9月，供电车间当月共发生费用9000元，机修车间当月共发生费用4000元。当月辅助生产车间提供的产品和劳务资料见表4-2。

表4-2　辅助生产车间产品和劳务供应量表

20××年9月

受益对象	产品和劳务供应量	
	电力/千瓦时	机修工时/工时
供电车间		50
机修车间	3000	
一车间	5000	120
二车间	4000	80
合计	12000	250

要求：运用直接分配法分配当月辅助生产费用，并编制会计分录。

（1）计算辅助生产费用分配率。

供电车间辅助生产费用分配率＝9000÷（12000－3000）＝1(元/千瓦时)

机修车间辅助生产费用分配率＝4000÷（250－50）＝20（元/工时）

（2）对辅助生产车间以外的受益对象分配辅助生产费用。

一车间应分摊的电费＝5000×1＝5000（元）

二车间应分摊的电费＝4000×1＝4000（元）

一车间应分摊的机修费用＝120×20＝2400（元）

二车间应分摊的机修费用＝80×20＝1600（元）

（3）编制辅助生产费用分配表，具体见表4-3。

表4-3 辅助生产费用分配表（直接分配法）

编制单位：热力公司　　　　　　　　　　　　　　　　　　　　　　20××年9月

项目		供电车间	机修车间	合计
待分配费用		9000(元)	4000(元)	13000(元)
产品供应总量		12000(千瓦时)	250(工时)	
其中:供应给辅助生产车间以外受益对象		9000(千瓦时)	200(工时)	
费用分配率		1(元/千瓦时)	20(元/工时)	
一车间	耗用数量	5000(千瓦时)	120	
	分摊金额	5000(元)	2400(元)	7400(元)
二车间	耗用数量	4000(千瓦时)	80	
	分摊金额	4000(元)	1600(元)	5600(元)
合计		9000(元)	4000(元)	13000(元)

　　（4）根据辅助生产费用分配表，编制会计分录，将供电车间和机修车间的生产费用分配记入有关账户。

　　借：制造费用——一车间　　　　　　　　　　　　　　　7400
　　　　　　　　——二车间　　　　　　　　　　　　　　　5600
　　　　贷：辅助生产成本——供电车间　　　　　　　　　　　　9000
　　　　　　　　　　　　——机修车间　　　　　　　　　　　　4000

　　采用直接分配法，各辅助生产车间的待分配费用只在辅助生产车间以外的受益对象间分配，计算工作简便。但由于各辅助生产车间的费用不全，会导致分配结果不够准确。因此直接分配法一般适用于辅助生产车间之间相互提供产品或劳务不多的企业。

二、交互分配法

　　交互分配法是将辅助生产车间相互提供的产品或劳务先交互分配（对内分配），然后将各辅助生产车间交互分配后的实际费用全部分配给辅助生产车间以外的对象的一种方法。这种分配方法的要领可以概括为"先对内，后对外"。其特点是进行两次分配，第一次分配根据辅助生产车间相互提供的产品或劳务的数量和交互分配前的分配率进行分配；

辅助生产费用的
交互分配法

第二次分配将各辅助生产部门交互分配后的实际费用再分配给辅助生产部门以外的受益对象。其计算公式如下：

第一步，对内交互分配。

某辅助生产车间产品或劳务交互分配率＝某辅助生产车间待分配费用总额÷该车间提供的产品或劳务总量

交互分配额＝某辅助生产车间受益的产品或劳务数量×交互分配率

第二步，对外分配。

某辅助生产车间产品或劳务对外分配率＝该辅助生产车间对外待分配的费用÷对外提供的产品或劳务总量

某辅助生产车间对外待分配的费用＝交互分配前的费用＋交互分配转入的费用－交互分配转出的费用

某受益对象应分摊的辅助生产费用＝该受益对象耗用的产品或劳务数量×对外分配率

业务链接4-2：沿用业务链接4-1的资料，采用交互分配法分配辅助生产费用，有关计算过程如下：

计算交互分配率。

供电车间交互分配率＝9000÷12000＝0.75（元/千瓦时）

机修车间交互分配率＝4000÷250＝16（元/工时）

计算辅助生产车间之间交互分配费用。

供电车间应负担的机修费用＝16×50＝800（元）

机修车间应负担的电费＝0.75×3000＝2250（元）

计算交互分配后的应对外分配费用。

供电车间应对外分配费用＝9000＋800－2250＝7550（元）

机修车间应对外分配费用＝4000＋2250－800＝5450（元）

计算对外分配率。

供电车间对外分配率＝7550÷（12000－3000）＝0.84（元/千瓦时）

机修车间对外分配率＝5450÷（250－50）＝27.25（元/工时）

对辅助生产车间以外的受益对象分配费用。

一车间应分摊的电费＝5000×0.84＝4200（元）

二车间应分摊的电费 $= 7550 - 4200 = 3350$（元）

一车间应分摊的机修费用 $= 120 \times 27.25 = 3270$（元）

二车间应分摊的机修费用 $= 80 \times 27.25 = 2180$（元）

编制辅助生产费用分配表，见表4-4。

表4-4 辅助生产费用分配表（交互分配法）

编制单位：热力公司　　　　　　　　　　　　　　　　　　20××年9月

项目			供电车间	机修车间	合计
待分配费用			9000（元）	4000（元）	13000（元）
产品供应总量			12000（千瓦时）	250（工时）	
交互分配费用分配率			0.75（元/千瓦时）	16（元/工时）	
交互分配费用	供电车间	机修数量		50（工时）	
		分摊金额	（+800）	（-800）	
	机修车间	耗电数量	3000（千瓦时）		
		分摊金额	（-2250）	（+2250）	
交互分配后应对外分配费用			7550（元）	5450（元）	13000（元）
供应辅助生产车间以外受益对象的产品数量			9000（千瓦时）	200（工时）	
对外分配费用分配率			0.84（元/千瓦时）	27.25（元/工时）	
对外分配	一车间	耗用数量	5000（千瓦时）	120（工时）	
		分摊金额	4200（元）	3270（元）	7470（元）
	二车间	耗用数量	4000（千瓦时）	80（工时）	
		分摊金额	3350（元）	2180（元）	5530（元）
合计			7550（元）	5450（元）	13000（元）

根据辅助生产费用分配表，编制会计分录，将供电车间和机修车间的生产费用分配记入有关账户。

第一，交互分配时会计分录如下：

借：辅助生产成本——供电车间　　　　　　　　　　　　　800

　　　　　　　　——机修车间　　　　　　　　　　　　2250

　　贷：辅助生产成本——供电车间　　　　　　　　　　2250

　　　　　　　　　——机修车间　　　　　　　　　　　800

第二，对外分配时会计分录如下：

```
借:制造费用——一车间                                    7470
         ——二车间                                    5530
  贷:辅助生产成本——供电车间                           7550
             ——机修车间                              5450
```

相比于直接分配法,交互分配法计算更为复杂,但计算结果比较准确,因为它反映了辅助生产车间之间相互提供产品或劳务的关系。

三、代数分配法

代数分配法,是运用代数中解联立方程式的原理,在辅助生产车间之间相互提供产品或劳务的情况下分配辅助生产费用的一种方法。这种分配方法的要领可以概括为"内外一起算"。采用这种分配方法,首先,应根据各辅助生产车间之间相互提供的产品或劳务数量,求解联立方程式,计算辅助生产车间的产品或劳务的单位成本;其次,根据各受益单位(包括辅助生产车间)耗用产品或劳务的数量和单位成本分配辅助生产成本。其计算步骤如下:

第一步:设立未知数,并根据辅助生产车间之间相互提供产品或劳务的关系建立方程组。

第二步:求解方程组,计算出辅助生产车间的产品或劳务的单位成本。

第三步:用辅助生产车间产品或劳务的单位成本乘以各受益单位的耗用量,求出各受益单位应分配计入的辅助生产费用。

业务链接4-3:沿用业务链接4-1的资料,采用代数分配法分配辅助生产费用,尾差由二车间承担。有关计算过程如下:

根据各辅助生产车间的投入产出建立联立方程式,计算出辅助生产车间的各产品或劳务的单位成本(费用分配率)。

设供电车间单位成本为 x 元/千瓦时,机修车间单位成本为 y 元/工时,根据题意可得:

$$\begin{cases} 12000x = 9000 + 50y \\ 250y = 4000 + 3000x \end{cases}$$

解得：$\begin{cases} x = 0.8596 \\ y = 26.3152 \end{cases}$

将辅助生产费用分配给各受益单位。

机修车间应分摊的电费 = 3000×0.8596 = 2578.80(元)

一车间应分摊的电费 = 5000×0.8596 = 4298.00(元)

二车间应分摊的电费 = 12000×0.8596−2578.80−4298 = 3438.40(元)

供电车间应分摊的机修费用 = 50×26.3152 = 1315.76(元)

一车间应分摊的机修费用 = 120×26.3152 = 3157.82(元)

二车间应分摊的机修费用 = 250×26.3152−1315.76−3157.82 = 2105.22(元)

编制辅助生产费用分配表，见表4-5。

表4-5　辅助生产费用分配表（代数分配法）

编制单位：热力公司　　　　　　　　　　　20××年9月

项目		供电车间	机修车间	合计
待分配费用		9000(元)	4000(元)	13000(元)
产品供应总量		12000(千瓦时)	250(工时)	
费用分配率（单位成本）		0.8596(元/千瓦时)	26.3152(元/工时)	
供电车间	耗用数量		50(工时)	
	分摊金额		1315.76(元)	1315.76(元)
机修车间	耗用数量	3000(千瓦时)		
	分摊金额	2578.80(元)		2578.80(元)
一车间	耗用数量	5000(千瓦时)	120(工时)	
	分摊金额	4298.00(元)	3157.82(元)	7455.82(元)
二车间	耗用数量	4000(千瓦时)	80(工时)	
	分摊金额	3438.40(元)	2105.22(元)	5543.62(元)
合计		10315.20(元)	6578.80(元)	16894.00(元)

根据辅助生产费用分配表，编制会计分录如下：

借：辅助生产成本——供电车间　　　　　　　　　　1315.76

　　　　　　　　——机修车间　　　　　　　　　　2578.80

　　制造费用——一车间　　　　　　　　　　　　　7455.82

　　　　　　——二车间　　　　　　　　　　　　　5543.62

　　贷：辅助生产成本——供电车间　　　　　　　　　　　　10315.20

　　　　　　　　　——机修车间　　　　　　　　　　　　　6578.80

　　采用代数分配法分配辅助生产成本，分配结果最为准确。但在分配之前要求解联立方程组，如果辅助生产车间、部门较多时，则计算工作比较复杂，因而这种方法适用于会计工作已经实现电算化的企业。

四、计划成本分配法

　　计划成本分配法，是指对辅助生产车间实际提供的产品或劳务按计划单位成本和各受益单位的受益量分配辅助生产费用的一种方法。采用这种分配方法，每月进行两次分配，先是按产品或劳务的计划单位成本分配辅助生产车间为各受益单位（包括其他辅助生产车间）提供产品或劳务的费用，然后将辅助生产车间实际发生的费用（包括交互分配转入的费用）与按计划成本分配出去的费用的差额即成本差异，分配给辅助生产车间以外的受益对象（或直接计入管理费用）。其计算公式如下：

　　第一步，按计划成本分配。

　　某受益对象应分配的产品或劳务费用（包括辅助生产车间）＝该受益对象的受益数量×计划单位成本

　　第二步，分配成本差异。

　　成本差异＝各辅助生产车间发生的费用＋按计划成本分配转入的费用－按计划成本分配转出的费用

　　成本差异分配率＝成本差异÷辅助生产车间以外的受益对象接受产品或劳务量（或分配的计划成本）

　　某受益对象应分配的成本差异＝该受益对象的接受产品或劳务量×成本差异分配率

　　如果企业形成的辅助生产成本差异不大，为简化核算，可将每月成本差异直接记入“管理费用”账户。若辅助生产成本差异大于0，则属于超支差异，转入“管理费用”借方；若辅助生产成本差异小于0，则属于节约差异,可以用红字转出。这种方法在实际工作中被广泛采用,本书也采用这种分配方法。

业务链接4-4:沿用业务链接4-1的资料,采用计划成本分配法分配辅助生产费用。假定企业确定的计划单位成本为:供电车间单位成本0.85元/千瓦时,机修车间单位成本26.5元/工时。其有关计算过程如下:

供电车间按计划成本分配。

机修车间应分摊的电费 = 3000×0.85 = 2550(元)

一车间应分摊的电费 = 5000×0.85 = 4250(元)

二车间应分摊的电费 = 4000×0.85 = 3400(元)

合计:10200元。

机修车间按计划成本分配。

供电车间应分摊的机修费用 = 50×26.5 = 1325(元)

一车间应分摊的机修费用 = 120×26.5 = 3180(元)

二车间应分摊的机修费用 = 80×26.5 = 2120(元)

合计:6625元。

计算辅助生产成本差异。

供电车间成本差异 = 9000 + 1325 - 10200 = 125(元)(超支差异)

机修车间成本差异 = 4000 + 2550 - 6625 = -75(元)(节约差异)

编制辅助生产费用分配表4-6。

表4-6 辅助生产费用分配表(计划成本分配法)

编制单位:热力公司　　　　　　　　20××年9月

项目		供电车间	机修车间	合计
待分配费用		9000(元)	4000(元)	13000(元)
产品供应总量		12000(千瓦时)	250(工时)	
费用分配率(计划单位成本)		0.85(元/千瓦时)	26.5(元/工时)	
供电车间	耗用数量		50(工时)	
	分摊金额	(+1325)	1325	1325(元)
机修车间	耗用数量	3000(千瓦时)		
	分摊金额	2550(元)	(+2550)	2550(元)
一车间	耗用数量	5000(千瓦时)	120(工时)	
	分摊金额	4250(元)	3180(元)	7430(元)

续表

项目		供电车间	机修车间	合计
二车间	耗用数量	4000（千瓦时）	80（工时）	
	分摊金额	3400（元）	2120（元）	5520（元）
按计划成本分配合计		10200（元）	6625（元）	16825（元）
辅助生产实际成本		10325（元）	6550（元）	16875（元）
辅助生产成本差异		125（元）	−75（元）	50（元）

根据辅助生产费用分配表和差异金额编制会计分录。

按计划成本分配时会计分录如下：

借：辅助生产成本——供电车间　　　　　　　　　1325

　　　　　　　　——机修车间　　　　　　　　　2550

　　制造费用——一车间　　　　　　　　　　　　7430

　　　　　　——二车间　　　　　　　　　　　　5520

　　贷：辅助生产成本——供电车间　　　　　　　10200

　　　　　　　　　——机修车间　　　　　　　　6625

结转成本差异时会计分录如下：

借：管理费用　　　　　　　　　　　　　　　　　50

　　贷：辅助生产成本——供电车间　　　　　　　125

　　　　　　　　　——机修车间　　　　　　　　75

采用计划成本分配法，各项辅助生产费用实质上只需分配一次，而且通过计算辅助生产费用差异，还能反映和考核辅助生产费用计划的执行情况。但采用这种分配方法的前提是，企业制定的计划单位成本必须比较准确，否则将影响分配结果的合理性。

五、顺序分配法

顺序分配法，又称阶梯法，是指各辅助生产车间分配费用时按照受益多少的顺序排列，受益少的排在前面先行分配，受益多的排在后面再行分配的一种方法。其分配特点是前者分配给后者，而后者不分配给前者，后者的分配额等于其直接费用与前者分配来的费用之和。其计算步骤及公式如下：

（1）确定辅助生产车间费用分配的顺序。

按照辅助生产车间之间受益的多少排序：受益少的排在前，先分配出去；受益多的排在后，后分配出去。

（2）按顺序进行分配。

费用分配率＝（某辅助生产车间待分配费用＋从其他辅助生产车间分配转入的费用）÷（该辅助生产车间提供给受益对象的产品或劳务总量－之前已经分配的辅助生产车间耗用的本车间的产品或劳务量）

某受益对象应负担的辅助生产费用＝该受益对象接受的产品或劳务供应总量×费用分配率

业务链接4-5：沿用业务链接4-1的资料，采用顺序分配法分配辅助生产费用。其有关计算过程如下：

（1）确定辅助生产车间费用分配的顺序。

根据给定资料，先计算各自的受益金额。按交互分配法交互分配的结果，确定分配顺序。

供电车间交互分配率＝9000÷12000＝0.75（元/千瓦时）

机修车间交互分配率＝4000÷250＝16（元/工时）

供电车间应负担的机修费用＝16×50＝800（元）

机修车间应负担的电费＝0.75×3000＝2250（元）

通过计算可以知道供电车间受益少先分配，机修车间受益多后分配。

（2）按顺序进行分配。

供电车间费用分配率＝9000÷12000＝0.75（元/千瓦时）

机修车间应负担的电费＝0.75×3000＝2250（元）

一车间应负担的电费＝0.75×5000＝3750（元）

二车间应负担的电费＝0.75×4000＝3000（元）

机修车间费用分配率＝（4000＋2250）÷（250－50）＝31.25（元/工时）

一车间应负担的机修费用＝31.25×120＝3750（元）

二车间应负担的机修费用＝31.25×80＝2500（元）

根据计算结果编制相应的会计分录：

借：辅助生产成本——机修车间　　　　　　　　　　2250

　　　制造费用——一车间　　　　　　　　　　　　3750

　　　　　　　——二车间　　　　　　　　　　　　3000

　　贷：辅助生产成本——供电车间　　　　　　　　　9000

借：制造费用——一车间　　　　　　　　　　　　　3750

　　　　　　——二车间　　　　　　　　　　　　　2500

　　贷：辅助生产成本——机修车间　　　　　　　　　6250

　　采用顺序分配法，各种辅助生产费用虽然也只分配一次，但既分配给辅助生产车间以外的受益对象，又分配给排列在后面的其他辅助生产车间，因而分配结果的正确性和计算的工作量都有所增加。同时，由于排列在前面的辅助生产车间不负担排列在后面的辅助生产车间的费用，因而分配结果的正确性仍然受到一定的影响。这种分配方法，适用于辅助生产车间较多、相互耗用的劳务金额相差较大的企业。

　　企业应根据自身的特点及实际情况选择相应的辅助生产费用分配方法。为便于分析比较，现列示辅助生产费用分配方法对照表4-7。

表4-7　辅助生产费用分配方法对照表

分配方法	直接分配法	交互分配法	代数分配法	计划成本分配法	顺序分配法
特点	直接对外分配，不对内分配	先对内相互分配，再对外统一分配	设未知数，建立并求解联立方程组	先按计划成本分配，再调整差异	受益少的车间先分配费用，受益多的车间后分配费用
优缺点	计算简便，但未考虑辅助生产车间相互提供的产品或劳务，会影响分配结果的准确性	计算结果比较准确，但相比直接分配法，计算更复杂、工作量更大	分配结果最准确，但辅助生产车间、部门较多时，数学模型的建立和求解会更加复杂	简化和加速分配的计算工作，便于考核和分析各受益单位的经济责任	分配结果有一定的正确性，但计算的工作量较大，并且排列在前面的辅助生产车间不负担排列在后面的辅助生产车间的费用，因而分配结果不够准确

续表

分配方法	直接分配法	交互分配法	代数分配法	计划成本分配法	顺序分配法
适用条件	适用于辅助生产车间内部相互提供产品或劳务不多的企业	适用于辅助生产车间内部相互提供产品或劳务较多的企业	适用于已经实现会计工作电算化的企业	适用于计划单位成本和计划分配率比较准确的企业	适用于辅助生产车间较多、相互耗用的劳务金额相差较大的企业

同步快速测试

一、单项选择题

1. 在辅助生产费用的各种分配方法中，分配最为简单的是（　　　）。

A.直接分配法　　　　　　B.交互分配法

C.代数分配法　　　　　　D.计划成本分配法

2. 对于辅助生产车间发生的制造费用，下列说法中正确的是（　　　）。

A.单设"制造费用"科目进行核算

B.不单设"制造费用"科目进行核算

C.A和B均可　　　　　　D.通过"管理费用"科目进行核算

3. 辅助生产费用交互分配后的实际费用，应该在（　　　）之间进行分配。

A.基本生产车间　　　　　B.辅助生产车间以外的各受益单位

C.各辅助生产车间　　　　D.所有的受益单位

4. 在辅助生产费用的各种分配方法中，分配结果最准确的是（　　　）。

A.直接分配法　　　　　　B.交互分配法

C.代数分配法　　　　　　D.计划成本分配法

5. 辅助生产费用各种分配方法中，能分清各部门经济责任，有利于分析和考核成本责任的是（　　　）。

A.直接分配法 B.交互分配法

C.代数分配法 D.计划成本分配法

6. 为了简化辅助生产费用的分配工作，在计划成本分配法下的辅助生产成本差异全部计入（　　）。

A."基本生产成本" B."制造费用" C."管理费用" D.成本差异账户

二、多项选择题

1. 在辅助生产费用分配方法中，辅助生产单位之间相互分配费用的方法有（　　）。

A.代数分配法 B.交互分配法

C.计划成本分配法 D.直接分配法

2. 计划成本分配法的优点是（　　）。

A.简化计算工作量

B.能反映和考核辅助生产成本计划的执行情况

C.有利于分清企业内部各单位的经济责任

D.分配结果最准确

3. 丰华机械制造厂采用直接分配法分配辅助生产费用，其受益对象分别为基本生产车间、辅助生产车间、厂部办公室、厂部财务室、厂部销售机构，分配辅助生产费用记入以下科目借方的有（　　）。

A."财务费用" B."管理费用"

C."辅助生产成本" D."销售费用"

4. 某企业生产甲产品，设有两个基本生产车间、一个机修辅助生产车间。车间领用5000元的直接材料，其中4500元的材料用于生产产品、500元的用于设备维修；车间领用1000元的辅助材料，其中800元的材料用于生产产品、200元的用于车间一般消耗。则企业的账务处理为（　　）。

A.计入辅助生产成本500元 B.计入辅助生产成本1000元

C.计入基本生产成本4500元 D.计入制造费用200元

5. "辅助生产成本"账户贷方登记的内容有（　　）。

A.完工入库的自制材料成本

B.向受益单位进行分配的费用

  C.企业发生的全部辅助生产费用

  D.辅助生产车间月末在产品成本

三、判断题

  1.工业企业的辅助生产是为基本生产服务而进行的产品生产或劳务供应,所以辅助生产费用计入生产成本。（ ）

  2.辅助生产部门发生的各项费用,在会计核算上均应直接计入"辅助生产成本"账户。（ ）

  3.企业辅助生产部门有的是提供劳务,如供电、运输等,有的是生产产品,如生产工具、模具等。提供劳务的通过"辅助生产成本"账户核算,生产工具、模具的通过"基本生产成本"账户核算。（ ）

  4.采用直接分配法分配辅助生产费用时,不考虑各辅助生产车间之间相互提供的产品或劳务的成本。（ ）

  5.当辅助生产车间只提供一种产品或劳务时,计提的固定资产折旧费可以直接计入"辅助生产成本"账户。（ ）

四、实务操作题

  大宇公司有供水和运输两个辅助生产车间,供水车间本月共发生费用6000元,运输车间本月共发生费用3000元。企业设有一车间和二车间两个基本生产车间,本月辅助生产车间提供产品和劳务的资料见表4-8。分别按要求进行实务操作。

表4-8 辅助生产车间提供产品和劳务情况

受益部门	厂部	一车间	二车间	供水车间	运输车间	合计
供水（吨）	2000	4000	3500		500	10000
运输（千米）	30	90	30	50		200

  1.运用直接分配法分配辅助生产费用,填写表4-9辅助生产费用分配表,并编制相关的会计分录。

表4-9 辅助生产费用分配表

编制单位:大宇公司

项目	供水车间	运输车间	合计
待分配费用（元）			

续表

项目		供水车间	运输车间	合计
劳务供应总量（吨或千米）				
其中：供应给辅助生产车间以外受益对象				
费用分配率（元/吨或千米）				
厂部	耗用数量（元）			
	分摊金额（元）			
一车间	耗用数量（吨或千米）			
	分摊金额（元）			
二车间	耗用数量（吨或千米）			
	分摊金额（元）			
合计				

2. 运用交互分配法分配辅助生产费用，填写表4-10辅助生产费用分配表，并编制相关的会计分录。

表4-10 辅助生产费用分配表

编制单位：大宇公司

项目			供水车间	运输车间	合计
待分配费用（元）					
劳务供应总量（吨或千米）					
交互分配费用分配率（元/吨或千米）					
交互分配费用	供水车间	运输数量（千米）			
		分摊金额（元）			
	运输车间	耗水数量（吨）			
		分摊金额（元）			
交互分配后应对外分配费用（元）					
供应辅助生产车间以外受益对象的产品数量（吨或千米）					
对外费用分配率（元/吨或千米）					
对外分配	厂部	耗用数量（吨或千米）			
		分摊金额（元）			
	一车间	耗用数量（吨或千米）			
		分摊金额（元）			
	二车间	耗用数量（吨或千米）			
		分摊金额（元）			
合计					

项目五　制造费用的归集和分配

学习目标

知识目标：了解制造费用的内容和核算程序，掌握制造费用分配方法的特点、原理和适用范围。

技能目标：能根据生产车间（或部门）及费用项目内容设置制造费用明细账进行制造费用的归集，会利用生产工时分配法、机器工时分配法、年度计划分配率法等方法分配制造费用，并根据分配结果进行相应的账务处理。

学习情境

某厂为季节性生产企业，生产甲、乙、丙3种产品。本年度该厂某基本生产车间制造费用计划总额为510000元；3种产品本年计划产量分别为2200件、3800件和2200件，单位产品工时定额分别为20小时、10小时和40小时。本年12月实际生产甲产品400件、乙产品500件、丙产品300件，实际发生制造费用60000元，而甲、乙、丙3种产品在12月的计划产量分别为350件、480件和320件。经查，11月末制造费用本年累计借方发生额为455000元，贷方发生额为435000元，制造费用账户有借方余额20000元。

要求：判断该企业适合采用的制造费用分配方法。12月的制造费用该如何分配？

任务一　归集制造费用

制造费用是企业为生产产品（或提供劳务）而发生的，应该计入产

品成本（或劳务），但没有专设成本项目的各项生产费用。

　　制造费用的归集是指产品成本费用在发生时按照受益车间归属到"制造费用"账户中的过程和结果。制造费用的具体核算内容包括：①间接用于产品生产的耗费，如机物料消耗，辅助生产工人的薪酬，车间房屋建筑物的折旧费、保险费、租赁费，生产车间照明费、取暖费、劳动保护费，季节性停工和生产用固定资产修理期间的停工损失，等等。②直接用于产品生产的耗费，但管理上不要求或者核算上不便于单独核算，因而没有专设成本项目。比如，机器设备的折旧费、租赁费、保险费，生产工具摊销，设计制图费和试验检验费，等等。③车间用于组织和管理生产的支出，这些耗费的性质本属于管理费用，但因为它们是生产车间的管理支出，与生产车间的制造费用很难严格划分，为简化核算工作，也将它们作为制造费用进行核算。比如，生产车间管理人员薪酬，车间管理用房屋和设备的折旧费、租赁费、保险费，车间管理用具摊销，生产车间差旅费、办公费、通信费，等等。

　　在会计核算上，我们通过"制造费用"账户进行车间费用的归集与分配，为了反映各个生产车间的耗费发生情况，在"制造费用"账户下需要按不同的生产车间设置明细账，进行制造费用的明细分类核算。

　　业务链接5-1：某机械制造厂设置加工、打磨、装配3个基本生产车间，按照顺序加工生产A产品和B产品。202×年12月，该厂对各车间发生的相关制造费用进行核算（具体的原始数据这里省略）。其中，加工车间、打磨车间及装配车间制造费用的归集如下：

　　（1）基本生产车间领用劳动用具。

　　　　借：制造费用——加工车间　　　　　　　　　　　800
　　　　　　　　　　　——打磨车间　　　　　　　　　　　594
　　　　　　　　　　　——装配车间　　　　　　　　　　1090
　　　　　　贷：周转材料——低值易耗品　　　　　　　2484

　　（2）结算本月车间管理人员薪酬。

　　　　借：制造费用——加工车间　　　　　　　　　5002.00
　　　　　　　　　　　——打磨车间　　　　　　　　　4660.00

| | ——装配车间 | 3616.90 |

　　贷：应付职工薪酬　　　　　　　　　　　　　　　　　13278.90

　　（3）结算本月车间发生的电费。

　　　　借：制造费用——加工车间　　　　　　　　　　　　1171.45

　　　　　　　——打磨车间　　　　　　　　　　　　　　885.73

　　　　　　　——装配车间　　　　　　　　　　　　　　671.44

　　　　贷：应付账款——电费　　　　　　　　　　　　　2728.62

　　（4）计提车间固定资产的折旧。

　　　　借：制造费用——加工车间　　　　　　　　　　　17740.00

　　　　　　　——打磨车间　　　　　　　　　　　　　42000.00

　　　　　　　——装配车间　　　　　　　　　　　　　27100.00

　　　　贷：累计折旧　　　　　　　　　　　　　　　　　86840.00

　　（5）车间发生机物料的消耗。

　　　　借：制造费用——加工车间　　　　　　　　　　　6083.12

　　　　　　　——打磨车间　　　　　　　　　　　　　13294.68

　　　　　　　——装配车间　　　　　　　　　　　　　11265.43

　　　　贷：原材料　　　　　　　　　　　　　　　　　30643.23

　　根据费用发生的原始凭证，登记制造费用明细账，归集制造费用，具体见表5-1、表5-2、表5-3。

表5-1　制造费用明细账（一）

一级科目编号及名称：制造费用　　　　　　　　　　　二级科目编号及名称：加工车间

202×年		凭证号数	摘要	（借）方余额					
月	日			周转材料	人工费	电费	折旧费	材料费用	合计
12	31	记1	领用劳动用具	800					
		记2	分配人工费		5002				
		记3	分配电费			1171.45			
		记4	计提折旧				17740		
		记5	领用机物料					6083.12	
		记6	分配制造费用						−30796.57

注：记6为下一个任务分配制造费用登记的明细账，表中单位为元。

表 5-2　制造费用明细账（二）

一级科目编号及名称：制造费用　　　　　　　　二级科目编号及名称：打磨车间

202×年		凭证号数	摘要	（借）方余额					
月	日			周转材料	人工费	电费	折旧费	材料费用	合计
12	31	记1	领用劳动用具	594					
		记2	分配人工费		4660				
		记3	分配电费			885.73			
		记4	计提折旧				42000		
		记5	领用机物料					13294.68	
		记6	分配制造费用						−61434.41

注：记6为下一任务分配制造费用登记的明细账，表中单位为元

表 5-3　制造费用明细账（三）

一级科目编号及名称：制造费用　　　　　　　　二级科目编号及名称：装配车间

202×年		凭证号数	摘要	（借）方余额					
月	日			周转材料	人工费	电费	折旧费	材料费用	合计
12	31	记1	领用劳动用具	1090					
		记2	分配人工费		3616.90				
		记3	分配电费			671.44			
		记4	计提折旧				27100		
		记5	领用机物料					11265.43	
		记6	分配制造费用						−43743.77

注：记6为下一任务分配制造费用登记的明细账，表中单位为元

任务二　分配制造费用

制造费用的分配

　　通过制造费用的归集，企业在某一会计期间发生的制造费用都已归属到制造费用的明细账中。在会计期末，为了正确计算产品的生产成本，还要将其合理地分配到有关产品的成本中。按车间或生产部门归集制造费用，在分配时，也只能将制造费用分配到本车间生产的产品或提供的劳务中，不得分配给本车间以外的对象。

　　分配的原则：在基本生产部门只生产一种产品或只提供一种劳务的情况下，其归集的制造费用可以直接转入该种产品或劳务的成本中；在

生产多种产品或提供多种劳务的情况下，则制造费用需要采用适当的分配方法分配转入各种产品或劳务的成本中。分配的方法很多，但通常采用的有生产工时比例分配法、机器工时比例分配法、年度计划分配率法等。

一、生产工时比例分配法

生产工时比例分配法是按照各种产品所耗用生产工人工时的比例分配制造费用的一种方法。其计算公式为：

制造费用分配率＝某车间发生的制造费用总额÷各产品生产工时总数

某种产品应分配的制造费用＝该种产品生产工时×制造费用分配率

业务链接5-2：沿用业务链接5-1的资料，某机械制造厂生产A、B两种产品，月末归集到各车间的制造费用为：加工车间30796.57元，打磨车间61434.41元，装配车间43743.77元。各产品在每个车间消耗的生产工人工时为：加工车间A产品3600工时，B产品1600工时；打磨车间A产品6100工时，B产品1600工时；装配车间A产品4600工时，B产品3100工时。采用生产工时比例分配法分配制造费用。

制造费用分配的具体过程如下：

加工车间制造费用分配率＝30796.57÷（3600＋1600）＝5.9224（元/工时）

A产品应分配的制造费用＝3600×5.9224＝21320.64（元）

B产品应分配的制造费用＝30796.57－21320.64＝9475.93（元）

打磨车间制造费用分配率＝61434.41÷（6100＋1600）＝7.9785（元/工时）

A产品应分配的制造费用＝6100×7.9785＝48668.85（元）

B产品应分配的制造费用＝61434.41－48668.85＝12765.56（元）

装配车间制造费用分配率＝43743.77÷（4600＋3100）＝5.6810（元/工时）

A产品承担的制造费用＝4600×5.6810＝26132.60（元）

B产品承担的制造费用＝43743.77－26132.60＝17611.17（元）

根据计算结果编制制造费用分配表5-4。

表5-4 制造费用分配表

20××年12月

车间、产品		生产工人工时（小时）	分配率（元/小时）	分配后金额（元）
加工车间	A产品	3600		21320.64
	B产品	1600	5.9224	9475.93
	合计	5200		30796.57
打磨车间	A产品	6100		48668.85
	B产品	1600	7.9785	12765.56
	合计	7700		61434.41
装配车间	A产品	4600		26132.60
	B品	3100	5.6810	17611.17
	合计	7700		43743.77

根据制造费用分配表编制会计分录：

借：基本生产成本——加工车间（A产品）　　　21320.64

　　　　　　　　——加工车间（B产品）　　　9475.93

　　贷：制造费用——加工车间　　　　　　　30796.57

借：基本生产成本——打磨车间（A产品）　　　48668.85

　　　　　　　　——打磨车间（B产品）　　　12765.56

　　贷：制造费用——打磨车间　　　　　　　61434.41

借：基本生产车间——装配车间（A产品）　　　26132.60

　　　　　　　　——装配车间（B产品）　　　17611.17

　　贷：制造费用——装配车间　　　　　　　43743.77

按生产工时比例分配法分配制造费用，能将工人的劳动生产率与产品负担的制造费用结合起来，使分配结果比较合理。在实际工作中，该方法用得也较多。

二、机器工时比例分配法

机器工时比例分配法是将各种产品生产时所用机器设备运转时间

作为分配标准来分配制造费用的一种方法。其计算公式为：

制造费用分配率＝某车间发生的制造费用总额÷各种产品机器工时总数

某种产品应分配的制造费用＝该种产品机器工时数×制造费用分配率

该方法下制造费用分配原理与生产工时比例分配法基本类似。

业务链接5-3：20××年5月，某企业基本生产车间生产C、D两种产品，共发生制造费用36000元，按机器工时比例分配法分配车间的制造费用。其中，C产品耗用机器工时数为4860小时，D产品耗用机器工时数为5140小时。C、D两种产品各自应承担的制造费用是多少？

制造费用分配率＝36000÷（4860＋5140）＝3.6（元/小时）

C产品应分配的制造费用＝3.6×4860＝17496（元）

D产品应分配的制造费用＝3.6×5140＝18504（元）

根据以上计算结果编制制造费用分配表5-5。

表5-5　制造费用分配表

20××年5月

产品名称	分配标准（机器工时）	费用分配率（元/机器工时）	分配金额（元）
C产品	4860	3.6	17496
D产品	5140	3.6	18504
合计	10000		36000

应当指出，当生产单位机器设备差别较大（比如功率不同）时，不同机器设备在同一运转时间内消耗的费用差别也会较大。也就是说，被加工产品在高级精密或大型机器设备上加工1小时所应分配的费用，与在较小型机器设备上加工1小时所应分配的费用，应当有所区别。也就是说，当生产单位机器设备差别较大时，实际机器工时是不能简单相加的。因此，当一个生产单位内存在消耗费用差别较大的机器设备时，应将机器设备按单位工时费用发生的多少合理分类，确定各类机器的工时换算系数。各种产品的实际机器工时应当按照机器设备的工时换算系数换算成标准机器工时，再按标准机器工时分配制造费用。标准机器工时的

计算公式如下：

某产品标准机器工时＝该产品实际机器工时×机器设备的工时换算系数

当机器设备是主要的生产因素，机器工时与人工工时没有必然联系时，机器工时比例分配法较为适用，特别是在机械化生产程度较高的生产车间或部门，这种分配结果较为精确。但采用这种方法，必须具备各种产品所用的机器工时的原始记录。

三、年度计划分配率法

年度计划分配率法，也叫预定分配率法，是根据企业正常经营条件下的年度制造费用预算总额和计划产量定额总工时预先计算分配率，然后按此分配率分配制造费用的一种方法。其基本计算步骤为：

（1）计算制造费用年度计划分配率。

制造费用年度计划分配率＝制造费用年度计划总额÷年度计划产量定额总工时

（2）按计划分配率分配制造费用。

某种产品应分配的制造费用＝该产品当月实际产量定额工时×制造费用年度计划分配率

（3）处理分配的差异。

按计划分配率分配的制造费用数额与制造费用实际发生额之间一般存在差异，对此差异的处理方法是：1—11月各月末分配结转制造费用后，"制造费用"账户月末可能出现余额，平时不做处理；年末时，将其差异额按已分配的比例进行一次再分配，计入各生产车间所生产的各产品成本中。实际数大于已分配数的，用蓝字补充分配；实际数小于已分配数的，用红字冲回。

这种分配方法下，年度中间制造费用明细账及与之相联系的制造费用总账账户不仅可能有月末余额，而且既可能是借方余额，也可能是贷方余额。到年底时，如果制造费用账户仍然有余额，就是全年制造费用的实际发生额与计划分配额的差异，那么就要进行一次再分配，予以调整,使之无余额。

业务链接5-4:某企业某会计年度,一车间计划发生制造费用315000元,该车间生产的甲、乙产品年度计划产量分别为30000件和6000件,甲、乙产品的单位定额工时分别为5小时和10小时。假定该车间当年10月份实际产品产量为甲产品3000件和乙产品500件。"制造费用"账户10月初余额为借方800元,本月一车间制造费用的实际发生额为31000元。按年度计划分配率法进行制造费用的分配。

第一步,计算制造费用年度计划分配率。

制造费用年度计划分配率 $=315000 \div (30000 \times 5 + 6000 \times 10) = 1.5$ (元/小时)

第二步,分配该企业10月份一车间发生的制造费用。

甲产品应分配担的制造费用 $= 3000 \times 5 \times 1.5 = 22500$ (元)

乙产品应分配的制造费用 $= 500 \times 10 \times 1.5 = 7500$ (元)

10月末,"制造费用"账户的借方余额为 $800 + 31000 - 22500 - 7500 = 1800$ (元)

年内制造费用出现余额,不做任何差异调整。

年度计划分配率法操作简便,有利于及时计算产品成本,使单位产品应分配的制造费用相对均衡,适用于季节性生产企业。为保证产品成本计算的正确性,要求采用年度计划分配率法的企业要有比较准确的定额标准和较高的计划管理水平。

制造费用的分配除了上述方法之外,还有生产工人工资比例分配法、作业成本法(见教材后续内容)等,这里不再举例说明。企业可根据自身实际情况合理地选用制造费用的分配方法,而且在条件没有变化的情况下,不应随便改变分配方法。如需变更,应在会计报表附注中予以说明。

同步快速测试

一、单项选择题

1. 春城机械厂要求将劳动生产率与产品负担的制造费用结合起来。该厂制造费用分配适用（　　　），能使分配结果比较合理，在实际工作中用得也较多。

A.年度计划分配率法　　　　　　　　B.作业成本法

C.机器工时比例分配法　　　　　　　D.生产工时比例分配法

2. 某企业生产A产品，车间领用1300元的原料，其中1200元的原料用于生产产品、100元的原料用于修复废品；车间领用600元的辅助材料，其中500元的原料用于生产产品、100元的用于车间一般消耗。材料费用计入"制造费用"科目的为（　　　）。

A.100元　　　　B.1400元　　　　C.400元　　　　D.200元

3. 某企业生产A产品，基本生产车间工资费用为15万元，其中生产工人工资为13万元，车间管理人员工资为2万元，管理部门人员工资为5万元，工资费用支出时计入"制造费用"账户的为（　　　）。

A.10万元　　　　B.2万元　　　　C.7万元　　　　D.6万元

4. 除了按年度计划分配率法分配制造费用以外，"制造费用"账户月末（　　　）。

A.没有余额　　　　　　　　　　　　B.一定有借方余额

C.一定有贷方余额　　　　　　　　　D.有借方或贷方余额

5. 按年度计划分配率法分配制造费用的方法适用于（　　　）。

A.制造费用数额较大的企业　　　　　B.季节性生产的企业

C.基本生产车间规模较小的企业　　　D.制造费用数额较小的企业

二、多项选择题

1. 下列各项中属于制造费用分配标准的有（　　　）。

A.完工产品数量　　　　　　　　　　B.产品生产定额工时

C.产品生产实际工时　　　　　　　　D.生产工人工资

2. 企业制造费用的内容一般包括（　　　）。

A.车间机物料消耗   B.车间固定资产折旧

C.车间管理人员工资   D.车间生产工人工资

三、判断题

1. 材料费用、外购动力费用、折旧费用、制造费用属于要素费用，发生时计入产品成本。   （   ）

2. 产品生产费用按经济内容划分的要素费用和按经济用途划分的成本项目包括的内容相同。   （   ）

3. 制造费用是企业为生产产品在生产车间发生的应该计入产品成本的各项间接费用，所以制造费用最后计入生产成本。 （   ）

4. 企业制造费用和直接人工分配可以采用同一标准。 （   ）

5. 经过分配后，"制造费用"账户月末肯定没有余额。 （   ）

6. 若生产车间只生产一种产品，则该车间发生的制造费用无须列入"制造费用"账户核算。   （   ）

四、实务操作题

1. 安达工厂生产A、B、C三种产品，其中一车间生产A产品和B产品，二车间生产C产品。本月各车间发生的制造费用为：一车间领用材料3000元、车间管理人员人工费用22000元、照明费用2000元、折旧费用22000元、车间办公费600元；二车间领用材料2800元、车间管理人员人工费用9000元、照明费用1700元、折旧费用13000元、车间办公费500元。根据资料统计提供的生产工时为：一车间A产品生产工时3000小时，B产品生产工时2000小时；二车间C产品生产工时2200小时。

要求：按产品生产工时比例分配法分配制造费用，并进行相应的会计处理。

2. 某企业基本生产车间全年制造费用计划发生额为400000元。全年各种产品的计划产量为：甲产品2500件，乙产品1000件。单件产品工时定额为：甲产品6小时，乙产品5小时。8月实际产量为：甲产品200件，乙产品80件。8月实际发生制造费用为33000元，"制造费用"账户本月期初余额为借方1000元。

要求：按年度计划分配率法分配本月制造费用并结算月末余额。

项目六　生产损失的核算

学习目标

　　知识目标：了解废品、废品损失和停工损失的含义，理解可修复废品与不可修复废品损失归集的区别，掌握废品损失和停工损失核算的会计处理方法。

　　技能目标：会根据生产性损失的具体情况设置相关账户，能对可修复废品的修复费用、不可修复废品的生产成本及停工损失进行合理的归集与分配结转。

学习情境

　　力威公司质检员对铸造车间的产品进行质量检测时发现，100件铸件硬度不够，10件铸件出现裂纹。上报技术部门鉴定，结论是100件铸件硬度不够已无法进行修复，予以报废；另有10件铸件出现砂眼和气孔，需要返工补焊。

　　请问：无法修复的铸件和可修复的铸件所发生的损失该如何界定？对发生的损失怎样核算？

任务一　核算废品损失

废品损失的核算

　　生产损失是指企业在生产产品的过程中，由于组织不合理、经营管理不善、生产工人操作不规范等原因造成的损失，包括产品生产过程中发生的正常损耗、产生的边角废料、不符合产品质量标准的废品损失、因各种原因停工而造成的损失等。生产过程中发生的正常损耗及边角废料，在产品成本计算时已经加以考虑。因此，真正属于成本核算中的生产损失主要指的是废品损失和停工损失。

一、废品损失的含义

废品是指质量不符合规定的技术标准，不能按照原定用途使用，或者需要加工修复后才能正常使用的在产品、半成品或产成品。不论是在生产过程中发现的废品，还是在入库后发现的废品，都应包括在内。

废品按照修复在技术上的可行性及经济上的合理性，分为可修复废品与不可修复废品两类。可修复废品是指经过加工修复后可以按原定用途使用，而且从经济上讲是合算的废品；不可修复废品是指在技术上无法修复，或修复成本过大，在经济上不合算而放弃修复的废品。

废品损失是指企业因产生废品而造成的损失，包括在产品生产过程中发现的和入库后发现的不可修复废品的生产成本，以及可修复废品的修复费用，扣除回收的废品残料价值和应收赔款以后的损失。

在实际工作中应注意：

经过质量检验部门鉴定不需要返修、可以降价出售的不合格品，其成本与合格品的成本相同，其降价损失，应在计算销售损益时体现，不应作为废品损失处理；产成品入库后，由于保管不善等原因而损坏变质的损失，属于管理上的问题，应作为管理费用处理，不作为废品损失处理；实行包退、包修、包换"三包"政策的企业，在产品出售以后发现的废品所产生的一切损失，也应计入管理费用，不包括在废品损失内。

为了单独核算废品损失，可以专设"废品损失"账户，同时在"基本生产成本"账户成本项目中增设"废品损失"成本项目。废品损失的归集与分配，应根据废品损失计算单和分配表等有关凭证，通过"废品损失"账户进行。该账户借方登记不可修复废品的生产成本和可修复废品的修复费用；贷方反映废品材料回收的价值、有关赔偿的数额及应由本月产品成本负担的废品净损失。废品损失，一般按车间及所生产的产品品种设立明细账，期末该账户无余额。

由于可修复废品与不可修复废品的组成内容不同，其废品损失的归集计算方法也不一样，下面分别介绍。

二、不可修复废品损失的核算

不可修复废品的损失,是指不可修复废品的生产成本扣除废品材料残值和应收赔款后的净损失。计算不可修复废品损失,可按废品所耗实际费用计算,也可按废品所耗定额费用计算。

(一) 按废品所耗实际费用计算和分配废品损失

采用这一方法,由于废品报废以前发生的各项生产费用是与合格产品一起计算的,因而要将废品报废以前与合格品计算在一起的各项生产费用,采用适当的分配方法,在合格品与废品之间进行分配,计算出废品的实际成本,从"基本生产成本"账户的贷方转入"废品损失"账户的借方。相关的计算公式如下:

废品负担的直接材料费用＝某产品直接材料费用总额÷[合格品数量＋废品数量(或约当产量)]×废品数量(或约当产量)

废品负担的直接人工费用＝某产品直接人工费用总额÷[合格品数量＋废品数量(或约当产量)]×废品数量(或约当产量)

废品负担的制造费用＝某产品制造费用总额÷[合格品数量＋废品数量(或约当产量)]×废品数量(或约当产量)

如果该产品于月末尚有部分产品未完工,则上述公式中的分母还应包括在产品数量或约当产量(或工时)。约当产量是指将在产品折合成相当于完工产品的数量,具体的折合方法将在项目七中详细阐述。

业务链接6-1:某工业企业生产车间20××年5月完工甲产品400件,入库时,经检验合格品为380件,不可修复废品为20件。该月生产共耗用工时6000小时,其中废品生产耗用工时300小时。该月发生的生产费用中直接材料40000元,直接人工12000元,制造费用18000元;废品残值估价800元,已交仓库验收入库,应由过失人赔偿200元。原材料系一次性投入,假定该企业的直接材料费用按产量比例分配,其他费用按工时比例分配。根据以上资料编制废品损失计算表6-1。

表6-1　不可修复废品损失计算表

产品名称:甲产品　　　　　　　　　　　　　　　　　　　　　　　20××年5月

项目	直接材料	直接人工	制造费用	合计
生产费用总额（元）	40000	12000	18000	70000
分配标准	400	6000	6000	
分配率（元/件）	100	2	3	
废品成本（元）	2000	600	900	3500
减:残值回收（元）	800			800
赔偿款（元）		200		200
废品损失（元）	1200	400	900	2500

根据表6-1编制会计分录:

将20件不可修复废品的已耗成本从"基本生产成本"账户转出:

借:废品损失——甲产品　　　　　　　　　　　　　　　　　3500

　　贷:基本生产成本——甲产品　　　　　　　　　　　　　　3500

根据有关凭证,结转回收废品残料价值:

借:原材料　　　　　　　　　　　　　　　　　　　　　　　800

　　贷:废品损失——甲产品　　　　　　　　　　　　　　　　800

应由过失人赔偿200元的部分:

借:其他应收款　　　　　　　　　　　　　　　　　　　　　200

　　贷:废品损失——甲产品　　　　　　　　　　　　　　　　200

将废品净损失转入当期合格产品的成本中:

借:基本生产成本——甲产品　　　　　　　　　　　　　　　2500

　　贷:废品损失——甲产品　　　　　　　　　　　　　　　　2500

按废品所耗实际费用计算和分配废品损失,计算结果符合实际,但核算工作量较大。如果废品是在完工以后发现的,这时单位废品负担的各项生产费用应与单位合格产品完全相同。因此,可按合格品数量和废品数量的比例分配各项生产费用,计算分配的实际成本。

(二)按废品所耗定额费用计算和分配废品损失

按废品所耗定额费用计算不可修复废品损失,是将不可修复废品按照工时定额和各种费用定额计算废品成本,实际成本与定额成本的差额全部由合格品负担。

业务链接6-2:某工业企业生产车间20××年12月在生产乙产品的过程中,产生不可修复废品30件,按所耗定额费用计算废品的生产成本。其中材料在生产开始时一次性投入,单位产品直接材料费用定额为180元,废品定额工时共计300小时,每小时的费用定额为人工费用2.50元、制造费用5.70元。回收废品残料计价800元。根据上列资料编制不可修复废品损失计算表6-2。

表6-2　不可修复废品损失计算表

产品名称:乙产品　　　　　　　　　　　20××年12月

项目	直接材料（元）	定额工时（小时）	直接人工（元）	制造费用（元）	成本合计（元）
每件或每小时费用定额	180		2.50	5.70	
废品定额成本	5400	300	750	1710	7860
减:残料价值	800				800
废品损失	4600		750	1710	7060

在表6-2中,废品的定额材料费用应根据直接材料费用单位定额乘以废品数量计算;定额直接人工费用和定额制造费用,应根据每小时费用定额乘以定额工时计算。

根据表6-2编制会计分录:

将30件不可修复废品的已耗成本从"基本生产成本"账户转出:

借:废品损失——乙产品　　　　　　　　　　　　　7860

　　贷:基本生产成本——乙产品　　　　　　　　　　　7860

根据有关凭证,结转回收废品残料价值:

借:原材料　　　　　　　　　　　　　　　　　　　800

　　贷:废品损失——乙产品　　　　　　　　　　　　　800

将废品净损失转入当期合格产品的成本中:

借:基本生产成本——乙产品　　　　　　　　　　　7060

　　贷:废品损失——乙产品　　　　　　　　　　　　　7060

采用这一方法,计算比较简单,而且可以不受废品实际费用水平高低的影响,便于进行成本的分析和考核。但采用此法计算废品生产成本,必须具备准确的消耗定额和费用定额资料。

三、可修复废品损失的核算

可修复废品损失,指的是在废品修复过程中发生的各种修复费用,包括为修复废品所耗用的直接材料、直接人工、制造费用等。因此,修复后的产品成本应该由修复前发生的生产费用与修复过程中发生的各项修复费用构成。如果有废品回收残值或应收责任人赔偿款,也从废品损失中扣除。

可修复废品损失在废品修复时计算,其计算公式如下:

可修复废品损失＝修复废品材料费用＋修复废品人工费用＋修复废品制造费用

上述公式中的材料费用、人工费用和制造费用数额按实际发生额计量,从各种费用分配表中取得,并据以编制会计分录。

(1)根据各种费用分配表结转修复费用时:

借:废品损失——××产品

　贷:原材料(应付职工薪酬、制造费用等)

(2)回收残值或应收赔偿款时:

借:原材料(残料回收入库)

　　其他应收款(责任人赔偿款)

　贷:废品损失——××产品

(3)结转可修复废品净损失时:

借:基本生产成本——××产品

　贷:废品损失——××产品

业务链接6-3:某企业基本生产车间202×年11月在验收完工丙产品的过程中,发现可修复废品20件。该月修复丙产品发生的相关支出如下:

(1)根据材料费用分配表反映修复废品耗用原材料1900元;

（2）根据动力费用分配表反映修复废品耗用动力费用200元；

（3）根据工资费用分配表反映修复废品应付工资300元；

（4）根据该车间制造费用分配表反映修复废品制造费用分配额500元。

根据上列资料进行可修复废品损失的核算。

可修复废品损失即可修复废品的修复费用，会计分录如下所示：

借：废品损失——丙产品　　　　　　　　　　　　　2900

　　贷：原材料　　　　　　　　　　　　　　　　　1900

　　　　应付账款　　　　　　　　　　　　　　　　 200

　　　　应付职工薪酬　　　　　　　　　　　　　　 300

　　　　制造费用　　　　　　　　　　　　　　　　 500

废品净损失＝1900＋200＋300＋500＝2900（元）

借：基本生产成本——丙产品　　　　　　　　　　　2900

　　贷：废品损失——丙产品　　　　　　　　　　　2900

　　废品损失应由当月同种合格产品成本负担，计入当月同种产品的完工成本，月末在产品一般不负担废品损失。分配结转废品净损失以后，"废品损失"账户月末一般无余额。

　　在不单独核算"废品损失"的生产企业，不设"废品损失"账户，在产品成本项目中也不设"废品损失"项目，只是在回收残值或应收赔偿款时冲减"基本生产成本"账户，并从其产品成本明细账的有关成本项目中扣除。

任务二　核算停工损失

停工损失的核算

一、停工损失的内容

　　停工损失是指企业生产车间或车间内某个班组在停工期间发生的各项费用。它主要包括停工期间所耗用的原材料费用、人工费用、燃料及动力费用和制造费用等。由过失单位或保险公司负担的赔偿款应冲减停工损失。计算停工损失的时间界限应由企业有关部门规定。为了简化核算工作,停工不满一个工作日的,一般不计算停工损失。

发生停工的原因有很多,应分别根据不同情况进行处理:由于自然灾害引起的停工损失,应按照规定转作营业外支出;其他停工损失,如原材料供应不足、机器设备发生故障及计划减产等原因造成的停工损失,应计入产品成本。企业发生停工时,由车间填制"停工报告单",并在考勤记录中登记。在"停工报告单"中,应详细列明停工的范围、起止时间、原因、过失单位或个人等内容。"停工报告单"经有关部门审核后,作为停工损失核算的原始依据。

二、停工损失的核算

为了单独核算停工损失,应专设"停工损失"账户,并在成本项目中增设"停工损失"项目。该账户借方归集当月发生的停工损失,贷方登记分配结转的停工损失,月末一般无余额。该账户应按车间分别设置明细账,账内分设专栏或专行进行明细分类核算。

停工损失产生的原因不同,其分配结转的方法也不同。对于应向过失人或保险公司索赔的部分,转入"其他应收款"账户;属于自然灾害等原因引起的非正常停工损失,记入"营业外支出"账户;对于其他原因造成的损失,如材料供应不足、季节性停工、固定资产修理造成的停工损失,则应计入产品成本,列入"基本生产成本"账户。如果停工的车间生产多种产品,则应当采用适当的分配方法(一般采用制造费用的分配方法)分配计入各产品成本。停工损失的归集与分配的核算过程如下:

(1)车间发生各种停工损失时:

借:停工损失——××车间

　　贷:应付职工薪酬

　　　　累计折旧

　　　　制造费用

(2)分配结转停工损失时:

借:基本生产成本——××产品(计入成本部分)

　　其他应收款(过失方或保险公司支付赔偿)

营业外支出（非正常损失）

贷：停工损失——××车间

业务链接6-4：20××年7月，华新工厂的基本生产车间生产甲产品时，市供电局突然停电，导致停工6天。停工期间，损失材料费用2000元，应支付生产工人薪酬8000元，应分摊制造费用1500元，共损失11500元。市供电局同意赔偿6500元。

（1）发生停工损失时的会计分录如下：

借：停工损失——基本生产车间   11500

　　贷：原材料   2000

　　　　应付职工薪酬   8000

　　　　制造费用   1500

（2）市供电局赔偿时，会计分录如下：

借：其他应收款——市供电局   6500

　　贷：停工损失——基本生产车间   6500

（3）结转停工净损失时，会计分录如下：

借：基本生产成本——甲产品   5000

　　贷：停工损失——基本生产车间   5000

企业也可以不单设"停工损失"账户，而将发生的停工损失直接列入"制造费用""其他应收款""营业外支出"等账户。特别需要注意的是，因为季节性生产造成的停工，停工期间发生的损失不通过"停工损失"账户进行核算，而是直接计入"制造费用"账户。

一、单项选择题

1. 下列属于废品损失的是（　　　）。

A.产品入库时发现属于生产过程不当造成的废品修复费用

B.可直接降价出售的不合格品

C.产品出售后发生的退货、索赔损失

D.产品入库后因为保管不善造成的损坏变质损失

2. 产成品入库后，因为管理不当等原因造成的损失，应计入（　　　）。

A.管理费用　　　　　　　　B.销售费用

C.基本生产成本　　　　　　D.营业外支出

3. 企业在核算废品损失时，一般是指（　　　）。

A.辅助生产车间的废品损失

B.基本生产车间的废品损失

C.基本生产车间和辅助生产车间发生的废品损失

D.产品销售后发生的废品损失

4. 不可修复废品损失的核算，应采用一定的方法：首先，将废品的生产成本计算出来；其次，从"基本生产成本"科目的贷方转入（　　　）账户的借方。

A."制造费用"　　　　　　　B."管理费用"

C."废品损失"　　　　　　　D."营业外支出"

5. 单独核算废品损失的企业，不可修复废品报废收回的残料，应记在（　　　）账户的贷方。

A."制造费用"　　B.废品损失　　C.基本生产成本　　D.原材料

6. 生产过程中或入库后发现的各种废品净损失，不包括（　　　）。

A.修复废品的人员工资　　　　B.修复废品消耗的材料费用

C.不可修复废品的报废净损失　　D.生产废品过失人的赔偿款

7. 可修复废品在返修过程中所发生的修理用材料、动力、生产工人工资、应负担的制造费用等扣除过失人赔偿款后的净支出属于（   ）。

A.修复费用   B.报废损失   C.废品损失   D.停工损失

8. 单独核算停工损失的企业，下列应列为停工损失的是（   ）。

A.生产车间发生火灾造成的停工损失

B.季节性生产企业停工期间发生的费用

C.生产车间停工不满一个工作日的损失

D.机器设备故障导致某一生产车间停工5天

9. 由于自然灾害造成的非正常停工损失，应计入（   ）。

A.营业外收入   B.营业外支出

C.管理费用   D.制造费用

二、多项选择题

1."废品损失"账户借方登记的内容是（   ）。

A.不可修复废品的实际成本   B.不可修复废品回收的残料价值

C.可修复废品的修复费用   D.可修复废品返修前的实际成本

2. 结转废品净损失应做的会计分录是（   ）。

A.借记"制造费用"   B.借记"基本生产成本"

C.贷记"废品损失"   D.贷记"基本生产成本"

3. 可修复废品应具备的条件是（   ）。

A.只要能修复就行   B.在技术上可以修复

C.在经济上合算   D.不必考虑修复费用的多少

4. 下列（   ）不应作为废品损失处理。

A.不需返修而降价出售的不合格品

B.产成品入库后，因为保管不善等原因而损坏变质的损失

C.出售后发现的废品，因为退回废品而支付的运杂费

D.实行"三包"（包退、包修、包换）政策的企业，在产品出售后发现废品，所发生的一切损失

三、实务操作题

1. 某企业第一车间生产甲产品，本月在生产过程中发现不可修复废品60件。本月归集的产品生产成本为：直接材料195000元，直接人工

86000元,制造费用45000元,原材料系生产开始时一次性投入。不可修复废品的定额工时为500小时,单位工时直接人工费用为4元,制造费用为2.60元。本月生产完工的合格品数量为1240件,废品残料验收入库,作价1200元。直接材料费用按合格品数量与废品数量的比例分配,其他费用按定额工时及定额费用率计算确定。具体见表6-3。

表6-3 不可修复废品损失计算表

产品名称:甲产品

项目	数量(件)	直接材料(元)	生产工时(小时)	直接人工(元)	制造费用(元)	合计(元)
生产成本						
分配率						
废品生产成本						
减:残料						
废品损失						

要求:根据以上资料,计算确定甲产品不可修复废品的成本,编制不可修复废品损失计算表,并编制有关的会计分录。

2. 某企业第二车间生产乙产品,本月产品验收入库时发现可修复废品20件,转车间进行修复,修复过程中耗用1000元的原材料,应负担的工资2000元,制造费用900元。废品中有5件为工废,应由过失人张某赔偿500元。

要求:根据以上资料,对修复废品相关的修复费用进行归集与分配,并编制有关的会计分录。

3. 20××年4月,某企业第一生产车间停工5天。停工期间发生的费用为:应负担人员工资费用3000元,应分配的制造费用6380元。经查明,停工系责任事故造成,应由事故责任人王某赔偿2000元,其余由该车间两种产品按直接成本比例分担。制造甲产品的直接成本为76000元,制造乙产品的直接成本为54000元。

要求:计算确定该车间的停工净损失,并计算出甲、乙两种产品应分配的停工损失;编制停工损失归集与分配的有关会计分录。

项目七　生产费用在完工产品与在产品之间的分配

学习目标

知识目标：了解在产品的含义和在产品数量的确定方法，掌握生产费用在完工产品与在产品之间分配的各种方法，理解各种分配方法的优劣及其适用范围。

技能目标：熟知在产品的日常核算，能根据企业实际生产情况，选择既合理又简便的生产费用分配方法，会应用各种生产费用分配方法计算当期完工产品和月末在产品的成本，会编制不同方法下的生产费用分配表，并根据计算结果进行相应的账务处理。

学习情境

大多数企业能够根据行业和企业的生产特点与管理要求，采用适当的方法分配产品成本费用，计算完工产品与在产品成本，但是也有个别企业盲目效仿别的企业，生搬硬套地采用了较复杂的分配方法。例如，一个以手工刺绣为特色的小型针织企业，在其产品成本结构中，人工费用所占比重较大，且月末在产品较少，定额管理基础较差。为了使产品成本核算结果更准确，该企业采用约当产量比例法来进行完工产品与月末在产品的成本核算。另外，一个机械制造企业，在其产品成本结构中，原材料费用所占比重较大，月末在产品较多且各月之间变化较大，但其定额管理基础不错，该厂采用了月末在产品按定额成本计价法作为分配完工产品与月末在产品成本的方法。

要求：分析案例中两个企业采用的生产费用分配方法是否合适，并说明理由。

任务一　核算在产品数量

在产品数量的核算

一、在产品核算概述

（一）在产品与完工产品的概念

要将生产费用在完工产品与在产品之间进行合理分配，首先必须掌握完工产品与在产品的概念。

在产品是指企业已投产，但尚未完工，不能作为商品销售的产品。广义的在产品是就整个企业而言的，包括正在车间加工的在产品、正在返修或等待返修的废品、已经完成一个或几个生产步骤但还需继续加工的半成品、未经验收入库的产成品等。狭义的在产品是就某一生产车间或生产步骤而言的，包括正在加工中的在产品、正在返修的废品，其中不包括车间已经完工或生产步骤已经完成并交付的半成品。本部分所述的在产品指的是狭义的在产品。

完工产品是指完成生产过程，验收合格并入库的产品。它也有广义和狭义之分。广义的完工产品是指最终完工验收合格入库的产品，以及完成一个或几个生产步骤交给半成品仓库等待继续加工或出售的半成品，包括产成品，自制半成品，自制完工入库的工具、材料。狭义的完工产品是指最终完工验收合格入库的产品，即产成品。

（二）期末在产品数量与完工产品成本计算之间的关系

期末在产品数量与本期完工产品的关系，是指期末在产品与本期完工产品在承担生产费用方面的关系。企业通常需要按月计算产品成本，通过要素费用、辅助生产费用、制造费用和生产损失的归集与分配，将本月发生的各项生产费用全部记入各成本核算对象的产品生产成本明细账（产品成本计算单）中。这时登记在产品生产成本明细账（产品成本计算单）中的生产费用合计数（月初在产品成本加上本月发生的生产费用）或称累计生产费用有下列三种情况：

（1）月末，本月生产的产品已全部完工，没有在产品，则本月累计生产费用等于本月完工产品总成本。

（2）月末，本月生产的产品全部没有完工，则本月累计生产费用等于月末在产品总成本。

（3）月末，本月生产的产品既有已经完工的产成品，也有在产品。这时需要将本月累计生产费用在本月完工产品和月末在产品之间进行分配，以确定本月完工产品的实际总成本和单位成本。

本月完工产品成本与月末在产品成本之间的关系，可用公式表示如下：

公式一：

月初在产品成本＋本月发生的生产费用＝本月完工产品成本＋月末在产品成本

公式二：

本月完工产品成本＝月初在产品成本＋本月发生的生产费用－月末在产品成本

由于公式中月初在产品成本与本月发生的生产费用是已知数，在完工产品与月末在产品之间分配费用的方法有两种：一是将前两项之和按一定比例在后两项之间进行分配，从而求得完工产品与月末在产品的成本；二是先确定月末在产品成本，再计算求得完工产品的成本。但无论采用哪一种方法，都必须加强在产品的实物管理，组织好在产品数量的核算工作。

二、在产品数量的核算

（一）在产品日常核算

要确定月末在产品成本，必须先确定月末在产品的数量。

对在产品数量进行核算的方法一般有两种：一是设置"在产品收、付、存账簿（在产品台账）"，进行台账记录，反映在产品的结存数量；二是通过实地盘点方式确定月末在产品数量。在实际工作中，往往将两种方法结合使用，通过前者反映在产品的理论结存数量，通过实地盘点确定在产品的实际结存数量，两者差额表现为在产品的盘点溢余或短缺的数量。"在产品台账"的具体格式见表7-1。

表7-1 在产品台账

生产车间:基本生产车间　　　　　　　产品名称:甲产品　　　　　　　实物单位:件

202×年		凭证号数	摘要	收入数量	转出数量		结存数量	
月	日				合格品	废品	已完工	未完工
2	1		上月结转					60
2	3	略	收入	150	70		100	40
2	9	略	发出		35	5	65	35
			…	…	…	…	…	…
2	28	本月合计		…	…	…	…	…

(二)在产品清查核算

在产品与其他存货一样,是企业的重要资产,企业应当定期对在产品进行清查盘点,做到账实相符,保证在产品的安全、完整。在产品的清查采用实地盘点法。清查小组应当根据清查结果编制"在产品盘盈盘亏报告表",列明月末在产品的账面结存数,实际结存数,盘盈、盘亏和毁损数,盈亏原因和处理意见,等等。成本会计人员认真审核"在产品盘盈盘亏报告表",按照企业内部财务会计制度规定的审批程序报有关部门审批,并及时进行账务处理。

为了反映在产品盘盈、盘亏和毁损的处理过程,应当设置"待处理财产损溢"账户。盘亏和毁损在产品价值登记在其借方,盘盈在产品价值登记在其贷方,盘盈、盘亏、毁损在产品经批准转销后,该账户应无余额。企业盘盈的在产品,冲减管理费用。盘亏、毁损在产品的净损失,按照管理权限报经批准后,属于收发计量差错和管理不善等原因造成的,计入管理费用;属于自然灾害等非常原因造成的,计入营业外支出。净损失是指在产品处置收入(残料价值等)及责任人和保险公司的赔款扣除其账面价值、相关税费后的净额。

任务二　在完工产品和在产品之间分配生产费用

生产费用在完工和在产品之间分配的基本方法

　　生产费用在完工产品与在产品之间的分配,在成本计算工作中是一个既重要又比较复杂的问题。企业应当根据在产品数量的多少、各月在产品数量变化的大小、各项生产费用比重的大小,以及定额管理基础的好坏等具体条件,选择既合理又简便的分配方法。常用的方法有七种:不计算在产品成本法、在产品按年初固定成本计价法、在产品按所耗材料费用计价法、约当产量法、在产品按定额成本计价法、定额比例法、在产品按完工产品成本计价法。企业可以根据实际情况选择使用具体的方法,但生产费用分配方法一经确定,不得随意变更,以保证产品成本资料的可比性。

一、不计算在产品成本法

　　这种方法适用于月末在产品数量很少,但在产品成本的计算对完工产品成本影响不大的情况。为了简化产品成本核算工作,可以不计算在产品成本,即在产品成本为零。当月发生的生产费用,全部由当月完工产品负担,用计算公式表示为:

　　本月完工产品成本＝本月发生的生产费用

二、在产品按年初固定成本计价法

　　这种方法适用于月末在产品数量较少,或者在产品数量虽多但各月之间在产品数量变动不大,月初、月末在产品成本的差额对完工产品成本影响不大的情况。为简化产品成本核算工作,各月在产品成本可以固定按年初数计算。采用这种方法,某种产品本月发生的生产费用就是本月完工产品的成本。

　　本月完工产品成本＝月初在产品成本(年初数)＋本月发生的生产

费用－月末在产品成本（年初数）＝本月发生的生产费用

在产品按年初固定成本计价法计算简单，但只适用于生产周期较短、各月末在产品数额变动不大的情况，比如炼钢、化工企业等，有固定容器装置的产品生产，月末在产品数量较为稳定。采用这种方法，年终时需要根据实地盘点的在产品数量，重新计算在产品成本，以避免在产品成本与实际出入过大，影响成本计算的正确性。

三、在产品按所耗材料费用计价法

这种方法是在产品成本按所耗用的原材料费用计算，即月末在产品只计算所耗用的材料费用，不计算人工费用和制造费用，产品的加工费用全部由当期完工产品负担。这种方法适合于各月在产品数量较多，各月在产品数量变化较大，并且原材料费用在产品成本中所占比重较大的情况，用计算公式表示为：

本月完工产品成本＝月初在产品材料成本＋本月发生的生产费用－月末在产品材料成本

当产品生产所耗的材料在生产开始时一次性投入，其核算步骤为：

（1）月末按产品数量（完工产品数量＋产品数量）分配原材料费用，计算直接材料费用分配率。

直接材料费用分配率＝（月初在产品所耗直接材料费用＋本月发生的直接材料费用）÷（完工产品数量＋月末在产品数量）

（2）计算完工产品成本和月末在产品成本。

月末在产品成本＝月末在产品数量×直接材料费用分配率

完工产品成本＝月初在产品所耗直接材料费用＋本月发生的直接材料费用－月末在产品成本

业务链接7-1：A企业生产洗涤用品，本月完工760件，月末在产品420件；月初在产品直接材料费用为6000元，本月发生的直接材料费用12000元、直接人工费用2800元、制造费用920元。材料是在生产开始时一次性投入的。要求：按在产品所耗材料费用计价法计算月末完工产品和在产品成本。

直接材料费用分配率＝（月初在产品直接材料费用＋本月发生的直接材料费用)÷(完工产品数量＋月末在产品数量）＝（6000＋12000)÷(760＋420）≈15.25

完工产品直接材料费用＝本月完工产品数量×直接材料费用分配率＝760×15.25＝11590(元)

月末在产品直接材料费用＝月初在产品直接材料费用＋本月发生的直接材料费用－本月完工产品直接材料费用

月末在产品直接材料费用＝6000＋12000－11590＝6410(元)

本月完工产品成本＝月初在产品材料成本＋本月发生的生产费用－月末在产品材料成本＝6000＋12000＋2800＋920－6410＝15310(元)

月末在产品成本＝月末在产品直接材料费用＝6410(元)

产品成本计算单如表7-2所示。

表7-2　产品成本计算单

项目	直接材料	直接人工	制造费用	合计
月初在产品成本 (元)	6000			6000
本月生产费用 (元)	12000	2800	920	15720
生产费用累计 (元)	18000	2800	920	21720
直接材料费用分配率 (元/件)	15.25			
完工产品成本 (元)	11590	2800	920	15310
月末在产品成本 (元)	6410			6410

不同企业在投料方式、投料时间上不一致，因此计算月末在产品所消耗的材料费用的方法也不同。上述业务中原材料是在生产开始时一次性投入的，因此可以直接按完工产品和月末在产品的数量分配直接材料费用。如果材料是在生产过程中陆续投入的，则直接材料费用在完工产品和月末在产品之间的分配会复杂得多，具体可以参照后面的分配方法。

在产品的成本结构中，如果材料费用所占比重较大，不计算在产品应负担的人工费用与制造费用,对正确计算完工产品成本影响不大。为了简化计算,在产品可以不计算人工费用及制造费用,如纺织、造纸和酿酒等生产工业的产品,直接材料费用所占比重较大,都可以采用这种分配方法。

四、约当产量法

约当产量,是指在产品按其完工程度折合为相当于完工产品的产量。比如,在产品100件,平均完工程度为50%,则相当于完工产品50件。

约当产量法是将月末在产品数量按照完工程度折算为约当产量,然后按照完工产品的产量和月末在产品约当产量的比例分配生产费用,计算完工产品成本和月末在产品成本的一种方法。

这种方法一般适用于月末在产品数量较多,各月末在产品数量变化也较大,产品成本中材料费和加工费所占比重相差不多的产品。其计算公式如下:

在产品约当产量=在产品数量×在产品完工程度(或投料程度)

生产费用分配率=(月初在产品成本+本月发生的生产费用)÷(完工产品数量+月末在产品约当产量)

完工产品成本=生产费用分配率×完工产品数量

月末在产品成本=生产费用分配率×月末在产品约当产量

(或=月初在产品成本+本月发生的生产费用−完工产品成本)

值得注意的是,在计算完工程度时应按成本项目分别确定,因为实际生产中各在产品耗用的直接材料与直接人工、制造费用的情况是不一样的。

1. 投料程度的计算

在实际生产活动中,不同产品的原材料投料方式不同,如有的产品所耗原材料是在生产开始时一次性投入的,有的产品所耗原材料是分工序投入的,分工序投入又有在各工序开始时一次性投入的和在各工序随加工进度陆续投入的等情况。因此,确定各工序在产品投料程度时,应分别采用不同方法进行计算。

（1）原材料在生产开始时一次性投入。

如果原材料在生产开始时就已经全部投入了,那么无论在产品完工程度如何,单位在产品所负担的材料费用与单位完工产品负担的材料费用都是一样的,所以月末在产品的投料程度为100%,此时月末在产品约当产量等于月末在产品数量。

（2）原材料分工序投入,并在每道工序开始时一次性投入。

在每个工序开始时一次性投入本工序所需材料,则同一工序内所有产品不论是否完工,所耗原材料数量相同,即在本工序下,原材料的投料程度为100%。最后一道工序下所有在产品的材料消耗定额即为该完工产品的材料消耗定额。概括来说,即某工序在产品的投料程度按该工序在产品的累计材料消耗定额除以完工产品材料消耗定额计算确定。

其计算公式如下:

某工序在产品投料程度＝

$$\frac{前面各工序累计材料消耗定额＋本工序材料消耗定额}{单位产品材料定额消耗量}×100\%$$

某工序在产品约当产量＝某工序在产品数量×该工序在产品投料程度

在产品约当产量＝各工序在产品约当产量之和

（3）原材料分工序陆续投入。

原材料在各工序加工环节陆续投入,则可以根据该工序在产品的累计材料消耗定额除以完工产品材料消耗定额来确定该工序的在产品投料程度。其计算公式如下:

某工序在产品投料程度＝

$$\frac{前面各工序累计材料消耗定额＋本工序材料消耗定额×50\%}{单位产品材料定额消耗量}×100\%$$

业务链接7-2: 某公司生产B产品,单位产品材料定额消耗量为400千克,经两道工序制成。各工序材料定额情况为:第一道工序200千克,

第二道工序200千克,材料在各道工序开始时一次性投入。则在产品投料程度计算如下:

第一道工序在产品投料程度＝200÷400×100%＝50%

第二道工序在产品投料程度＝（200＋200）÷400×100%＝100%

业务链接7-3：某公司生产B产品,单位产品材料定额消耗量为400千克,经两道工序制成。各工序材料定额情况为:第一道工序200千克,第二道工序200千克,材料在各道工序陆续投入。则在产品投料程度计算如下:

第一道工序在产品投料程度＝200×50%÷400×100%＝25%

第二道工序在产品投料程度＝（200＋200×50%)÷400×100%＝75%

2. 完工程度的计算

一般来说,按照"完工程度或加工程度"来测定直接人工和制造费用等项目的在产品约当产量,而"完工程度或加工程度"的测定方法主要包括以下两种:

①平均计算法,适用于各工序在产品数量和单位产品在各工序的加工量都差不多的情况,一律按50%作为各工序月末在产品的加工程度。

②分工序测定法,适用于各工序在产品数量和单位产品在各个工序的加工量相差较大的情况,一般需要分工序计算在产品的完工程度。

某工序在产品完工程度＝

$$\frac{前面各工序累计材料消耗工时＋本工序材料消耗工时×50\%}{单位产品定额工时}×100\%$$

某工序在产品约当产量＝某工序在产品数量×该工序在产品完工程度

在产品约当产量＝各工序在产品约当产量之和

业务链接7-4：某企业甲产品经过3道工序陆续加工完成,月初和本月制造费用合计40000元。月末完工产品160件,结存在产品450件,其中第一道工序有在产品200件,第二道工序有在产品100件,第三道工序有在产品150件。产品定额工时情况为:第一道工序60小时,第二道工序110小时,第三道工序80小时。

要求：确定各工序在产品的完工程度和约当产量，用以分配制造费用。

（1）确定各工序完工程度。

第一道工序完工程度＝60×50%÷250＝12%

第二道工序完工程度＝（60＋110×50%）÷250＝46%

第三道工序完工程度＝（60＋110＋80×50%）÷250＝84%

（2）计算各工序在产品约当产量。

第一道工序在产品约当产量＝200×12%＝24（件）

第二道工序在产品约当产量＝100×46%＝46（件）

第三道工序在产品约当产量＝150×84%＝126（件）

按完工程度确定的各工序在产品约当产量为：24＋46＋126＝196（件）

（3）分配制造费用。

制造费用分配率＝40000÷（160＋196）＝112.36（元/件）

完工产品应分配的制造费用＝160×112.36＝17977.60（元）

月末在产品应分配的制造费用＝40000－17977.6＝22022.40（元）

业务链接7-5：某企业生产甲产品，直接材料于生产开始时一次性投入，20××年6月完工入库产品320件，月末在产品数量为160件，加工程度为50%。月初在产品与本月生产费用合计数见表7-3。

表7-3 生产费用资料

金额单位：元

项目	直接材料	直接人工	制造费用	合计
月初在产品成本	3600	4800	2800	11200
本月生产费用	18600	32800	26200	77600
生产费用累计	22200	37600	29000	88800

根据以上资料，采用约当产量法分配生产费用，编制甲产品成本计算单，具体见表7-4。

表7-4　产品成本计算单

产品:甲产品　　　　　　　　　　　　20××年6月

项目	直接材料	直接人工	制造费用	合计
月初在产品成本 (元)	3600	4800	2800	11200
本月生产费用 (元)	18600	32800	26200	77600
生产费用累计 (元)	22200	37600	29000	88800
直接材料费用分配率 (元/件)	46.25	94.00	72.50	212.75
完工产品成本 (元)	14800	30080	23200	68080
月末在产品成本 (元)	7400	7520	5800	20720

根据甲产品成本计算单编制会计分录,结转完工产品成本。

借:库存商品——甲产品　　　　　　　　　　　　　　　68080

　　贷:基本生产成本——甲产品　　　　　　　　　　　68080

五、在产品按定额成本计价法

在产品按定额成本计价法是事先经过调查研究、技术测定或按定额资料,对各个加工阶段上的在产品,直接确定一个单位定额成本,月末将在产品数量分别乘以各项单位定额成本,计算出月末在产品的定额总成本,然后从本月该产品的全部生产费用中扣除,以求得完工产品成本。这种方法下,实际生产费用脱离定额的差异全部由本月完工产品负担。

这种方法适用于各项消耗定额或费用定额比较准确、稳定,各月末在产品数量变化不大的产品。如果产品各项定额准确,月初和月末单位在产品实际费用脱离定额的差异就不会大;各月末在产品数量变化不大,月初在产品费用总额脱离月末在产品定额费用的总额差异也就不大。所以,计算月末在产品成本时不计算成本差异对完工产品成本影响不大。另外,如果消耗定额不稳定,那么在修改消耗定额时,月末在产品按新定额计算所发生的差额由完工产品负担,这是不合理的,不利于对完工产品成本的分析和考核。因此,采用这种方法时,要求消耗定额相对稳定,不经常变动。同时,采用这种方法,应根据各种在产品有关

定额资料,以及在产品月末结存数量,计算月末在产品的定额成本。月末在产品定额成本的计算公式为:

月末在产品直接材料定额成本=月末在产品数量×单位在产品定额材料费用

月末在产品直接人工定额成本=月末在产品消耗定额工时×单位工时定额人工费用

月末在产品制造费用定额成本=月末在产品消耗定额工时×单位工时定额制造费用

完工产品总成本=月初在产品定额成本+本月生产费用-月末在产品定额成本

业务链接7-6: 某企业20××年7月生产丙产品,本月完工4000件,月末在产品400件。每件在产品用料定额为10千克,每千克单价2.5元。每件在产品工时定额为1小时,每小时人工费用定额为16元,每小时制造费用定额为12元。月初在产品成本(按定额成本计价):直接材料8000元,直接人工4000元,制造费用5300元。本月发生生产费用:直接材料198000元,直接人工174000元,制造费用193000元。

要求计算本月完工产品成本和月末在产品成本。

(1)计算月末在产品定额成本。

月末在产品直接材料定额成本=400×10×2.5=10000(元)

月末在产品直接人工定额成本=400×1×16=6400(元)

月末在产品制造费用定额成本=400×1×12=4800(元)

月末在产品定额成本=10000+6400+4800=21200(元)

(2)计算完工产品成本。

直接材料费用=8000+198000-10000=196000(元)

直接人工费用=4000+174000-6400=171600(元)

制造费用=5300+193000-4800=193500(元)

完工产品成本=196000+171600+193500=561100(元)

根据以上计算结果编制丙产品成本计算单,见表7-5。

表7-5　产品成本计算单

产品:丙产品　　　　　　　　　　20××年7月　　　　　　　　　　金额单位:元

项目	直接材料	直接人工	制造费用	合计
月初在产品成本	8000	4000	5300	17300
本月生产费用	198000	174000	193000	565000
生产费用累计	206000	178000	198300	582300
月末在产品成本	10000	6400	4800	21200
完工成本成本	196000	171600	193500	561100

根据丙产品成本计算单编制会计分录,结转完工产品成本。

借:库存商品——丙产品　　　　　　　　　　　561100

　　贷:基本生产成本——丙产品　　　　　　　　　561100

六、定额比例法

如果企业各月末在产品数量变动较大,但同时企业制定了比较健全、完整、准确的定额消耗标准,生产费用可以按定额消耗量或定额费用的比例在完工产品和月末在产品之间分配,以确定月末在产品和完工产品的成本。该方法将在产品实际成本与定额成本之间的差额计入完工产品成本,克服了在产品按定额成本计价法,可能造成完工产品成本计算不够准确的问题。

该方法的基本特点是:完工产品和月末在产品的成本按照产品成本占完工产品和月末在产品的定额消耗量或定额费用的比例来分配求得,而且在计算时也是分成本项目进行的。其中,直接材料费用按原材料定额消耗量或原材料定额费用比例分配,其他成本项目按定额工时比例分配。

采用定额比例法计算产品成本的程序及计算公式为:

$$直接材料费用分配率 = \frac{月初在产品直接材料费用 + 本期发生的直接材料费用}{月末在产品定额材料耗用量（或费用）+ 完工产品定额材料耗用量（或费用）}$$

完工产品应分配的直接材料费用＝完工产品定额材料耗用量×直接材料费用分配率

月末在产品应分配的直接材料费用＝月末在产品定额材料耗用量×直接材料费用分配率

$$直接人工费用/制造费用分配率=\frac{月初在产品直接人工费用/制造费用等＋本期发生的直接人工费用/制造费用等}{月末在产品定额工时＋完工产品定额工时}$$

完工产品应分配的直接材料费用＝完工产品定额材料耗用量×直接材料费用分配率

月末在产品应分配直接材料费用＝月末在产品定额材料耗用量×直接材料费用分配率

或＝月初在产品直接材料费用＋本月发生的直接材料费用－完工产品直接材料费用

完工产品应分配的直接人工费用＝完工产品定额工时×直接人工费用分配率

完工产品应分配的制造费用＝完工产品定额工时×制造费用分配率

月末在产品应分配的直接人工费用＝月末在产品定额工时×直接人工费用分配率

或＝月初在产品直接人工费用＋本月发生的直接人工费用－完工产品应分配的直接人工费用

月末在产品应分配的制造费用＝月末在产品定额工时×制造费用分配率

或＝月初在产品制造费用＋本月发生的制造费用－完工产品应分配的制造费用

业务链接7-7：浙江中宁硅业生产丁产品，20××年1月完工产品2000件，原材料费用定额5元，工时定额2小时；月末在产品500件，原材料费用定额4元，工时定额1小时。生产丁产品发生的生产费用情况见表7-6。

表7-6 生产费用资料表

产品名称：丁产品　　　　　　　　　　20××年1月　　　　　　　　　金额单位：元

项目	直接材料	直接人工	制造费用	合计
月初在产品成本	2000	800	1500	4300

项目	直接材料	直接人工	制造费用	合计
本月生产费用	12000	4000	6000	22000
生产费用合计	14000	4800	7500	26300

要求：采用定额比例法分配本月生产费用，计算丁产品的完工成本和月末在产品成本。

根据定额比例法的核算原理，计算各成本项目的费用分配率。

（1）完工产品直接材料定额费用 $=5\times2000=10000$（元）

月末在产品直接材料定额成本 $=4\times500=2000$（元）

直接材料费用分配率 $=14000\div(10000+2000)=1.17$

完工产品应分配的直接材料费用 $=1.17\times10000=11700$（元）

月末在产品应分配的直接材料费用 $=14000-11700=2300$（元）

注意：由于本例中直接材料费用分配率是保留了两位小数的，故在产品应分配的材料费用采用倒挤的算法，下同。

（2）完工产品消耗的定额工时 $=2\times2000=4000$（小时）

月末在产品消耗的定额工时 $=1\times500=500$（小时）

直接人工分配率 $=4800\div(4000+500)=1.07$（元/小时）

完工产品应分配的直接人工费用 $=1.07\times4000=4280$（元）

月末在产品应分配的直接人工费用 $=4800-4280=520$（元）

（3）制造费用分配率 $=7500\div(4000+500)=1.67$（元/小时）

完工产品应分配的制造费用 $=1.67\times4000=6680$（元）

月末在产品应分配的制造费用 $=7500-6680=820$（元）

根据以上计算结果，编制丁产品成本计算单，见表7-7。

表7-7　产品成本计算单

产品：丁产品　　　　　　　　　　　　20××年1月

项目	直接材料	直接人工	制造费用	合计
月初在产品成本（元）	2000	800	1500	4300
本月生产费用（元）	12000	4000	6000	22000
生产费用累计（元）	14000	4800	7500	26300

续表

项目	直接材料	直接人工	制造费用	合计
分配率（元/小时）	1.17	1.07	1.67	3.91
月末在产品成本（元）	2300	520	820	3640
完工成本成本（元）	11700	4280	6680	22660

根据丁产品成本计算单编制会计分录，结转完工产品成本。

借：库存商品——丁产品　　　　　　　　　　　　　　　22660

　　贷：基本生产成本——丁产品　　　　　　　　　　　22660

七、在产品按完工产品成本计价法

在产品按完工产品成本计价法，简称"完工产品法"，是指月末在产品视同完工产品参与生产费用的分配。

该方法的基本特点是：在产品视同完工产品，生产费用可按完工产品与月末在产品数量的比例直接分配，进而计算出本月完工产品和月末在产品的成本。它适用于月末在产品已基本完工，只是尚未包装或尚未验收入库的情况。

业务链接7-8：盛华工厂生产劳保鞋，20××年9月初在产品成本和本月发生的生产费用累计数为：直接材料费用12800元，直接人工费用2800元，制造费用3200元。该月完工入库产品300件，月末在产品100件，月末在产品已经接近完工。请采用在产品按完工产品成本计价法分配计算本月完工产品和月末在产品成本。

根据以上资料，在产品按完工产品成本计价法进行生产费用的分配，再编制产品成本计算单，具体见表7-8。

表7-8　劳保鞋产品成本计算单

20××年9月

摘要	直接材料	直接人工	制造费用	合计
生产费用累计（元）	12800	2800	3200	18800
完工产品数量（件）	300	300	300	300
月末在产品数量（件）	100	100	100	100
分配率（元/件）	32	7	8	

摘要	直接材料	直接人工	制造费用	合计
完工产品成本 (元)	9600	2100	2400	14100
月末在产品成本 (元)	3200	700	800	4700

根据产品成本计算单编制会计分录,结转完工产品成本。

借:库存商品——劳保鞋　　　　　　　　　　14100

　　贷:基本生产成本——劳保鞋　　　　　　　　14100

同步快速测试

一、单项选择题

1. 产品生产费用在完工产品与在产品之间分配,采用在产品按所耗材料费用计价法计算,必须具备的条件是( )。

A.原材料费用比重较大,月末在产品数量多且各月变化大

B.月末在产品数量较少

C.原材料消耗定额比较准确、稳定,在产品数量稳定

D.各月末在产品数量变化不大

2. 企业月末在产品数量较多,各月末在产品数量变化也较大,产品成本中原材料费用、人工费用和制造费用等加工费用所占的比重相差不多,则完工产品与月末在产品的生产费用分配方法应采用( )。

A.在产品按定额成本计价法　　　　　　B.不计算在产品成本法

C.在产品按所耗原材料费用计价法　　　D.约当产量法

3. 当月末在产品数量很少且生产稳定时,总耗费在完工产品和在产品之间的分配适宜采用( )。

A.约当产量法　　　　　　　　　　B.不计算在产品成本法

C.定额比例法　　　　　　　　　　D.在产品按固定成本计价法

4. 当各月末在产品数量较少,或在产品数量虽多,但各月之间变化不大的产品。其总耗费在完工产品和在产品之间的分配适宜采用( )。

A.约当产量法 B.不计算在产品成本法

C.定额比例法 D.在产品按固定成本计价法

5. 下列计算方法中,本月发生的生产费用就是本月完工产品的成本的是( )。

A.不计算在产品成本 B.约当产量法

C.在产品按定额成本计价法 D.定额比例法

6. 狭义的在产品包括( )。

A.正在车间加工的在产品 B.需进一步加工的半成品

C.对外销售的自制半成品 D.产成品

7. 如果企业定额管理基础较好,能够制定比较准确、稳定的消耗定额,各月末在产品数量变化较大的产品,应采用( )。

A.在产品按定额成本计价法 B.定额比例法

C.在产品按所耗原材料费用计价法 D.在产品按固定成本计价法

8. 某种产品经两道工序加工完成,各道工序的工时定额分别为24小时、16小时。各道工序在产品完成本道工序的程度均为50%。据此计算第二道工序在产品的完工程度为( )。

A.40% B.80% C.100% D.50%

9. 假定甲企业A产品本月完工250件,月末在产品160件,在产品完工程度40%,月初和本月发生的原材料费用共56520元(随加工进度陆续投料),则完工产品和月末在产品的原材料费用分别是( )。

A.45000元和11250元 B.40000元和16250元

C.34298元和21952元 D.45000元和11520元

二、多项选择题

1. 广义的在产品包括( )。

A.等待返修的废品 B.正在车间加工的在产品

C.库存的半成品 D.未出售的产成品

2. 生产费用在完工产品与在产品之间分配的方法有（　　　）。

A.在产品按固定成本计价法　　　　　B.定额比例法

C.约当产量法　　　　　　　　　　　D.在产品按定额成本计价法

3. 企业采用定额比例法，应具备（　　　）等条件。

A.各月末在产品数量变动不大

B.各月末在产品数量变动较大

C.定额管理基础较好

D.消耗定额或费用定额比较准确、稳定

4. 一般说来，在完工产品与在产品之间分配材料费用，计算在产品投料率时，其投料方式主要有（　　　）。

A.生产开始时一次性投入　　　　　　B.每道工序开始时一次性投入

C.随生产进度陆续投入　　　　　　　D.生产完成后再投入

5. 采用定额比例法分配完工产品与在产品的总耗费时，确定分配率的分配标准通常有（　　　）。

A.定额消耗量比例　　　　　　　　　B.定额费用比例

C.约当产量比例　　　　　　　　　　D.实际消耗量比例

三、判断题

1. 在产品按定额成本计价法适用于定额管理基础较好，各项消耗定额或费用定额比较准确、稳定，而且各月在产品数量变动较大的产品。（　　　）

2. 采用约当产量法计算在产品成本时，如果原材料不是在开始生产时一次性投入，而是随着加工进度陆续投入的，其投料程度与其加工进度完全一致，则计算材料费用的约当产量与计算加工费用的约当产量应是一致的。（　　　）

3. 约当产量比例法下，在完工产品和在产品之间分配直接人工时，应区分开始时一次性投料和陆续投料的情况。（　　　）

4. 在产品在期末计入存货影响资产水平。（　　　）

四、实务操作题

1. 海力企业202×年8月生产的甲产品经过3道生产工序，各工序单位产品工时定额及在产品数量见表7-9,各工序在产品完工程度按平均50%计算。

表7-9 各工序工时定额及在产品数量

工序	工时定额（小时）	各工序在产品数量（个）
一	32	250
二	40	360
三	28	160
合计	100	770

要求:计算各工序在产品的完工程度和约当产量。

2. 海潮企业生产乙产品,20××年9月初在产品成本和该月生产费用见表7-10。

表7-10 生产费用资料

金额单位:元

项目	直接材料	燃料及动力	直接人工	制造费用	合计
月初在产品成本	4680	230	970	600	6480
该月生产费用	43460	3170	5880	2300	54810

其他资料如下:

（1）乙产品该月完工80件,月末在产品20件,原材料在生产开始时一次性投入,在产品完工程度为50%。

（2）乙产品月末在产品单件定额成本为直接材料470元、燃料及动力20元、直接人工42元、制造费用18元。

（3）已完工产成品单件定额成本为直接材料470元、燃料及动力36元、直接人工70元、制造费用31元。

要求:根据上述资料,分别按照约当产量法、在产品按定额成本计价法、定额比例法、在产品按年初固定成本计价法计算已完工产品成本和月末在产品成本,并编制产品成本计算单。

项目八 产品成本核算的基本方法

学习目标

　　知识目标：了解企业生产特点和管理要求对成本计算方法的影响，理解品种法、分批法和分步法的含义、特点、适用范围及优缺点等，掌握品种法、分批法和分步法的核算程序、相应的费用归集和分配方法及账务处理。

　　技能目标：能根据企业生产类型及特点选择恰当的成本核算方法，能熟练运用各成本计算方法核算产品成本，具备综合成本核算能力，达到成本核算岗位的要求。

学习情境

　　某火力发电厂除生产电力外还生产一部分热力。其生产过程不能间断，没有在产品和半成品。火力发电是利用燃料燃烧所产生的高热，使锅炉里的水变成蒸汽，推动汽轮机迅速旋转，借以带动发电机转动，产生电力。因而火力发电厂一般设以下几个基本生产分厂（车间）：①燃料分厂；②锅炉分厂；③汽机分厂；④电气分厂。由于该厂产电兼供热，汽机分厂还被划为两个部分，即电力化部分和热力化部分。此外，该厂还设有机械修配等辅助生产分厂和企业管理部门。

　　问题：（1）分析该厂生产工艺特点和生产组织特点。

　　　　　（2）你认为该厂成本核算应采取哪种成本核算方法。

任务一　认识品种法

一、品种法的含义和特点

（一）品种法的含义

品种法，是指以产品品种为成本计算对象，用以归集生产费用，计算产品成本的一种方法。品种法是核算企业产品成本的最基本的方法。

（二）品种法的特点

（1）以产品品种为成本计算对象，设置产品成本明细账和成本计算单，归集生产费用。

采用品种法计算产品成本时，如果企业或车间只生产一种产品，成本核算对象就是该种产品的产成品，生产成本明细账（产品成本计算单）就按该种产品设置，所有生产费用都可以直接记入该种产品的生产成本明细账，包括制造费用在内的各种生产费用都不需要在各成本核算对象之间分配。如果企业或车间生产多种产品，则应该按照产品的品种分别设置生产成本明细账，间接费用应当另行归集，然后采用适当的分配方法在各成本核算对象之间分配，再记入各产品生产成本明细账。

根据品种法成本核算对象的差别，可以将品种法划分为单一品种的品种法和多品种的品种法。

在产品品种单一的大量大批单步骤生产企业，由于只生产一种产品，只有一个成本核算对象，生产过程中发生的应计入产品成本的费用都是直接计入费用的，不存在在各成本核算对象之间分配的问题。一般来说，单步骤生产企业的产品生产周期较短，期末在产品没有或者很少，也就不存在在本期完工产品和期末在产品之间分配费用的问题。供水、供电、采掘等企业主要采用这种针对单一品种的品种法，在实际工作中也称其为简单法。简单法的命名只体现了费用归集和分配方面的特点，没有体现成本核算对象是成本计算方法命名依据的特点。因此，本书将单一品种的品种法和多品种的品种法统称为品种法,在举例中也不加以区分。

(2)成本计算期按月进行。

采用品种法核算成本的工业企业采用的是大量大批的生产组织方式,大量大批生产意味着原材料不断投入,就会不断有产品完工,所以就不可能在在产品全部完工以后才计算完工产品成本。因而完工产品成本的计算是定期按月进行的,与会计报告期一致,与产品生产周期不一致。

(3)有期末在产品时,需要将生产费用在本期完工产品与在产品之间进行分配。

品种法的成本计算期在月末,一般来说,在大量大批单步骤生产企业中,产品生产周期较短,月末没有在产品或者在产品数量很少,则不需要计算月末在产品成本,此时按产品品种设置的生产成本明细账中按成本项目汇集的生产费用不需要分配,全部计入完工产品成本。完工总成本除以该产品的实际总产量就可以得到该产品的当月实际单位成本。而在大量大批多步骤生产企业中,产品生产周期相对较长,月末一般有在产品,而且数量比较多,而在品种法下月末结转完工产品成本,此时需要针对归集于生产成本明细账的生产费用采用一定的方法,在当月完工产品与月末在产品之间进行分配,以便计算出当月完工产品的实际总成本和单位成本。

二、品种法的适用范围

品种法主要适用于大量大批单步骤生产企业,如供汽、采掘企业等。在大量大批多步骤生产的情况下,如果企业或车间的规模较小,或者按流水线组织生产,或者产品生产的全过程是集中封闭式的,而且管理上又不要求按照生产步骤计算成本,也可以采用品种法计算产品成本。例如,小型水泥厂、制砖厂、造纸厂、织布厂等。企业的辅助生产车间,如供水车间、供电车间、机修车间等,也可以采用品种法计算其产品(劳务)成本。

三、品种法的成本计算程序

（一）按产品品种设置有关成本明细账，并在明细账中按成本项目设置专栏

企业应在"生产成本"总分类账户下设置"基本生产成本"和"辅助生产成本"二级账户，同时按照企业确定的成本核算对象设置生产成本明细账，按照辅助生产车间或其提供的产品品种设置辅助生产成本明细账；在"制造费用"总分类账户下，按生产车间设置制造费用明细账。

（二）归集和分配本月发生的各项费用

企业应根据发生的各项费用的原始凭证归集和分配相关的生产费用，如材料费用、人工费用和其他各项加工费用。按成本核算对象归集和分配生产费用时，根据费用分配表及相关原始凭证，编制记账凭证并登记相关的明细账和总账。凡能直接记入有关成本明细账的，应当直接记入；不能直接记入的，应当按照受益原则进行分配，再根据有关费用分配表分别记入有关产品生产成本明细账。其中，各生产车间发生的制造费用，先通过制造费用明细账归集，再记入有关制造费用明细账。直接计入当期损益的管理费用、销售费用、财务费用，应分别记入有关期间费用明细账。

（三）分配辅助生产费用

根据辅助生产成本明细账归集的本月辅助生产费用总额，按照企业确定的辅助生产费用分配方法，分别编制各辅助生产车间的"辅助生产费用分配表"，分配辅助生产费用。根据分配结果，编制记账凭证，分别记入有关产品生产成本明细账、制造费用明细账和各期间费用明细账。

（四）分配基本生产车间制造费用

根据各基本生产车间制造费用明细账归集的本月制造费用，按照企

业确定的制造费用分配方法,分别编制各基本生产车间的"制造费用分配表",分配制造费用。根据分配结果,编制记账凭证,登记有关产品生产成本明细账。

(五)计算本月完工产品实际总成本和单位成本

根据产品生产成本明细账归集的本月生产费用合计数,在本月完工产品和月末在产品之间分配生产费用,计算出本月完工产品的实际总成本和月末在产品成本。各种产品的完工总成本分别除以其实际总产量,可以计算出该产品本月实际单位成本。

(六)结转本月完工产品成本

根据产品成本计算结果,编制本月"产品成本计算单"和"完工产品成本汇总表",编制结转本月完工产品成本的记账凭证,并分别记入有关产品生产成本明细账和库存商品明细账。

四、品种法的具体应用

品种法是核算产品成本的最基本方法,它的核算程序体现着产品成本计算的一般程序。下面通过一个综合实例来说明这种方法的具体应用。

(一)企业基本情况

宝泽公司为大量大批单步骤生产企业,设有一个基本生产车间,大量生产甲、乙两种主要产品;另设供电、修理两个辅助生产车间,为全公司提供产品和劳务。辅助生产车间之间相互提供的产品和劳务,按计划成本分配法在各受益对象之间分配辅助生产费用(辅助生产车间不单独核算制造费用)。月末在产品完工程度均为50%,原材料均为生产开始时一次性投入。

（二）企业20××年10月的成本

（1）月初在产品成本（见表8-1）。

表8-1 甲产品、乙产品月初在产品成本资料表

20××年10月　　　　　　　　　　　　　　　　　　　　　　　金额单位：元

产品名称	直接材料	直接人工	制造费用
甲产品	10000	3420	6180
乙产品	9000	1140	3060

（2）产品产量记录（见表8-2）。

表8-2 甲产品、乙产品产量记录

20××年10月　　　　　　　　　　　　　　　　　　　　　　　数量单位：件

产品名称	月初在产品	本月投入	本月完工产品	月末在产品
甲产品	50	450	400	100
乙产品	80	400	480	

（3）本月生产费用消耗情况。

①材料费用：生产甲产品耗用80000元的原材料，生产乙产品耗用60000元的原材料，生产甲、乙产品共同耗用28000元的原材料，生产甲、乙产品耗用的原材料均系开工时一次性投入。基本生产车间一般消耗情况为：原材料5000元、低值易耗品4000元。修理车间领用12000元的材料，供电车间领用6000元的材料，厂部管理部门耗用3000元的原材料、500元的低值易耗品。

②工资费用：产品生产工人工资为45600元，生产车间管理人员工资为2280元，修理车间人员工资为5700元，供电车间人员工资为9120元，厂部管理人员工资为11400元。

③折旧及其他费用：基本生产车间折旧费为12000元，修理车间折旧费为3000元，供电车间折旧费为4000元，厂部管理部门折旧费为8000元。

④本月其他费用情况见表8-3。

表8-3　其他费用耗费表

20××年10月　　　　　　　　　　　　　　　　　　　　　　　　　金额单位：元

车间部门	费用项目				
	办公费	水费	保险费	其他	合计
基本生产车间	1500	2200	2000	500	6200
修理车间	900	1000	500	500	2900
供电车间	600	500	1200	700	3000
厂部管理部门	6000	1500	1800	700	10000
合计	9000	5200	5500	2400	22100

（4）工时记录：生产甲产品耗用工时为2000小时，生产乙产品耗用工时为3000小时。

（5）辅助生产产品及劳务供应量情况见表8-4。

表8-4　辅助生产产品及劳务供应量

受益单位	修理车间（小时）	供电车间（度）	产品或劳务单位计划成本
供电车间	200		1.1元/度
修理车间		1000	8.5元/小时
基本生产车间	2300	14000	
厂部管理部门	500	5000	
合计	3000	20000	

其中，辅助生产车间计划成本与实际成本的差额记入当期管理费用。

（6）有关费用分配方法。

①生产甲、乙产品共同耗用的材料费用按定额耗用量比例分配。甲产品定额耗用量为1000千克，乙产品定额耗用量为1800千克。

②生产工人工资按甲、乙两产品生产工时比例分配。

③制造费用按甲、乙两产品生产工时比例分配。

④甲产品生产费用按约当产量法在完工产品和在产品之间进行分配。

(三) 品种法案例核算过程

1. 设置有关成本费用明细账和成本计算单

按品种设置基本生产成本明细账, 按车间设置辅助生产成本明细账和制造费用明细账, 以及其他与成本计算无关的管理费用明细账等。

2. 归集和分配本月发生的各项生产费用

根据发生的各产品成本费用的原始凭证和其他有关资料, 编制各项要素费用分配表。

①分配材料费用情况见表8-5。

表8-5 材料费用分配表

20××年10月

应借账户		材料费用 (元)	低值易耗品 (元)	材料			合计 (元)
总账户	明细账户			定额耗用量 (千克)	分配率 (元/千克)	分配金额 (元)	
基本生产 成本	甲产品	80000		1000		10000	90000
	乙产品	60000		1800		18000	78000
	小计	140000		2800	10	28000	168000
制造费用	基本生产 车间	5000	4000				9000
辅助生产 成本	供电车间	6000					6000
	修理车间	12000					12000
管理费用		3000	500				3500
合计		166000	4500			28000	198500

注: 原材料分配率＝28000÷(1000＋1800)＝10(元/千克)。

根据材料费用分配表编制会计分录如下:

借: 基本生产成本——甲产品	90000
——乙产品	78000
制造费用——基本生产车间	9000
辅助生产成本——供电车间	6000
——修理车间	12000
管理费用——基本生产车间	3500
贷: 原材料	194000

周转材料——低值易耗品   4500

②根据本月工资结算汇总表编制职工薪酬分配表8-6。

表8-6 职工薪酬分配表

20××年10月

应借账户		工资分配			合计
总账户	明细账户	分配标准（生产工时）	分配率（元/小时）	分配金额（元）	（元）
基本生产成本	甲产品	2000	9.12	18240	18240
	乙产品	3000	9.12	27360	27360
	小计	5000	9.12	45600	45600
辅助生产成本	供电车间			9120	9120
	修理车间			5700	5700
	小计			14820	14820
制造费用	基本生产车间			2280	2280
管理费用				11400	11400
合计				74100	74100

注：生产工人薪酬分配率=45600÷（2000＋3000）＝9.12（元/小时）。

根据职工薪酬分配表编制会计分录如下：

借：基本生产成本——甲产品   18240

     ——乙产品   27360

  制造费用——基本生产车间   2280

  辅助生产成本——供电车间   9120

      ——修理车间   5700

  管理费用——基本生产车间   11400

 贷：应付职工薪酬——短期薪酬（工资） 74100

③折旧及其他费用分配情况见表8-7。

表8-7 折旧及其他费用分配表

20××年10月   金额单位：元

应借账户		折旧费	其他费用					合计
			办公费	水费	保险费	其他	小计	
制造费用	基本生产车间	12000	1500	2200	2000	500	6200	18200

续表

应借账户		折旧费	其他费用					合计
			办公费	水费	保险费	其他	小计	
辅助生产成本	供电车间	4000	600	500	1200	700	3000	7000
	修理车间	3000	900	1000	500	500	2900	5900
	小计	7000	1500	1500	1700	1200	5900	12900
管理费用	厂部管理部门	8000	6000	1500	1800	700	10000	18000
合计		27000	9000	5200	5500	2400	22100	49100

根据折旧及其他费用分配表,编制会计分录如下:

借:制造费用——基本生产车间　　　　　　　　　　12000

　　辅助生产成本——供电车间　　　　　　　　　　4000

　　　　　　　　　——修理车间　　　　　　　　　　3000

　　管理费用——厂部管理部门　　　　　　　　　　8000

　贷:累计折旧　　　　　　　　　　　　　　　　　27000

借:制造费用——基本生产车间　　　　　　　　　　6200

　　辅助生产成本——供电车间　　　　　　　　　　3000

　　　　　　　　　——修理车间　　　　　　　　　　2900

　　管理费用　　　　　　　　　　　　　　　　　　10000

　贷:库存现金　　　　　　　　　　　　　　　　　3600

　　　银行存款　　　　　　　　　　　　　　　　　18500

④根据辅助生产成本明细账汇总分配辅助生产成本。

辅助生产成本汇总:

修理车间成本 = 12000 + 5700 + 3000 + 2900 = 23600(元)

供电车间成本 = 6000 + 9120 + 4000 + 3000 = 22120(元)

编制辅助生产费用分配表8-8。

表8-8　辅助生产费用分配表

20××年10月

应借账户	车间部门	修理车间		供电车间		合计（人）
		劳务数量（人）	分配金额（元）	劳务数量（人）	分配金额（元）	
待分配费用		3000	23600	20000	22120	45720
计划单位成本			8.5		1.1	
辅助生产成本	修理车间			1000	1100	1100
	供电车间	200	1700			1700
制造费用	基本生产车间	2300	19550	14000	15400	34950
管理费用	厂部管理部门	500	4250	5000	5500	9750
按计划成本分配金额合计			25500		22000	47500
辅助生产实际成本			24700		23820	48520
差异			－800		＋1820	＋1020

根据辅助生产费用分配表，编制会计分录如下：

借：辅助生产成本——供电车间　　　　　　　　　　　　1700

　　　　　　——修理车间　　　　　　　　　　　　　1100

　　制造费用——基本生产车间　　　　　　　　　　　34950

　　管理费用——厂部管理部门　　　　　　　　　　　　9750

　　贷：辅助生产成本——供电车间　　　　　　　　　　22000

　　　　　　　　——修理车间　　　　　　　　　　　25500

⑤根据制造费用明细账汇总分配制造费用。

制造费用总额＝9000＋2280＋12000＋6200＋34950＝64430（元）

编制制造费用分配表8-9。

表8-9　制造费用分配表

20××年10月

产品名称	分配标准（工时）	分配率（元/小时）	分配金额（元）
甲产品	2000	12.886	25772
乙产品	3000	12.886	38658
合计	5000	12.886	64430

注：制造费用分配率＝64430÷（2000＋3000）＝12.886（元/小时）。

根据制造费用分配表编制会计分录如下：

借：基本生产成本——甲产品　　　　　　　　25772

　　　　　　　——乙产品　　　　　　　　38658

　　贷：制造费用——基本生产车间　　　　　　64430

⑥根据前面的有关费用分配表等资料登记甲产品、乙产品基本生产成本明细账和产品成本计算单，具体见表8-10、表8-11、表8-12、表8-13、表8-14。

表8-10　基本生产成本明细账

产品名称：甲产品　　　　　　　　　　　　　　　　　　金额单位：元

20××年		凭证		摘要	成本项目			合计
月	日	字	号		直接材料	直接人工	制造费用	
10	1			月初余额	10000	3420	6180	19600
	31	×	1	月末分配结转材料费用	90000			90000
		×	2	月末结算职工薪酬费用		18240		18240
		×	7	月末分配制造费用			25772	25772
				生产费用累计	100000	21660	31952	153612
			8	结转完工产品成本	80000	19252	28400	127652
				月末在产品成本	20000	2408	3552	25960

注：直接材料费用分配率＝100000÷（400＋100×100%）＝200。

　　直接人工分配率＝21660÷（400＋100×50%）＝48.13（元/小时）。

　　制造费用分配率＝31952÷（400＋100×50%）＝71.00（元/件）。

表8-11　成本计算单

产品名称：甲产品　　　　　　　20××年10月31日

项目	直接材料	直接人工	制造费用	合计
月初在产品成本（元）	10000	3420	6180	19600
本月生产费用（元）	90000	18240	25772	134012
生产费用合计（元）	100000	21660	31952	153612
约当总产量（件）	500	450	450	
分配率（元/件）	200	48.13	71	
完工产品成本（元）	80000	19252	28400	127652
月末在产品成本（元）	20000	2408	3552	25960

根据甲产品成本计算单编制会计分录如下：

借：库存商品——甲产品　　　　　　　　　　　　　127652
　　贷：基本生产成本——甲产品　　　　　　　　　　　127652

表8-12　基本生产成本明细账

产品名称：乙产品　　　　　　　　　　　　　　　　　　　　　　　金额单位：元

20××年		凭证		摘要	成本项目			合计
月	日	字	号		直接材料	直接人工	制造费用	
10	1			月初余额	9000	1140	3060	13200
	31	×	1	月末分配结转材料费用	78000			78000
		×	2	月末结算职工薪酬费用		27360		27360
		×	7	月末分配制造费用			38658	38658
				生产费用累计	87000	28500	41718	157218
			8	结转完工产品成本	87000	28500	41718	157218

表8-13　成本计算单

产品名称：乙产品　　　　　　　20××年10月31日　　　　　　　金额单位：元

项目	直接材料	直接人工	制造费用	合计
月初在产品成本	9000	1140	3060	13200
本月生产费用	78000	27360	38658	144018
生产费用合计	87000	28500	41718	157218
完工产品成本	87000	28500	41718	157218

根据乙产品成本计算单编制会计分录如下：

借：库存商品——乙产品　　　　　　　　　　　　　157218
　　贷：基本生产成本——乙产品　　　　　　　　　　　157218

⑦根据基本生产明细账计算完工产品总成本和单位成本，编制完工产品成本汇总表。

表8-14　完工产品成本汇总表

20××年10月　　　　　　　　　　　　　　　　　　　　　　　　金额单位：元

成本项目	直接材料	直接人工	制造费用	总成本	单位成本
甲产品	80000	19252	28400	127652	319.13
乙产品	87000	28500	41718	157218	327.54

任务小结：品种法，是指以产品的品种作为成本核算对象，用以归集费用并计算产品生产成本的方法。品种法是用于计算企业产品成本的

最基本的方法。品种法广泛应用于大量大批单步骤生产和管理上不要求按照生产步骤计算成本的大量大批多步骤生产中。品种法以产品品种作为成本核算对象，按产品品种设置有关成本明细账，归集和分配本月发生的各项费用，分配辅助生产费用和基本生产单位制造费用，计算出本月完工产品实际总成本和单位成本，并将本月完工产品成本结转到"库存商品"账户中。

任务二　认识分批法
子任务一　一般分批法的核算应用

一、分批法的概述

（一）分批法的含义

分批法是指以产品批别或订单作为成本核算对象，来归集和分配生产费用，计算产品成本的一种方法。在小批、单件生产的情况下，企业通常是按照订货单位的订单签发生产通知单组织生产的，即产品的品种和每批产品的批量往往是根据客户的订单确定的，因此按照产品批号计算完工产品成本，也就是按照订单计算完工产品成本。所以，分批法也叫订单法。

（二）分批法的特点

1. 以产品批别作为成本核算对象

在单件小批生产类型的企业中，生产一般是根据购货单位的订单来组织的，因而一般按产品生产批别或订单来计算成本。但是，订单和批别并不是同一个概念。如果一份订单有几种产品，或虽只有一种产品但是数量较多且要求分批交货，就必须按品种划分批别，或者将同一种产品划分为较少数量的批别组织生产并计算成本。如果同一会计期间的几张订单中有相同的产品，也可以将其合并为一批组织生产并计算成本。在这种情况下，分批法的成本核算对象就不是购货单位的订单，而是企业生产计划部门下达的"生产任务通知单"。会计部门应按"生产任务通知单"的生产批号开设"生产成本明细账"归集费用并计算成本。因此，分批法的成本核算对象是产品批别或工作单号。

2. 成本计算期与生产周期一致

在分批法下，一般按月汇集各批产品的实际生产费用。在该批产品全部完工时，计算该批产品的完工成本。因此，分批法的成本计算期与会计报告期不一致，而与该批产品的生产周期一致。

3. 一般不需要在完工产品和在产品之间分配生产费用

从成本计算期与生产周期一致这一点来看，采用分批法，一般不存在生产费用在本月完工产品和月末在产品之间分配的问题。按产品批别归集生产费用，如果到月末该批产品都已完工，那么归集的生产费用就是本月完工产品的实际总成本；如果该批产品全部未完工，那么归集的生产费用就构成了月末在产品成本。

但是，也有可能出现一些特殊的情况，就是批内产品跨月陆续完工并交付购货单位。在这种情况下，需要采用一定的方法来计算本月完工产品成本。如果批内产品少量先完工，可以采用计划单位成本、定额单位成本或近期实际单位成本作为本月完工产品单位成本，乘以本月完工产品产量，计算出本月完工产品总成本并予以结转，待该批产品全部完工以后再计算该批产品的实际总成本和单位成本，但是已经结转的完工产品成本没有必要进行调整。如果批内产品跨月陆续完工的情况比较多，或者本月完工产品的数量占该批产品数量的比重较大，则应考虑采用适当方法（如约当产量法、定额比例法等）在本月完工产品和月末在产品之间分配生产费用，以正确计算本月完工产品成本和月末在产品成本。在这种情况下，等到该批产品全部完工以后，仍应按上述方法，计算该批产品的实际总成本和单位成本。

二、分批法的适用范围

分批法主要适用于单件小批的单步骤生产企业或管理上不要求分

步骤计算产品成本的多步骤生产企业,如重型机械、船舶、精密仪器、专用设备、专用工具、模具等生产企业。另外,新产品试制、自制设备、自制工具、自制模具等也按批组织生产,可用分批法计算产品成本。

三、分批法成本计算程序

(一)按产品批别设置生产成本明细账(产品成本计算单)

分批法以产品批别作为成本核算对象。因此,应当按产品批别设置生产成本明细账,用以归集和分配生产费用,计算各批产品的实际总成本和单位成本。

(二)按产品批别归集和分配本月发生的各种费用

企业当月发生的生产费用,能够按照批次划分的直接计入费用,包括直接材料、直接人工等,要在费用原始凭证上注明产品批号(或工作令号),以便据以直接记入各批产品生产成本明细账(产品成本计算单);对于多批产品共同消耗的直接材料和直接人工等的费用,则应在费用原始凭证上注明费用的用途,以便按费用项目归集,并按照企业确定的费用分配方法,在各批产品(各受益对象)之间进行分配以后,再记入各批产品生产成本明细账(产品成本计算单)。

(三)分配辅助生产费用

在设有辅助生产车间的企业,月末应将归集的辅助生产费用按不同的分配方法分配给各受益对象,其中与产品成本核算相关的费用包括直接分配给各批产品的辅助生产费用和基本生产车间消耗的辅助生产费用等。

(四)分配基本生产单位的制造费用

按基本生产车间归集的制造费用应由该生产车间生产的各批产品共同负担,月末应将汇集的基本生产车间的制造费用分配给各受益对象。

（五）计算完工产品成本

采用分批法一般不需要在本月各批完工产品和月末在产品之间分配生产费用。某批产品全部完工，则该批别产品生产成本明细账归集的生产费用合计数，就是该批产品的实际总成本。如果某批产品中有少量跨月陆续完工，可以用完工产品实际数量乘以近期实际单位成本或计划单位成本或定额单位成本，作为完工产品实际总成本。为了正确分析和考核该批产品成本计划的执行情况，在该批产品全部完工时还应计算该批产品的实际总成本和单位成本。

（六）结转完工产品成本

期末，根据成本计算结果结转本期完工产品的实际总成本。

上述分批法成本计算程序中，除了产品生产成本明细账的设置和完工产品成本的计算与品种法有所区别外，其他与品种法是基本类似的。

四、分批法的一般应用

分批法是计算产品成本的基本方法之一，它的核算程序体现着产品成本计算的一般程序。下面通过一个综合实例来说明这种方法的具体应用。

（一）企业基本情况

新城工厂根据购买单位订货单，小批组织生产A、B、C三种产品，采用分批法计算各批产品成本。20××年9月工厂生产情况和生产费用支出情况的资料如下：

20××年9月同时生产三批产品：生产批号为1001的A产品，7月份投产，产量20台，8月份已完工8台，9月完工12台；批号为2002的B产品，8月份投产，产量30台，9月完工30台；批号为3003的C产品，9月投产，产量45台，9月尚未完工。

(二)9月有关成本费用资料

（1）月初在产品成本情况见表8-15。

表8-15　产品成本

金额单位：元

产品批号	月份	摘要	直接材料	直接人工	制造费用
1001	7		12000	2200	1980
	8		38000	8800	6020
	8	减完工8台的计划成本	−27600	−7160	−6160
2002	8		9300	1040	1080

（2）9月耗用原材料及生产工时情况见表8-16。

表8-16　耗用原材料及生产工时

产品批号	产品	直接材料（元）	生产工时（小时）
1001	A产品	20000	1240
2002	B产品	15000	1660
3003	C产品	9800	500

（3）9月各批产品共同消耗的直接人工费用为18700元，制造费用为20400元，按工时在各批产品之间进行分配。

要求：登记各批产品成本明细账，计算各种完工产品的总成本。

（三）分配各项费用，登记各批产品成本明细账

（1）根据9月工资结算汇总表编制人工费用分配表8-17 。

表8-17　人工费用分配表

产品批号	分配标准（生产工时）	分配率（元/小时）	分配金额（元）
1001	1240	5.5	6820
2002	1660	5.5	9130
3003	500	5.5	2750
合计	3400	5.5	18700

注：直接人工费用分配率＝18700÷（1240＋1660＋500）＝5.5（元/小时）。

根据人工费用分配表编制会计分录如下:

借:基本生产成本——1001批号　　　　　　　　　　6820

　　　　　　　　——2002批号　　　　　　　　　　9130

　　　　　　　　——3003批号　　　　　　　　　　2750

　贷:应付职工薪酬——短期薪酬(工资)　　　　　18700

(2)根据制造费用明细账汇总分配9月制造费用,具体见表8-18。

表8-18　制造费用分配表

产品批号	分配标准(工时)	分配率(元/小时)	分配金额(元)
1001	1240	6	7440
2002	1660	6	9960
3003	500	6	3000
合计	3400	6	20400

注:制造费用分配率=20400÷(1240+1660+500)=6(元/小时)。

根据制造费用分配表编制会计分录如下:

借:基本生产成本 ——1001批号　　　　　　　　　　7440

　　　　　　　　——2002批号　　　　　　　　　　9960

　　　　　　　　——3003批号　　　　　　　　　　3000

　贷:制造费用　　　　　　　　　　　　　　　　　20400

(3)根据前面的相关费用分配表等资料登记各批产品成本明细账,具体见表8-19、表8-20、表8-21。

表8-19　基本生产成本明细账

产品批号:1001-A产品　　　　　　　　　　　　　　　　金额单位:元

开工日期:20××年7月　　　　　批量:20台　　　　完工日期:20××年9月

20××年		凭证		摘要	成本项目			合计
月	日	字	号		直接材料	直接人工	制造费用	
7	31			本月生产费用	12000	2200	1980	16180
8	31			本月生产费用	38000	8800	6020	52820
8	31			结转完工8台产品的成本	-27600	-7160	-6160	-40920
9	30			本月生产费用	20000	6820	7440	34260
9	30			结转完工12台产品的成本	42400	10660	9280	62340
9	30			20台完工产品总成本	70000	17820	15440	103260

表8-20 基本生产成本明细账

产品批号：2002-B产品　　　　　　　　　　　　　　　　　　　金额单位：元

开工日期：20××年8月　　　　　　批量：30台　　　　　完工日期：20××年9月

20××年		凭证		摘要	成本项目			合计
月	日	字	号		直接材料	直接人工	制造费用	
8	31			本月生产费用	9300	1040	1080	11420
9	30			本月生产费用	15000	9130	9960	34090
9	30			结转完工30台产品成本	24300	10170	11040	45510

表8-21 基本生产成本明细账

产品批号：3003-C产品　　　　　　　　　　　　　　　　　　　金额单位：元

开工日期：20××年9月　　　　　　批量：45台　　　　　完工日期：20××年×月

20××年		凭证		摘要	成本项目			合计
月	日	字	号		直接材料	直接人工	制造费用	
9	30			本月生产费用	9800	2750	3000	15550

（4）根据9月各批产品成本计算结果，编制完工产品成本汇总表8-22。

表8-22 完工产品成本汇总表

金额单位：元

成本项目	A产品（产量12台）		B产品（产量30台）	
	总成本	单位成本	总成本	单位成本
直接材料	42400	3533.33	24300	810
直接人工	10660	888.33	10170	339
制造费用	9280	773.34	11040	368
合计	62340	5195	45510	1517

根据完工产品成本汇总表编制会计分录如下：

借：库存商品——A产品　　　　　　　　　　　　　62340

　　　　　　——B产品　　　　　　　　　　　　　45510

　　贷：基本生产成本——1001批号　　　　　　　　62340

　　　　　　　　　　——2002批号　　　　　　　　45510

子任务二　简化分批法的核算应用

一、简化分批法的含义

有的单件小批生产企业,同一月份内投产的产品批数非常多,如果采用前述一般分批法计算各批产品成本,各种间接计入成本的费用在各批产品之间的分配和登记工作会极为繁重。在这种情况下,不再按月在各批产品之间分配人工费用和制造费用等间接费用,而是将间接计入费用累计起来,等某批产品完工时,再确定完工批次产品应负担的间接费用,据以计算完工产品成本。这种方法将生产费用在各成本核算对象之间的横向分配和生产费用在完工产品与月末在产品之间的纵向分配合并进行,对间接费用采用累计分配率进行分配,大大简化了成本计算工作。

采用简化分批法,只有在各批产品完工时才分配结转间接计入费用,对于未完工的各批次产品不分配间接计入费用,不计算各批产品的在产品成本,而是将其累计起来,按总额反映在基本生产成本二级账户中。因此,这种方法也称为不分批计算在产品成本的分批法。

二、简化分批法的特点

(一) 必须设置生产成本二级账户

采用简化分批法,仍应按照产品批别设置产品生产成本明细账;同时,必须按生产单位设置基本生产成本二级账户。

产品生产成本明细账按月登记各批产品的直接计入费用和生产工时。各月发生的间接计入费用不按月在各批产品之间进行分配,而是按成本项目登记在基本生产成本二级账户中。只在有完工产品的那个月份,将基本生产成本二级账户中累计起来的间接费用,按照本月完工产品工时占全部累计工时的比例,向本月完工产品分配;未完工产品的间接计入费用,保留在基本生产成本二级账户中。本月完工产品从基本生产成本二级账户分配转入的间接费用,加上产品生产成本明细账中原先登记的直接计入费用,即为本月完工产品总成本。

(二)不分批次计算月末在产品成本

将本月完工产品应分配的间接计入费用转入各完工产品生产成本明细账以后,基本生产成本二级账户便反映了全部批次月末在产品的成本。各批次未完工产品的生产成本明细账只反映累计直接计入费用和累计工时,不反映各批次月末在产品成本。月末,基本生产成本二级账户与产品生产成本明细账只能核对直接计入费用,不能核对全部余额。

(三)通过计算累计费用分配率来分配间接计入费用

简化分批法将间接计入费用在各批次产品之间的分配和在本月完工产品与月末在产品(全部批次)之间的分配一次完成,大大简化了成本计算工作。间接计入费用的分配,是利用计算出的累计间接计入费用分配率进行的。

其计算公式如下:

$$全部产品累计间接计入费用分配率 = \frac{全部产品累计间接计入费用}{全部产品累计工时}$$

某批次完工产品应分配的间接计入费用 = 该批完工产品的累计工时 × 全部产品累计间接计入费用分配率

三、简化分批法的具体应用

(一)案例基本情况

大成工厂属于小批生产企业,根据客户订单生产甲、乙、丙、丁四种产品,产品生产批次多。为了简化核算,按累计费用分配率分配间接计入费用,即采用简化分批法计算各批产品成本。

(1)大成工厂20××年6月产品生产批号情况如下。

①17401批次:生产甲产品16台,4月份投产,本月完工。

②17502批次：生产乙产品30台，5月份投产，本月完工20台，该批产品材料在生产开始时一次性投入，本月末在产品定额工时为11000小时。

③17603批次：生产丙产品25台，6月份投产，本月尚未完工。

④17704批次：生产丁产品20台，6月份投产，本月尚未完工。

（2）月初在产品成本。5月末累计生产费用为837000元，其中直接材料525000元（17401批次300000元、17502批次225000元），直接人工131000元，制造费用181000元。累计生产工时71000小时，其中17401批次48900小时、17502批次22100小时。

（3）6月发生生产费用。6月产生的直接材料费为475000元，其中17603批次丙产品耗用275000元，17704批次丁产品耗用200000元。6月产生的直接人工费为210700元，制造费用为281300元；6月实际生产工时为130000小时，其中17401批次29100小时、17502批次28900小时、17603批次41000小时、17704批次31000小时。

要求：根据上述资料，计算各批完工产品成本，并登记基本生产成本二级账和基本生产成本明细账。

（二）成本核算程序

1. 设置基本生产成本二级账和各批产品生产成本明细账

采用简化分批法计算产品成本，应按产品批别设置基本生产成本明细账，同时开设基本生产成本二级账，归集所有批别的全部费用。产品完工前，基本生产成本明细账中只登记该批产品的直接材料费用及生产工时。只有在该批产品完工时，才通过累计间接计入费用分配率计算该批产品应分配的人工费用和制造费用，并在完工批次产品的基本生产成本明细账中进行登记，计算出该批完工产品的成本。基本生产成本二级账平时只须登记全部产品的成本费用和全部产品耗用的生产工时。在有完工产品的月份，依据该账户记录的全部间接费用和全部生产工时计算累计间接费用分配率，确认各批完工产品应分配的人工费用和制造费用，并记入各完工批次产品的基本生产成本明细账。

　　针对大成工厂以前月份投产6月初尚未完工的17401批次和17502批次产品已分别设置"产品生产成本明细账"，并登记了以前月份发生的直接计入费用；针对6月投产的17603批次和17704批次应分别设置"产品生产成本明细账"。同时，6月继续在该厂设置的"基本生产成本二级账"归集各批产品消耗的生产费用（具体见表8-23、表8-24、表8-25、表8-26、表8-27、表8-28）。

　　2. 登记6月各批次产品发生的生产费用和生产工时

　　各批别产品6月发生的直接费用和生产工时，要平行记入该批次产品的基本生产成本明细账和基本生产成本二级账。

　　大成工厂将6月发生的生产费用计入基本生产成本二级账和相关批别的产品成本明细账。

　　（1）登记基本生产成本二级账。

表8-23　基本生产成本二级账

生产单位：基本生产车间

20××年		凭证字号	摘要	直接材料	生产工时	直接人工	制造费用	合计
月	日							
5	31	略	本月累计费用（元）	525000	71000	131000	181000	837000
6	30		本月生产费用（元）	475000	130000	210700	281300	967000
6	30		本月累计费用（元）	1000000	201000	341700	462300	1804000
			累计间接费用分配率（元/小时）					
6	30		本月完工产品总成本（元）	450000	118000	200600	271400	922000
			月末在产品成本（元）					

　　（2）计算累计间接计入费用分配率。

　　根据大成工厂基本生产成本二级账提供的资料，本月各批次产品累计生产工时为201000小时，累计直接人工费用为341700元，累计制造费用为462300元，全部产品累计间接计入费用分配率计算如下：

　　直接人工费用分配率＝341700÷201000＝1.7（元/小时）

　　制造费用分配率＝462300÷201000＝2.3（元/小时）

　　（3）分配结转6月完工产品应分配的间接计入费用。

根据大成工厂累计间接计入费用分配率和6月完工批次产品生产成本明细账登记的累计工时,计算本月完工批次产品应分配的间接计入费用。其计算过程如下:

17401批次产品应分配的直接人工费用＝78000×1.7＝132600(元)

17502批次产品应分配的直接人工费用＝（22100＋28900－11000）×1.7＝68000(元)

本月完工产品应分配的直接人工费用＝132600＋68000＝200600(元)

17401批次产品应分配的制造费用＝78000×2.3＝179400(元)

17502批次产品应分配的制造费用＝（22100＋28900－11000）×2.3＝92000(元)

本月完工产品应分配的制造费用＝179400＋92000＝271400(元)

根据以上计算结果,编制完工产品成本汇总表,同时将大成工厂6月完工产品应分配的间接计入费用从基本生产成本二级账转入各完工批次产品生产成本明细账。

表8-24　大成工厂完工产品成本汇总表

20××年6月

完工产品批次	产品	产量(台)	直接材料(元)	直接人工(元)	制造费用(元)	完工总成本(元)	完工产品单位成本(元)
17401	甲产品	16	300000	132600	179400	612000	38250
17502	乙产品	20	150000	68000	92000	310000	15500
合计			450000	200600	271400	922000	

根据"大成工厂完工产品成本汇总表"编制结转本月完工产品成本的会计分录:

借:库存商品——甲产品　　　　　　　　　　　612000

　　　　　　——乙产品　　　　　　　　　　　310000

　贷:基本生产成本——17401批次（甲产品）　　612000

　　　　　　　　　　——17502批次（乙产品）　　310000

表 8-25　基本生产成本明细账

产品批次：17401-甲产品

开工日期：20××年4月　　　　　　　　批量：16件　　　　完工日期：20××年6月

20××年		凭证		摘要	直接材料	生产工时	直接人工	制造费用	合计
月	日	字	号						
5	31	略		本月累计费用（元）	300000	48900			
6	30			本月生产费用（元）		29100			
6	30			本月累计费用（元）	300000	78000			
				累计间接费用分配率（元/小时）			1.7	2.3	
6	30			本月完工产品成本（元）	300000	78000	132600	179400	612000

表 8-26　基本生产成本明细账

产品批号：17502-乙产品　　　　　　　　　　　　　　　　金额单位：元

开工日期：20××年5月　　　　　　　　批量：30件　　　　完工日期：20××年6月

20××年		凭证		摘要	直接材料	生产工时	直接人工	制造费用	合计
月	日	字	号						
5	31	略		本月累计费用（元）	225000	22100			
6	30			本月生产费用（元）		28900			
6	30			本月累计费用（元）	225000	51000			
				累计间接费用分配率（元/小时）			1.7	2.3	
6	30			本月完工产品成本（元）	150000	40000	68000	92000	310000
6	30			月末在产品成本（元）	75000	11000			

表 8-27　基本生产成本明细账

产品批号：17603-丙产品

开工日期：20××年6月　　　　　　　　批量：25件　　　　完工日期：20××年×月

20××年		凭证		摘要	直接材料	生产工时	直接人工	制造费用	合计
月	日	字	号						
6	30	略		本月生产费用（元）	275000	41000			

表 8-28　基本生产成本明细账

产品批号：17704-丁产品

开工日期：20××年6月　　　　　　　　批量：20件　　　　完工日期：20××年×月

20××年		凭证		摘要	直接材料	生产工时	直接人工	制造费用	合计
月	日	字	号						
6	30	略		本月生产费用（元）	200000	31000			

在各批次产品成本明细账中，对于没有完工产品的月份，只登记直接材料费用和生产工时，如批次为17603的丙产品和批次为17704的丁产品。6月发生的直接材料和生产工时，也就是该月份在产品消耗的直接材料和生产工时。因此，在各批次产品成本明细账中，属于在产品的各个月份的直接材料费用或生产工时发生额之和，应该等于基本生产成本二级账所记在产品的直接材料费用或生产工时。

在上面各批次产品成本明细账的登记中，对于有完工产品的月份，除了登记直接材料费用和生产工时，以及相应的累计数以外，还应根据基本生产成本二级账登记的各项间接费用累计发生额，计算间接计入费用累计分配率，登记各批次完工产品应分配的间接计入费用。

批次为17401的甲产品6月全部完工，因而其累计的直接材料费用和生产工时就是完工产品的直接材料费用和生产工时，以其生产工时乘以各项间接计入费用累计分配率，即为完工产品应分配的各项间接计入费用。

批次为17502的乙产品，6月末部分完工、部分未完工，因而生产费用还应在完工产品与月末在产品之间分配。其中，直接材料费用总额为225000元，原材料在生产开始时一次性投入，可以直接按照该批次完工产品的数量和月末在产品的数量的比例进行分配。完工产品消耗的生产工时分别乘以各项间接计入费用累计分配率，即为完工产品应分配的各项间接计入费用。

各批次产品成本明细账登记完毕后，其中完工产品分配的直接材料费用和生产工时应分别汇入基本生产成本二级账，并据以计算并登记各批次完工产品的总成本。

简化分批法与一般分批法的区别在于各批产品之间分配间接计入费用的工作和在完工产品与在产品之间分配费用的工作。简化分批法是通过计算累计间接计入费用分配率，将生产费用在不同批次产品之间的横向分配和生产费用在各批次完工产品和在产品之间的纵向分配相结合。也就是说，各项间接计入费用累计分配率，既是在各批次产品之间分配间接费用的依据，也是在某批次产品的完工产品与月末在产品之间分配各项费用的依据。成本计算工作中的横向分配与纵向分配，在有完工产品时,可根据同一个费用分配率一次分配完成,这样大大简化了费用分配的过程。

任务三　认识分步法
子任务一　分步法概述

一、分步法的概念

分步法是产品成本计算的基本方法之一,是以产品生产的各生产步骤及生产产品的品种作为成本计算对象,据以归集生产费用、计算产品成本的一种方法。

二、分步法的分类

采用分步法计算产品成本时,由于各个企业生产工艺和成本管理对各步骤所需成本资料的要求不同,以及出于简化成本核算工作的考虑,按是否计算半成品成本,可将其分为逐步结转分步法和平行结转分步法。

逐步结转分步法是按照生产步骤逐步计算并结转半成品成本,直到最后一步计算出完工产品成本的方法。计算各生产步骤所产半成品成本,是逐步结转分步法的显著特征。

因此,逐步结转分步法,也称作计算半成品成本的分步法。

平行结转分步法是将各生产步骤中应计入相同产成品成本的份额平行汇总,以求得完工产成品成本的方法。平行结转分步法按照生产步骤归集费用,但只计算完工产成品在各生产步骤中的成本"份额",不计算和不结转各生产步骤中的半成品成本。因此,平行结转分步法也称作不计算半成品成本的分步法。

三、分步法的特点

（一）以产品的品种及所经过的生产步骤作为成本计算对象，并据以设置基本生产成本明细账

分步法是按照产品的生产步骤归集生产费用的，因此不仅要求按照产品的品种计算产品成本，还要求按照产品的生产步骤来计算产品的成本。产品基本生产成本明细账也就要求按照产品的品种及其所经过的生产步骤来设置。在进行成本计算时，应按照生产步骤来归集和分配生产费用。企业各种产品发生的直接材料、直接人工、燃料及动力费用，凡能直接计入各成本核算对象的，应当直接记入按成本核算对象设立的产品生产成本明细账；不能直接记入各成本核算对象的，应当先按生产步骤归集，月末再按一定的标准分配记入各成本核算对象的产品生产成本明细账。企业发生的制造费用，应当先按生产单位（车间、分厂）归集，月末再直接记入或分配记入各成本核算对象的产品生产成本明细账。

需要指出的是，在实务操作中，生产计算成本的分步法与实际生产步骤的划分不一定完全一致，它是按照企业成本管理的要求来划分的。一般来说，在大量大批多步骤生产企业中，生产车间或分厂是按生产步骤设立的。为了加强生产单位的成本管理，企业按生产车间归集生产费用，计算产品成本。但是如果企业生产规模很大，车间内分成几个生产步骤，而管理上又要求分步计算成本时，企业就要以车间内部的生产步骤为成本核算对象，归集生产费用，计算产品成本，而不是将各个生产车间或分厂作为成本核算对象。如果企业规模很小，管理上不要求分车间来计算成本，也可将几个车间合并成一个生产步骤计算成本。

（二）成本计算期与会计报告期一致，月末要将生产费用在完工产品和在产品之间进行分配

在大量大批多步骤生产的企业中，由于生产过程较长且可以间断，产品往往都是跨月陆续完工的，成本计算一般都是按月进行的。在月末

计算产品成本时,各步骤通常都会有在产品存在,则必须针对各生产步骤归集的生产费用采用适当的方法,如定额比例法、约当产量比例法等,将其在完工产品和在产品之间进行分配。

(三) 各生产步骤间成本的结转

产品生产是分步骤进行的,上一步生产的半成品是下一步的加工对象,因此还需按照产品品种结转各步骤的成本,以计算各种产品的完工成本。这是分步法与其他成本计算方法的不同点,也是分步法的一个重要特点。

四、分步法的适用范围

分步法主要适用于大量大批多步骤生产企业,如造纸、纺织、冶金、木材加工及大量大批多步骤生产的机械制造企业。因为在这些企业中,产品生产可以划分为若干个生产步骤进行。例如,机械制造企业的生产过程可以分为铸造、加工、装配等生产步骤;造纸企业的生产过程可以分为制浆、制纸等生产步骤;纺织企业的生产过程可以分为纺纱、织布、印染等生产步骤;木材加工企业的生产过程可以分为原木、成材、成品等生产步骤。为了加强成本管理,不仅要求按照产品品种计算各种完工产品成本,而且要求按照产品的生产步骤归集生产费用,计算各步骤中半成品成本,提供反映各种产品品种及其各生产步骤成本计划执行情况的资料。

应当指出的是,在实务操作中,各种成本计算方法往往是结合使用的,如分步法与分批法在企业成本核算过程中常常结合起来运用,就如汽车生产厂家的汽车一般都是批量生产的,每批产品生产完成之后,就会调整装配线用以生产别的汽车。每批生产都作为一个"批次",但在该批次中,各个生产步骤的成本被分别计算,以便向管理人员提供生产各种型号汽车的过程中每一生产步骤发生的制造成本。

子任务二 逐步结转分步法的核算应用

逐步结转分步法
概述

一、逐步结转分步法概述

逐步结转分步法是按产品生产步骤的先后顺序,逐步计算并结转各步骤半成品成本,直至最后计算出产成品成本的一种方法。企业之所以要逐步计算各步骤中半成品的成本,其原因如下:一是成本计算的需要,因为半成品成本在各生产步骤之间须随半成品实物转移的顺序结转,不计算前一步骤中半成品成本,则无法计算后一步骤的生产成本。二是有些半成品为企业几种产品所共同耗用材料,为了正确计算各种产成品的成本,就必须计算出各种半成品成本。三是有些企业的半成品既为企业生产最终产品所耗用,也作为商品对外销售。为了确定半成品的售价及销售损益,必须要计算半成品的成本。四是有些半成品虽不对外销售,但为了与同行业成本进行对比,也要计算半成品成本。五是实行责任会计或厂内经济核算的企业,为了全面考核和分析各生产步骤的生产耗费和资金占用情况,要实行合理的奖惩制度,也要求计算并在各生产步骤之间结转半成品的成本。

综上所述,逐步结转分步法就是为了计算半成品成本而采用的一种分步法,所以也称为计算半成品成本的分步法。

二、逐步结转分步法的特点

(1)逐步结转分步法是计算半成品成本的一种方法。其成本核算对象是产成品及各步骤生产完工的半成品,并以此来开设基本生产成本明细账。

(2)逐步结转分步法在完工产品与月末在产品之间分配生产费用时,生产费用是指本步骤发生的生产费用加上一个步骤转入的半成品成本;完工产品是指本生产步骤已经完工的半成品(最后生产步骤为产成品);月末在产品是指本生产步骤正在加工而尚未完工的在制品,即狭义的在产品。

三、逐步结转分步法的成本计算程序

采用逐步结转分步法计算各个生产步骤中的产品成本时,上一个步骤所生产的半成品的成本,要随着半成品实物的流转,从上一个步骤的成本明细账转入下一步骤相同产品的成本明细账中,如此逐步结转,直至最后一个生产步骤,计算出产成品的成本。但是半成品成本在各个步骤直接结转还要受到半成品实物流转程序的制约。其中半成品实物的流转程序有两种方式,即不通过仓库收发和通过仓库收发。

1. 半成品不通过仓库收发的计算程序

首先,按产品品种和各生产步骤设置"基本生产成本"明细账,将各步骤的生产费用记入各部"基本生产成本"明细账。将第一步骤"基本生产成本"明细账中所归集的生产费用在第一步骤完工产品和月末在产品之间进行分配,计算出第一步骤的半成品成本。其次,将第一步骤完工的半成品成本转到第二步骤"基本生产成本"明细账中,计算出第二步骤的完工半成品成本。如此逐步计算并结转,直至计算出最后一个步骤的完工产品成本和月末在产品成本。计算程序如图8-1所示。

第一步骤A半成品的生产成本明细账 (元)	第二步骤B半成品的生产成本明细账 (元)	第三步骤甲产成品的生产成本明细账 (元)
月初在产品成本　　2000	月初在产品成本　　3200	月初在产品成本　　3000
本月: 直接材料　　　　4000 直接人工　　　　2000 制造费用　　　　3000	本月上一步骤转入的半成品 成本　　　　　　7000 直接材料　　　　4000 直接人工　　　　1500 制造费用　　　　1300	本月上一步骤转入的半成品 成本　　　　　11000 直接材料　　　　2000 直接人工　　　　1800 制造费用　　　　2200
本步骤完工半成品 成本　　　　　　7000	本步骤完工半成品 成本　　　　　11000	本步骤完工产品 成本　　　　　15000
月末在产品成本　　4000	月末在产品成本　　6000	月末在产品成本　　5000

图8-1　逐步结转分步法成本计算程序 (不通过仓库收发)

2. 半成品通过仓库收发的计算程序

如果自制半成品通过仓库收发,其成本计算程序与前述基本相同,

但必须设立"自制半成品"明细账核算各步骤半成品的收、发、存情况。领用半成品成本的核算方法与发出原材料成本的核算方法相同,计算程序如图8-2所示。

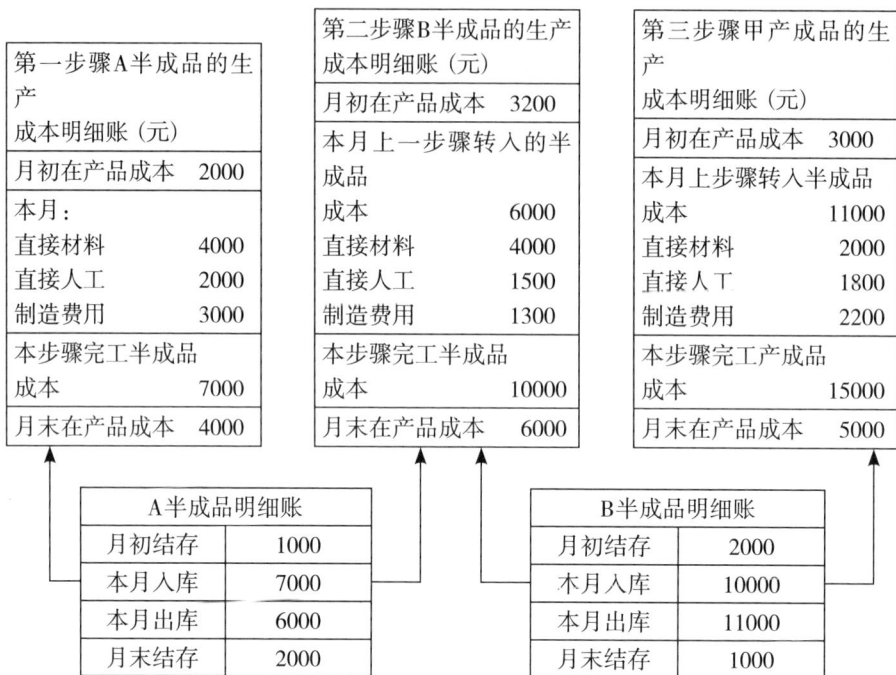

图8-2 逐步结转分步法成本计算程序 (通过仓库收发)

四、半成品成本结转的方式

采用逐步结转分步法时,按半成品成本在下一步骤生产成本明细账中反映方式的不同,又可以将其分为综合结转分步法和分项结转分步法。

(一) 综合结转分步法及其应用

综合结转分步法

综合结转分步法是将上一步骤转入下一步骤的半成品成本,不分成本项目,以总成本的方式全部记入下一步骤产品生产成本明细账中的"直接材料"或"自制半成品"成本项目,综合反映各步骤所耗上一步骤

生产半成品的成本。综合结转可以按照上一步骤所产半成品的实际成本结转，也可以按照企业确定的半成品计划成本或定额成本结转。本部分以实际成本结转法进行案例说明，即根据各步骤所耗上一步骤半成品的实际成本计算。半成品通过仓库收发的，领用半成品时，其实际单位成本可采用先进先出法、个别计价法或加权平均法等方法确定。

1. 案例基本情况

天宇工厂设有3个基本生产车间，顺序经过3个车间（即生产步骤）大量大批生产甲产品，每个生产车间加工的产品分别是甲产品A半成品，甲产品B半成品和甲产成品。采用综合结转法计算产品成本。各步骤完工的半成品通过半成品仓库验收，发出的半成品的成本按加权平均法计算。

根据逐步结转分步法的原理，天宇工厂以甲产品及A半成品、B半成品为成本核算对象，按成本核算对象设置的"基本生产成本明细账"有"甲产品A半成品（第一车间）""甲产品B半成品（第二车间）"和"甲产品产成品（第三车间）"3个。产品成本明细账按照直接材料、直接人工和制造费用等成本项目设置专栏组织核算。

天宇工厂对由半成品仓库收发的半成品设置"自制半成品明细账"组织收入、发出和结存的核算。对于各生产步骤转入下一步或送交半成品仓库的自制半成品，按实际成本综合结转，对于半成品仓库发出的半成品采用加权平均法计算实际成本。

天宇工厂各生产步骤（车间）完工产品和月末在产品之间的费用分配，均采用约当产量法。生产甲产品所耗原材料在第一生产车间生产开始时一次性投入；第二和第三车间转入或领用的A半成品、B半成品，也都分别在各生产步骤生产开始时一次性投入；各生产步骤（车间）本身的直接人工和制造费用的发生都比较均衡，月末各车间在产品的完工程度都按50%计算。

20××年3月，天宇工厂各生产车间发生的费用已经在各成本核算对象之间进行了分配，各生产车间甲产品（产成品和B半成品、A半成品）的产量资料、月初在产品成本和本月各车间发生的生产费用如表8-29、表8-30和表8-31所示。

表8-29　天宇工厂产量记录资料

金额单位：件

项目	月初在产品数量	本月投入数量	完工数量	月末在产品数量
第一车间	50	300	240	110
第二车间	30	250	200	80
第三车间	80	190	250	20

表8-30　月初各车间在产品成本资料

金额单位：元

项目	直接材料	自制半成品	直接人工	制造费用
第一车间	3500		690	1400
第二车间		4190	430	1380
第三车间		17550	7100	3950

表8-31　本月各车间生产费用记录资料

金额单位：元

项目	直接材料	直接人工	制造费用
第一车间	28000	5800	9810
第二车间		10850	10620
第三车间		21500	19450

期初A半成品的库存量为60件，实际成本为8700元，第三步骤中领用价值47250元的B半成品。

2. 天宇工厂产品成本具体核算过程

（1）计算第一车间3月所产A半成品的实际成本。第一车间进行生产甲产品的第一步骤，没有上一步骤转入费用，将A半成品月初在产品成本和本月发生生产费用记入第一生产车间产品成本计算单（见表8-32）后，即可采用约当产量法，将生产费用合计数在3月完工A半成品和月末在产品之间进行分配，计算出A半成品的实际总成本。其计算过程如下：

①直接材料项目。

月末在产品约当量＝110×100%＝110（件）

直接材料费用分配率（单位成本）＝（3500＋28000）÷（240＋110）＝90（元/件）

本月完工A半成品材料成本 $=240×90=21600$ (元)

月末在产品材料成本 $=3500+28000-21600=9900$ (元)

②直接人工项目。

月末在产品约当量 $=110×50\%=55$ (件)

直接人工费用分配率（单位成本） $=(690+5800)÷(240+55)=22$ (元/件)

本月完工A半成品人工成本 $=240×22=5280$ (元)

月末在产品人工成本 $=690+5800-5280=1210$ (元)

③制造费用项目。

月末在产品约当量 $=110×50\%=55$ (件)

制造费用分配率（单位成本） $=(1400+9810)÷(240+55)=38$ (元/件)

本月完工A半成品制造费用成本 $=240×38=9120$ (元)

月末在产品制造费用成本 $=1400+9810-9120=2090$ (元)

④本月完工A半成品总成本。

通过上述计算，第一生产车间本月完工入库A半成品240件，其实际总成本为36000元（21600＋5280＋9120）。根据成本计算结果，通过半成品仓库收发半成品，应编制结转完工入库自制半成品成本的会计分录，并在产品成本计算单和自制半成品明细账中登记。结转完工入库A半成品总成本36000元的会计分录如下：

借：自制半成品——A半成品　　　　　　　　　　36000

　　贷：基本生产成本——第一车间（A半成品）　　36000

上述计算结果在第一车间产品成本计算单中的登记情况见表8-32。

表8-32　产品成本计算单

生产车间：第一车间

产品名称：A半成品　　　　　　　20××年3月

摘要	直接材料	直接人工	制造费用	合计
月初在产品成本（元）	3500	690	1400	5590
本月投入生产费用（元）	28000	5800	9810	43610
生产费用合计（元）	31500	6490	11210	49200
约当总产量（件）	350	295	295	

续表

摘要	直接材料	直接人工	制造费用	合计
分配率（元/件）	90	22	38	150
A半成品成本（元）	21600	5280	9120	36000
月末在产品成本（元）	9900	1210	2090	13200

（2）计算第二车间3月所产B半成品的实际成本。按照逐步结转分步法的原理，计算第二车间所产B半成品成本时，除了归集本步骤发生的生产费用以外，还应加上从半成品仓库领用的A半成品的成本。天宇工厂采用加权平均法计算发出半成品的成本。根据自制半成品明细账资料，月初库存A半成品为60件，实际总成本为8700元，本月第一车间完工入库A半成品240件，实际总成本为36000元，本月发出（第二车间领用）250件，A半成品的加权平均单位成本和总成本计算过程如下：

$$A半成品加权平均单位成本 = \frac{8700 + 36000}{60 + 240} = 149（元/件）$$

第二车间领用A半成品的总成本 = $149 \times 250 = 37250$（元）

根据自制半成品有关成本计算结果，编制的结转第二车间领用自制半成品成本的会计分录如下：

借：基本生产成本——第二车间（B半成品）　　　　　37250

　　贷：自制半成品——A半成品　　　　　　　　　　　　37250

上述领用的A半成品成本应计入天宇工厂自制半成品明细账，同时采用综合结转的方式，登记在第二车间产品成本计算单中。

第二车间进行生产甲产品的第二个步骤，对于本步骤发生的生产费用，以及从半成品仓库领用的A半成品成本，采用约当产量法，将生产费用合计数在本月完工B半成品和月末在产品之间进行分配，最后计算出B半成品的实际总成本。其计算过程如下：

①自制半成品项目。

月末在产品约当量 = $80 \times 100\% = 80$（件）

自制半成品分配率（单位成本）=（4190 + 37250）÷（200 + 80）= 148（元/件）

本月完工B半成品所耗A半成品成本＝200×148＝29600（元）

月末在产品所耗A半成品成本＝4190＋37250－29600＝11840（元）

②直接人工项目。

月末在产品约当量＝80×50%＝40（件）

直接人工费用分配率（单位成本）＝（430＋10850）÷（200＋40）＝47（元/件）

本月完工B半成品人工成本＝200×47＝9400（元）

月末在产品人工成本＝430＋10850－9400＝1880（元）

③制造费用项目。

月末在产品约当量＝80×50%＝40（件）

制造费用分配率（单位成本）＝（1380＋10620）÷（200＋40）＝50（元/件）

本月完工B半成品制造费用成本＝200×50＝10000（元）

月末在产品制造费用成本＝1380＋10620－10000＝2000（元）

④本月完工B半成品总成本。

通过上述计算，第二车间本月完工入库B半成品200件，其实际总成本为49000元（29600＋9400＋10000）。根据成本计算结果，通过半成品仓库收发B半成品，应编制结转完工入库自制半成品成本的会计分录，并在产品成本计算单和自制半成品明细账中登记。编制的结转完工入库B半成品总成本49000元的会计分录如下：

借：自制半成品——B半成品　　　　　　　　　　49000

　　贷：基本生产成本——第二车间（B半成品）　　　　49000

上述计算结果在第二车间产品成本计算单中的登记情况如表8-33所示。

表8-33　产品成本计算单

生产车间：第二车间

产品名称：B半成品　　　　　　　　20××年3月

摘要	自制半成品	直接人工	制造费用	合计
月初在产品成本（元）	4190	430	1380	6000

摘要	自制半成品	直接人工	制造费用	合计
本月投入生产费用（元）	37250	10850	10620	58720
生产费用合计（元）	41440	11280	12000	64720
约当总产量（件）	280	240	240	
分配率（元/件）	148	47	50	245
B半成品成本（元）	29600	9400	10000	49000
月末在产品成本（元）	11840	1880	2000	15720

（3）计算第三车间3月所产甲产成品的实际成本。

第三车间生产的甲产品成本，包括本步骤发生的生产费用和从半成品仓库领用的B半成品成本。根据案例数据资料，从半成品仓库领用的B半成品成本为47250元（已知数据）。领用自制半成品后应编制结转第三车间领用自制半成品成本的会计分录如下：

借：基本生产成本——第三车间（甲产成品）　　　　　　47250

　　贷：自制半成品——B半成品　　　　　　　　　47250

上述领用的B半成品成本应计入天宇工厂自制半成品明细账，同时采用综合结转的方式，登记在第三车间产品成本计算单中。

第三车间进行生产甲产品的最后一个步骤。针对本步骤发生的生产费用，以及从半成品仓库领用的B半成品成本，采用约当产量法，将生产费用合计数在本月完工甲产成品和月末在产品之间进行分配，计算出甲产成品的实际总成本。其计算过程如下：

①自制半成品项目。

月末在产品约当量＝20×100%＝20（件）

自制半成品分配率（单位成本）＝（17550＋47250）÷（250＋20）＝240（元/件）

本月完工甲产成品所耗半成品成本＝250×240＝60000（元）

月末在产品所耗半成品成本＝17550＋47250－60000＝4800（元）

②直接人工项目。

月末在产品约当量＝20×50%＝10（件）

直接人工费用分配率（单位成本）＝（7100＋21500）÷（250＋10）＝110（元/件）

本月完工甲产成品人工成本＝250×110＝27500（元）

月末在产品人工成本＝7100＋21500－27500＝1100（元）

③制造费用项目。

月末在产品约当量＝20×50%＝10（件）

制造费用分配率（单位成本）＝（3950＋19450）÷（250＋10）＝90（元/件）

本月完工甲产成品制造费用成本＝250×90＝22500（元）

月末在产品制造费用成本＝3950＋19450－22500＝900（元）

④本月完工甲产成品总成本。

通过上述计算，第三车间本月完工入库甲产成品250件，其实际总成本为110000元（60000＋27500＋22500）。根据成本计算结果，编制的结转完工入库甲产成品总成本110000元的会计分录如下：

借：库存商品——甲产成品　　　　　　　　　　　　　110000

　　贷：基本生产成本——第三车间（甲产成品）　　　　110000

上述计算结果在第三车间产品成本计算单中的登记情况如表8-34所示。

表8-34　产品成本计算单

生产车间：第三车间

产品名称：甲产成品　　　　　　　　　　　20××年3月

摘要	自制半成品	直接人工	制造费用	合计
月初在产品成本（元）	17550	7100	3950	28600
本月投入生产费用（元）	47250	21500	19450	88200
生产费用合计（元）	64800	28600	23400	116800
约当总产量（件）	270	260	260	
分配率（元/件）	240	110	90	440
甲产成品成本（元）	60000	27500	22500	110000
月末在产品成本（元）	4800	1100	900	6800

知识拓展：从天宇工厂车间的成本核算对象来看，第一车间是A半成品，第二车间是B半成品，第三车间是甲产成品；从各个车间的成本计算程序来看，各个车间（步骤）的成本计算都是基于品种法的核算原理。因此，也可以说，逐步结转分步法就是品种法的多次连续应用。

（二）综合结转分步法的成本还原

1. 成本还原的意义

在综合结转分步法卜，从上一个步骤转入的自制半成品都没有区分成本项目，而是以总成本的方式综合登记在本步骤产品成本明细账中的"自制半成品"成本项目里。综合结转分步法虽然可以简化成本核算工作，但是在最后步骤计算出的产成品成本中，除了本步骤发生的加工费用是按原始成本项目反映外，前面各步骤发生的各种费用都集中在"自制半成品"一个成本项目中。例如，上述案例中计算的甲产成品的实际总成本为110000元，而我们只能知道其在第三步骤消耗的"直接人工"和"制造费用"分别是27500元和22500元，但这显然没有完整反映甲产成品成本的实际构成情况。也就是说，半成品成本的综合结转不能提供完工产品按原始成本项目反映的成本资料，不能据以从整个企业的角度来考核和分析产成品成本的构成。为了能够从整个企业的角度来分析和考核产成品成本的构成，寻求降低产成品成本的途径，必须对产成品成本中"自制半成品"成本项目进行还原，以反映产成品成本原始构成的实际情况。

2. 成本还原的方法

成本还原是按照反工艺流程顺序进行的，即从最后一个步骤开始，将其所耗用的上一步骤自制半成品的综合成本，按照上一步骤所产半成品的成本构成，分解还原为原来成本项目的成本，直到第一个步骤；然后，将各步骤相同成本项目的成本数额加以汇总，就可以求得成本还原以后产成品的实际总成本，即按原始成本项目反映的产成品实际总成本。这一实际总成本与成本还原前产成品的实际总成本一定是相等的。也就是说，成本还原恢复了产成品成本的原始构成情况，但不会增加或减少产成品的实际总成本。在实际工作中，按照反工艺流程顺序逐步将产成品成本中的自制半成品成本还原，可以通过计算成本还原分配率来进行。

成本还原分配率，是本月产成品所耗上一步骤半成品成本与该步骤本月所产半成品成本的比率，用公式表示为：

半成品成本还原分配率＝本月产成品所耗上一步骤半成品成本÷该步骤本月所产半成品成本

还原为上一步骤某成本项目金额＝上一步骤生产的半成品某成本项目成本×半成品成本还原分配率

接上述案例，天宇工厂3月完工入库甲产成品250件，实际总成本为110000元，其中：B半成品成本为60000元，直接人工费为27500元，制造费用为22500元（见表8-34）。下面按照成本还原的基本原理，对半成品成本进行还原。

①B半成品项目成本还原。

天宇工厂第三车间本月所产甲产成品总成本中，所耗上一步骤（第二车间）所产B半成品的成本为60000元，第二车间本月所产B半成品的总成本为49000元。则B半成品成本还原分配率计算如下：

B半成品成本还原分配率＝60000÷49000＝1.2245

用计算出的B半成品成本还原分配率，分别乘以第二车间本月所产B半成品成本中各成本项目的费用（见表8-33），就可以求得产成品成本中B半成品项目（60000元）还原以后的成本。

B半成品项目还原后的成本＝29600×1.2245＝36245.2（元）

直接人工项目还原后的成本＝9400×1.2245＝11510.3（元）

制造费用项目还原后的成本＝60000－36245.2－11510.3＝12244.5（元）

②A半成品项目成本还原。

天宇工厂第一车间本月所产A半成品总成本为36000元，本月产成品成本中耗用第一车间所产A半成品的成本为36245.2元，则A半成品成本还原分配率计算如下：

A半成品成本还原分配率＝36245.2÷36000＝1.0068

用计算出来的A半成品成本还原分配率，分别乘以第一车间本月所产A半成品成本中各成本项目的费用（见表8-32），就可以求得产成品成本中A半成品项目（36245.2元）还原以后的成本。

直接材料项目还原后的成本＝21600×1.0068＝21746.9（元）

直接人工项目还原后的成本＝5280×1.0068＝5315.9（元）

制造费用项目还原后成本＝36245.2－21746.9－5315.9＝9182.4（元）

③计算还原以后的产成品各成本项目总成本。

直接材料项目还原以后的总成本＝21746.9（元）

直接人工项目还原以后的总成本＝5315.9＋11510.3＋27500＝44326.2（元）

制造费用项目还原以后的总成本＝9182.4＋12244.5＋22500＝43926.9（元）

还原后产成品总成本＝21746.9＋44326.2＋43926.9＝110000（元）

采用这种成本还原方法编制的"产品成本还原计算表"如表8-35所示。

表8-35　天宇工厂产品成本还原计算表

产品：甲产品　　　　　　　　　产量：250件　　　　　　　　　金额单位：元

摘要	成本还原分配率	B半成品	A半成品	直接材料	直接人工	制造费用	合计
还原前产成品总成本		60000			27500	22500	110000
本月所产B半成品成本			29600		9400	10000	49000
B半成品成本还原	1.2245	－60000	36245.2		11510.3	12244.5	0
本月所产A半成品成本				21600	5280	9120	36000
A半成品成本还原	1.0068		－36245.2	21746.9	5315.9	9182.4	0
还原以后产品总成本		0	0	21746.9	44326.2	43926.9	110000
还原以后产品单位成本				87.0	177.3	175.7	440

另外，我们还可以按上一步骤所产半成品成本结构进行成本还原。

该方法是按照上一步骤本月所产半成品的成本构成（各成本项目的比重）进行成本还原的。首先，计算出上一步骤各成本项目占半成品成本的比重；其次，让各成本项目比重乘以本步骤所耗半成品的总成本，即可还原计算出本步骤半成品所耗各成本项目的金额，如此依次往前还原，直至最终计算出产成品各原始成本项目的具体构成金额。具体核算过程在这里就不详细列举了。

（三）分项结转分步法及其应用

分项结转分步法是将上一步骤转入下一步骤的半成品成本，按其原始成本项目分别计入下一步骤产品生产成本明细账中对应的成本项目之中，分项反映各步骤所耗上一步骤的半成品成本。如果半成品通过半成品仓库收发，那么自制半成品明细账也要按照成本项目分别登记半成品成本。

分项结转可以按照半成品的实际单位成本结转，也可按照半成品的计划单位成本结转，然后按成本项目分项调整成本差异。但按计划成本结转的计算工作量太大，因此，在实际工作中，一般采用实际成本分项结转的方法。分项结转分步法的基本原理与综合结转分步法的基本相同。下面通过案例来说明这种方法的基本原理和核算程序。

1. 案例基本情况

乐力工厂主要从事甲产品的生产，该产品经过三个生产车间加工，第一车间投入原材料加工成A半成品，第二车间领用A半成品加工成B半成品，第三车间领用B半成品加工成甲产成品。材料在第一车间生产开始时一次性投入，各步骤的在产品在本步骤的完工程度均为50%。甲产品10月初在产品成本和10月发生的产品成本费用资料见表8-36，10月生产数量资料见表8-37。甲产品10月初在产品成本为146500元，其中第一车间为14500元，第二车间为52000元，第三车间为80000元。在分项结转的情况下，上一步骤转入的半成品成本是按其原始成本项目登记的。因此，10月初在产品成本中各个成本项目的成本数额与在综合结转方式下的不同。

表 8-36 产品生产费用资料

产品:甲产品　　　　　　　　　　　20××年10月　　　　　　　　　　单位:元

项目	第一车间	第二车间	第三车间
月初在产品成本	14500	52000	80000
其中:直接材料	10000	20000	20000
本步骤发生	10000		
上一步骤转入		20000	20000
直接人工	2500	18000	34000
本步骤发生	2500	8000	8000
上一步骤转入		10000	26000
制造费用	2000	14000	26000
本步骤发生	2000	6000	6000
上一步骤转入		8000	20000
本月本步骤发生的产品成本费用	204500	140000	147000
其中:直接材料	110000		
直接人工	52500	80000	84000
制造费用	42000	60000	63000

表 8-37 产品产量资料

产品:甲产品　　　　　　　　　　　20××年10月　　　　　　　　　　单位:件

项目	第一车间	第二车间	第二车间
月初在产品	40	80	80
本月投入或上一步骤转入	440	400	400
本月完工转入下一步骤或交库	400	400	440
月末在产品	80	80	40

要求:采用分项结转分步法计算乐力工厂完工产品的成本。

2. 乐力工厂产品成本核算过程

(1)计算第一车间10月生产A半成品的实际成本。

在逐步结转分步法中,半成品无论是按实际成本综合结转,还是分项结转,在成本核算程序上都是完全相同的。第一车间进行生产甲产品的第一个步骤,没有上一步骤转入费用,半成品按实际成本分项结转或综合结转在成本核算方法上也是完全相同的。乐力工厂第一车间产品生产成本计算单见表8-38,产品生产成本明细账略。

表8-38 第一车间产品生产成本计算单

产品：A半成品　　　　　　　　　20××年10月

项目	直接材料	直接人工	制造费用	合计
月初在产品成本（元）	10000	2500	2000	14500
本月发生产品成本费用（元）	110000	52500	42000	204500
生产费用合计（元）	120000	55000	44000	219000
完工产品数量（件）	400	400	400	
月末在产品约当量（件）	80	40	40	
约当总产量（件）	480	440	440	
费用分配率（元/件）	250	125	100	475
本月完工A半成品总成本（元）	100000	50000	40000	190000
月末在产品成本（元）	20000	5000	4000	29000

（2）计算第二车间10月所生产B半成品的实际成本。

第二车间所生产B半成品成本包括上一步骤（第一车间）转入的A半成品成本。在半成品按实际成本分项结转的情况下，10月第一车间完工转入的400件A半成品的总成本190000元，应当在其原始成本项目分部在第二车间产品生产成本计算单中对应的成本项目栏内登记。第二车间上一步骤转入费用和本步骤发生费用的登记结果见表8-39。

表8-39 第二车间产品生产成本计算单

产品：B半成品　　　　　　　　　20××年10月

项目	直接材料		直接人工		制造费用		合计
	上一步骤转入	本步骤发生	上一步骤转入	本步骤发生	上一步骤转入	本步骤发生	
月初在产品成本（元）	20000		10000	8000	8000	6000	52000
本月本步骤发生费用（元）				80000		60000	140000
本月上步骤转入费用（元）	100000		50000		40000		190000
生产费用合计（元）	120000		60000	88000	48000	66000	382000
完工产品数量（件）	400		400	400	400	400	
月末在产品约当量（件）	80		80	40	80	40	
约当总产量（件）	480		480	440	480	440	
费用分配率（元/件）	250		125	200	100	150	825
本月完工B半成品总成本（元）	100000		50000	80000	40000	60000	330000
月末在产品成本（元）	20000		10000	8000	8000	6000	52000

从表8-39可以看到,在登记第一车间转入的A半成品成本时,都登记在与A半成品成本项目相对应的成本项目中的上一步骤转入栏内。为什么一个成本项目内要分上一步骤转入和本步骤发生两栏呢?这是因为,对于月末在产品来说,上一步骤转入的半成品成本已经全部投入,应当与本月完工产品(半成品或产成品)同等分配产品成本费用;本步骤发生的产品成本尚未全部投入,应当在计算在产品的约当量后,再由月末在产品与本月完工产品一起分配。这样,在采用分项结转方式时,产品生产成本计算单中的每一个成本项目都区分为上一步骤转入费用和本步骤发生费用,有利于正确计算月末在产品成本。为了简化计算,如果各成本项目内不区分上一步骤转入费用和本步骤发生费用,应当在考虑这两种费用投入的不同情况以后,再确定月末在产品各成本项目的完工程度或已完成的定额工时等,正确地将产品生产费用在本月完工产品和月末在产品之间进行分配。

乐力工厂第二车间产品生产费用在本月完工B半成品和月末在产品之间的分配,由于区分了上一步骤转入费用和本步骤发生费用,采用约当产量法计算就比较简便。第二车间月末在产品数量为80件,在各成本项目中上一步骤转入费用栏内的在产品约当量也为80件,即完工程度为100%;本步骤发生费用栏内,在产品约当量为40件,表明月末在产品约当产量是按照本步骤在产品完工程度为50%计算的。表中完工半成品单位成本(费用分配率)、完工半成品总成本和月末在产品总成本的计算过程不再列示。根据成本计算结果,编制结转本月完工入库B半成品成本的会计分录如下:

借:自制半成品——B半成品　　　　　　　　　330000
　贷:基本生产成本——第二车间(B半成品)　　　　　330000

(3)计算第三车间10月所生产甲产成品的实际成本。

乐力工厂第三车间生产的甲产成品成本,包括本步骤发生的产品生产成本和从半成品仓库领用的B半成品成本。在采用分项结转分步法时,自制半成品明细账中的B半成品成本,应当分成本项目登记。采用加权平均法计算发出的(生产领用)半成品成本时,也应当分成本项目计算。

乐力工厂B半成品加权平均单位成本的计算和自制半成品相关资料见表8-40。

表8-40 自制半成品资料

品名:B半成品　　　　　　　20××年10月

项目	数量(件)	金额合计(元)	其中		
			直接材料 (元)	直接人工 (元)	制造费用 (元)
月初结存	80	66000	20000	26000	20000
本月第二车间交库	400	330000	100000	130000	100000
合计	480	396000	120000	156000	120000
加权平均单价		825	250	325	250
本月第三车间领用	400	330000	100000	130000	100000
月末结存	80	66000	20000	26000	20000

根据自制半成品资料中的计算结果,编制结转本月第三车间领用B半成品总成本的会计分录为:

借:基本生产成本——第三车间 (甲产品)　　　　　330000

　　贷:自制半成品——B半成品　　　　　　　　　330000

根据上述会计分录,将第三车间领用B半成品的总成本计入其产品生产成本计算单 (见表8-41) 时,应当分成本项目登记。

表8-41 第三车间产品生产成本计算单

产品:甲产品　　　　　　　20××年10月

项目	直接材料		直接人工		制造费用		合计
	上一步骤转入	本步骤发生	上一步骤转入	本步骤发生	上一步骤转入	本步骤发生	
月初在产品成本 (元)	20000		26000	8000	20000	6000	80000
本月本步骤发生费用 (元)				84000		63000	147000
本月领用B半成品成本 (元)	100000		130000		100000		330000
生产费用合计 (元)	120000		156000	92000	120000	69000	557000
完工产品数量 (件)	440		440	440	440	440	
月末在产品约当量 (件)	40		40	20	40	20	
约当总产量 (件)	480		480	460	480	460	
费用分配率 (元/件)	250		325	200	250	150	1175
本月完工甲产成品总成本 (元)	110000		143000	88000	110000	66000	517000
月末在产品成本 (元)	10000		13000	4000	10000	3000	40000

第三车间产品生产成本计算单中，有关月末在产品约当量、完工产品单位成本（费用分配率）、完工甲产成品总成本和月末在产品成本的计算过程，与第二车间相同，这里不再列示。根据表8-41成本计算结果，编制乐力工厂完工产品成本汇总表（见表8-42）。

表8-42 完工产品成本汇总表

产品：甲产品　　　　　产量：440件　　　　　20××年10月　　　　　金额单位：元

项目	直接材料	直接人工	制造费用	合计
本月完工产成品总成本	110000	231000 （143000＋88000）	176000 （110000＋66000）	517000
本月完工产成品单位成本	250	525	400	1175

根据完工产品成本汇总表，编制结转完工入库甲产成品总成本的会计分录如下：

借：库存商品——甲产品　　　　　　　　　　517000

贷：基本生产成本——第三车间（甲产品）　　517000

表8-42的计算结果表明，10月完工甲产成品440件的实际总成本为517000元，其中直接材料费用为110000元、直接人工费用为231000元、制造费用为176000元。由此可见，采用分项结转分步法结转半成品成本，可以直接地、准确地提供按原始成本项目反映的企业产品成本资料，不需要进行成本还原。但是，这种方式下，产品生产成本明细账中各个成本项目都要区分上一步骤转入费用和本步骤发生费用，自制半成品明细账登记的生产成本也要分成本项目反映，成本计算、结转和登记的工作量比较大。

这种方法一般适用于管理上只要求按原始成本项目计算产品成本，不要求计算各步骤完工产品所耗半成品成本和本步骤加工费用的企业。

五、逐步结转分步法的优缺点和适用条件

（一）逐步结转分步法的优点

（1）能够提供各生产步骤完工半成品成本的资料。

（2）有利于对在产品的实物管理和资金管理。半成品成本随实物的流转而结转，因而能为在产品的实物管理及相应的资金管理提供资料。

（3）有利于成本分析与考核，从而加强成本管理。分项结转分步法可以直接提供按原始成本项目反映的产品成本资料，便于企业从整体角度分析与考核成本的构成及其水平；而综合结转分步法可以直接提供各生产步骤所耗上一步骤半成品费用和本步骤加工费用，从而有利于各步骤的成本管理。

（二）逐步结转分步法的缺点

（1）成本核算的工作比较复杂，核算工作量大。若采用综合结转分步法，则需进行成本还原；若采用分项结转分步法，半成品成本的结转及登账工作量又较大。

（2）成本核算工作的及时性差。在逐步结转分步法下，下一步骤的成本计算必须要在上一步骤的成本计算完成后才能进行，各步骤不能同时计算出完工产品的实际成本。

如此，采用这一方法时，必须要从企业实际出发，根据成本管理的要求，权衡利弊，做到既满足管理要求，提供所需的各种资料，又能简化核算工作。

（三）逐步结转分步法的适用条件

逐步结转分步法一般适用于半成品的种类不多，逐步结转半成品成本的工作量不是很大的情况，或者半成品种类虽然较多但管理上要求必须提供各步骤半成品成本数据的情况。

子任务三　平行结转分步法的核算应用

平行结转分步法

一、平行结转分步法的概念

平行结转分步法，是指不计算各生产步骤所生产半成品的成本，也不计算所耗上一步骤的半成品成本,按生产步骤归集生产费用,只计算各步骤生产费用应计入产成品成本的"份额",然后将各步骤计入产品的"份额"平行结转汇总,计算出产成品成本的一种方法,亦称不计算半成品成本的分步法。

二、平行结转分步法的特点

(1)不计算上一步骤转入的半成品成本,也不计算所产半成品成本,只计算本步骤发生的各项生产费用及应计入最终产成品成本的"份额"。

(2)半成品的成本不随实物的流转而结转,实物流转与其成本流转相脱节。

(3)完工产品成本由各步骤应计入产成品成本的"份额"平行汇总而成。

(4)各个生产步骤的生产费用也需要在完工产品与月末在产品之间分配。这里所说的生产费用是指本步骤所发生的费用,完工产品是指企业最终完工的产成品,在产品是指广义的在产品,即包括:①本步骤正在加工的在制品(狭义的在产品);②本步骤已经加工完成转入半成品仓库的半成品;③已经转入其他各生产步骤继续加工,但尚未最终制成产成品的自制半成品。

三、平行结转分步法的成本计算程序

(1)按每种产品的品种及其所经过的生产步骤设置"基本生产成本明细账",归集产品生产费用。

(2)各生产步骤分成本项目只登记归集本步骤发生的生产费用,不计算耗用上一步骤的半成品成本及本步骤完工的半成品成本。

(3)月末各步骤将发生的生产费用在最终产成品和本步骤广义的在产品之间进行分配,计算各步骤生产费用中应计入最终产成品成本的"份额"。

(4)将各生产步骤计入产成品成本的"份额"平行结转汇总,即为完工产品成本。

平行结转分步法的关键在于正确确定各步骤的广义在产品数量和合理计算各步骤应计入产成品成本的"份额"。各步骤应计入产成品成本的份额，一般按下列公式计算：

某步骤应计入产成品成本的份额＝产成品数量×单位产成品耗用该步骤半成品数量×该步骤半成品单位成本

其中"该步骤半成品单位成本"，在实际计算时，要分成本项目来计算它的分配率。按成本项目计算分配率时可采用定额比例法或约当产量法来计算。本书只介绍按约当产量法计算分配率。

某步骤某项费用分配率＝（该步骤该项费用期初在产品成本＋本步骤该项费用本期发生额）÷（产成品数量＋该步骤期末广义在产品约当产量）

期末广义在产品约当产量要分成本项目计算确定。

某步骤分配材料费用的期末广义在产品约当产量＝已经在本步骤加工而留存用于以后各步骤（含半成品库）的月末半成品数量＋本步骤期末在产品数量×本步骤期末在产品投料程度

某步骤分配人工、制造费用等的期末广义在产品约当产量＝已经在本步骤加工而留存用于以后各步骤（含半成品库）的月末半成品数量＋本步骤期末在产品数量×本步骤期末在产品加工程度

某步骤某项费用应计入产成品份额＝产成品数量×单位产成品耗用该步骤半成品数量×该步骤该项费用应计入产成品费用分配率

某步骤某项费用期末在产品成本＝该步骤该项费用期初在产品成本＋该步骤该项费用本期发生额－该步骤该项费用应计入产成品成本份额

四、平行结转分步法的具体应用

泽力工厂生产的丙产品经过三个生产步骤完成，第一步骤生产甲半成品，第二步骤生产乙半成品，第三步骤生产丙产成品。原材料于加工开始时一次性投入，各步骤下在产品加工程度为50%。由于该产品在各步骤形成的半成品不对外销售，管理上也不需要核算各步骤半成品生产

成本,所以为简化核算,企业采用平行结转分步法计算产品成本,而且采用约当产量法计算各步骤应计入产成品的成本份额。20××年8月有关资料见表8-43和表8-44。

表8-43　产品生产产量记录表

20××年8月　　　　　　　　　　　　　　　　　　　　　　　　　产品单位:件

项目	第一步骤	第二步骤	第三步骤
月初在产品数量	80	60	20
本月投产数量	340	400	360
本月完工产品数量	400	360	300
期末各车间在产品数量	20	100	80

表8-44　产品成本费用表

20××年8月　　　　　　　　　　　　　　　　　　　　　　　　　金额单位:元

生产步骤	项目	直接材料	直接人工	制造费用	合计
第一步骤	月初在产品成本	1250	755	2090	4095
	本月发生生产费用	22750	11495	13100	47345
第二步骤	月初在产品成本		826	620	1446
	本月发生生产费用		9064	5400	14464
第三步骤	月初在产品成本		1565	928	2493
	本月发生生产费用		5915	4852	10767

根据上述资料,计算各步骤应计入产品成本的份额,并编制相关的产品成本计算单。

解析:采用约当产量法计算各步骤应计入产品成本的份额。

第一步骤成本计算:

①直接材料费用。

广义在产品约当产量 = 20×100% + 100 + 80 = 200(件)

直接材料费用分配率 = (1250 + 22750)÷(300 + 200) = 48(元/件)

直接材料费用应计入产成品成本份额 = 300×48 = 14400(元)

期末广义在产品直接材料费用 = 1250 + 22750 - 14400 = 9600(元)

②直接人工费用。

广义在产品约当产量 = 20×50% + 100 + 80 = 190(件)

直接人工费用分配率＝（755＋11495）÷（300＋190）＝25（元/件）

直接人工费用应计入产成品成本份额＝300×25＝7500（元）

期末广义在产品直接人工费用＝755＋11495－7500＝4750（元）

③制造费用。

广义在产品约当产量＝20×50%＋100＋80＝190（件）

制造费用分配率＝（2090＋13100）÷（300＋190）＝31（元/件）

制造费用应计入产成品成本份额＝300×31＝9300（元）

期末广义在产品制造费用＝2090＋13100－9300＝5890（元）

将上述计算结果，列入基本生产成本计算单，见表8-45。

表8-45 第一步骤成本计算单

产品名称:丙产品　　　　　　　　　　完工数量:300件

项目	直接材料	直接人工	制造费用	合计
月初在产品成本（元）	1250	755	2090	4095
本月发生生产费用（元）	22750	11495	13100	47345
合计（元）	24000	12250	15190	51440
约当总量（件）	500	490	490	
费用分配率（元/件）	48	25	31	104
应计入产成品成本的份额（元）	14400	7500	9300	31200
期末广义在产品成本（元）	9600	4750	5890	20240

第二步骤成本计算:

①直接人工费用。

广义在产品约当产量＝100×50%＋80＝130（件）

直接人工费用分配率＝（826＋9064）÷（300＋130）＝23（元/件）

直接人工费用应计入产成品成本份额＝300×23＝6900（元）

期末广义在产品直接人工费用＝826＋9064－6900＝2990（元）

②制造费用。

广义在产品约当产量＝100×50%＋80＝130（件）

制造费用分配率＝（620＋5400）÷（300＋130）＝14（元/件）

制造费用应计入产成品成本份额＝300×14＝4200（元）

期末广义在产品制造费用＝620＋5400－4200＝1820（元）

将上述计算结果，列入基本生产成本计算单，见表8-46。

表8-46 第二步骤成本计算单

产品名称：丙产品　　　　　　　　完工数量：300件

项目	直接材料	直接人工	制造费用	合计
月初在产品成本（元）		826	620	1446
本月发生生产费用（元）		9064	5400	14464
合计（元）		9890	6020	15910
约当总量（件）		430	430	
费用分配率（元/件）		23	14	37
应计入产成品成本的份额（元）		6900	4200	11100
期末广义在产品成本（元）		2990	1820	4810

第三步骤成本计算：

①直接人工费用。

广义在产品约当产量＝80×50%＝40（件）

直接人工费用分配率＝（1565＋5915）÷（300＋40）＝22（元/件）

直接人工费用应计入产成品成本份额＝300×22＝6600（元）

期末广义在产品直接人工费用＝1565＋5915－6600＝880（元）

②制造费用。

广义在产品约当产量＝80×50%＝40（件）

制造费用分配率＝（928＋4852）÷（300＋40）＝17（元/件）

制造费用应计入产成品成本份额＝300×17＝5100（元）

期末广义在产品制造费用＝928＋4852－5100＝680（元）

将上述计算结果，列入基本生产成本计算单，见表8-47。

表8-47 第三步骤成本计算单

产品名称：丙产品　　　　　　　　完工数量：300件

项目	直接材料	直接人工	制造费用	合计
月初在产品成本（元）		1565	928	2493
本月发生生产费用（元）		5915	4852	10767
合计（元）		7480	5780	13260
约当总量（件）		340	340	

项目	直接材料	直接人工	制造费用	合计
费用分配率（元/件）		22	17	39
应计入产成品成本的份额（元）		6600	5100	11700
期末广义在产品成本（元）		880	680	1560

丙产品按成本项目平行汇总：

直接材料费用应计入产成品成本份额汇总＝14400（元）

直接人工费用应计入产成品成本份额汇总＝7500＋6900＋6600＝21000（元）

制造费用应计入产成品成本份额汇总＝9300＋4200＋5100＝18600（元）

丙产品总成本合计＝14400＋21000＋18600＝54000（元）

丙产品的具体成本情况见表8-48。

表8-48　丙产成品成本汇总表

产品名称：丙产品　　　　　　　　完工数量：300件　　　　　　　金额单位：元

项目	直接材料	直接人工	制造费用	合计
第一步骤应计入产成品成本份额	14400	7500	9300	31200
第二步骤应计入产成品成本份额		6900	4200	11100
第三步骤应计入产成品成本份额		6600	5100	11700
产成品总成本	14400	21000	18600	54000
产品单位成本	48	70	62	180

由上述例题可以看出，采用平行结转分步法因为不计算各步骤半成品成本，只是平行汇总各步骤应计入产成品成本的份额，所以简化了各步骤的成本计算工作，减少了各步骤结转成本前后的等待时间；经过汇总以后的产成品成本，能够直接反映各成本项目的结构，不需要进行成本还原。但这一方法也在不同程度上影响了各步骤成本管理所需资料的提供，不能全面反映各步骤的生产耗费和半成品成本的情况，不便于加强车间成本管理。

五、平行结转分步法的优缺点和适用情况

（一）平行结转分步法的优点

（1）可以同时计算各步骤应计入产成品成本的份额，再通过平行结转汇总计算产成品成本，不必逐步结转半成品成本，简化和加速了成本计算工作。

（2）能够直接提供按原始成本项目反映的产品成本资料，不必进行成本还原。

（二）平行结转分步法的缺点

（1）不能提供各步骤半成品成本资料及各步骤所耗上一步骤半成品成本资料，不能全面反映各步骤的生产费用水平（第一步骤除外），不利于各步骤的成本管理。

（2）由于各步骤间不结转半成品成本，使半成品实物流转与其成本结转相脱节，不利于各步骤在产品的实物管理和资金管理。

（三）平行结转分步法的适用情况

平行结转分步法一般适合半成品种类较多而管理上不要求提供各步骤半成品成本资料的企业采用。如采用这种方法，企业应加强对各步骤在产品收、发、存的数量核算，以便为在产品的实物管理及资金管理提供资料。

六、平行结转分步法与逐步结转分步法的比较

（一）成本管理的要求不同

逐步结转分步法在管理上要求计算半成品成本，是计算半成品成本的分步法；平行结转分步法在管理上要求分步归集生产费用，但不要求计算半成品成本，是不计算半成品成本的分步法。要不要计算自制半成

品成本,取决于企业成本管理的需要。因此,这两种方法的区别首先表现在它们体现了不同的成本管理要求。

(二)产成品成本的计算方式不同

平行结转分步法是通过汇总各步骤应计入相同产成品成本的份额,来求得产成品成本。其中,各步骤只归集本步骤发生的生产费用,可以同时计算应计入产成品成本的份额,不需要等待,这样可以简化和加速成本核算工作。

逐步结转分步法是按照产品成本核算所划分的步骤,逐步计算和结转半成品成本,直到最后步骤计算出产成品成本。各步骤的成本核算要等待上一步骤的成本核算结果出来后才能进行。半成品按实际成本综合结转时,为了从整个企业的角度反映产品成本的构成,必须进行成本还原,从而增加了成本核算的工作量。

(三)在产品的含义不同

平行结转分步法下,在产品是指广义的在产品。它不仅包括本步骤正在加工的在产品,还包括经过本步骤加工完毕,交给后续步骤但尚未最终完工的所有半成品。半成品的成本不随实物的流转而结转至下一步骤,对于半成品仓库只进行数量核算。该方法中,各步骤产品生产成本明细账中的月末在产品成本无法反映本步骤月末在产品的实际成本,不利于加强在产品和自制半成品的管理。

而逐步结转分步法下,在产品是指狭义的在产品,即本步骤加工的在产品。其中,半成品的成本随着实物的流转而结转,对于半成品要设置"自制半成品"科目,同时进行数量和金额的核算。如此,各步骤产品生产成本明细账中的月末在产品成本与该步骤月末在产品的实物一致,这有利于加强在产品和自制半成品的管理。

同步快速测试

一、单项选择题

1. 产品成本计算最基本的方法是（　　　）。

A.分批法　　　　B.分类法　　　　C.品种法　　　　D.分步法

2. 下列不属于成本计算基本方法的是（　　　）。

A.品种法　　　　B.分批法　　　　C.分类法　　　　D.分步法

3. 生产特点和管理要求对于产品成本计算的影响，主要表现在（　　　）。

A.产品生产的品种上　　　　　　B.成本计算的程序上

C.产品生产的批次上　　　　　　D.成本计算对象的确定上

4. 区别各种成本计算基本方法的主要标志是（　　　）。

A.成本计算日期　　　　　　　　B.成本计算对象

C.间接费用的分配方法　　　　　D.完工产品与在产品之间分配费用的方法

5. 品种法适用的生产组织形式是（　　　）。

A.大量大批生产　　　　　　　　B.大量成批生产

C.大量小批生产　　　　　　　　D.单件小批生产

6. 以产品批别为成本计算对象的产品成本计算方法，称为（　　　）。

A.品种法　　　　B.分步法　　　　C.分批法　　　　D.分类法

7. 分批法适用的生产组织形式是（　　　）。

A.大量生产　　　　　　　　　　B.成批生产

C.单件生产　　　　　　　　　　D.单件小批生产

8. 在采用分批法时，产品成本明细账的设立和结账，应与（　　　）的签发和结束密切配合，协调一致，以保证各批产品成本计算的正确性。

A. 生产任务通知单（或生产令号）　　B.领料单

C.订单　　　　　　　　　　　　　　D."生产成本"总账

9. 如果同一时期内,在几张订单中有相同的产品,则计算成本时可以(　　　)。

A.按订单分批组织生产

B.按品种分批组织生产

C.按产品的组成部分分批组织生产

D.将相同产品合为一批组织生产

10. 采用简化分批法,在各批产品完工以前,产品成本明细账(　　　)。

A.不登记任何费用　　　　　　B.只登记间接费用

C.只登记原材料费用　　　　　D.只登记直接费用和生产工时

11. 采用分步法计算产品成本时,生产成本明细账的设立应按照(　　　)。

A.生产批别　　　　　　　　　B.生产步骤和产品品种

C.生产车间　　　　　　　　　D.成本项目

12. 采用逐步结转分步法时,完工产品与在产品之间的费用分配,是指在(　　　)之间的费用分配。

A.产成品与月末在产品

B.完工半成品与月末加工中的在产品

C.产成品与广义的在产品

D.前面步骤的完工半成品与加工中的在产品,最后步骤的产成品与加工中的在产品

13. 半成品成本流转与实物流转相一致,又不需要成本还原的方法是(　　　)。

A.逐步结转分步法　　　　　　B.分项结转分步法

C.综合结转分步法　　　　　　D.平行结转分步法

14. 成本还原的对象是(　　　)。

A.产成品成本

B.各步骤所耗上一步骤半成品的综合成本

C.各步骤半成品成本

D.最后步骤的产成品成本

15.采用平行结转分步法计算产品成本时,不论半成品是否在各步骤间直接转移,还是通过半成品库收发,其总分类核算（　　　）。

A.均不通过"自制半成品"账户进行

B.均通过"自制半成品"账户进行

C.均在"基本生产成本"明细账内部转账

D.均设"库存半成品"账户进行

二、多项选择题

1.品种法适用于（　　　）。

A.大量大批单步骤生产企业

B.大量大批多步骤生产但管理上不要求分步计算成本的企业

C.大量大批多步骤生产而且在管理上要求分步计算成本的企业

D.小批单件生产企业

2.受生产特点和管理要求的影响,产品成本计算对象包括（　　　）。

A.产品类别　　　　　　　　B.产品品种

C.产品批别　　　　　　　　D.产品生产步骤

3.企业在确定成本计算方法时,必须从企业的具体情况出发,同时考虑（　　　）。

A.企业的生产特点　　　　　B.月末有没有在产品

C.企业生产规模的大小　　　D.成本管理的要求

4.下列企业中,适合用品种法计算产品成本的有（　　　）。

A.发电企业　　　　　　　　B.汽车制造企业

C.采掘企业　　　　　　　　D.船舶制造企业

5.分批法适用于（　　　）。

A.单件生产　　　　　　　　B.小批生产

C.单步骤生产　　　　　　　D.管理上不要求分步计算成本的多步骤生产

6.下列关于分批法的说法中不正确的有（　　　）。

A.分批法也称定额法

B.分批法适用于小批单件及大批生产

C.按产品批别计算产品成本也就是按照订单计算产品成本

D.如果一张订单中有几种产品,也应合为一批组织生产

7. 在简化的分批法下,基本生产成本明细账登记的内容有
(   )。

A.直接计入成本的费用

B.完工月份分配结转的直接计入费用

C.完工月份分配结转的间接计入费用

D.当月发生的生产工时

8. 累计间接费用分配率是 (   )。

A.在各车间产品之间分配间接费用的依据

B.在各批产品之间分配间接费用的依据

C.在完工批别与月末在产品批别之间分配该费用的依据

D.在某批产品的完工产品与月末在产品之间分配该费用的依据

9. 采用综合结转法,应将各步骤所耗用的半成品成本,以(   )
项目综合记入其生产成本明细账中。

A."直接材料"   B."直接人工"

C."自制半成品"   D."制造费用"

10. 广义的在产品包括(   )。

A.尚在本步骤加工的在产品

B.企业最后一个步骤的完工产品

C.转入各半成品库的半成品

D.已从半成品库转到后续各步骤进一步加工、尚未最后制成的产成品

11. 逐步结转分步法的特点有(   )。

A.可以计算出半成品成本

B.半成品成本随着实物的流转而结转

C.期末在产品是指狭义的在产品

D.期末在产品是指广义的在产品

12. 平行结转分步法的特点是（　　　）。

A.各步骤不计算半成品成本，只计算本步骤发生的生产费用

B.各步骤之间不结转半成品成本

C.各步骤应计算本步骤发生的生产费用中应计入产成品成本的"份额"

D.将各步骤应计入产成品成本的"份额"平行结转，汇总计算产成品的总成本和单位成本

13. 平行结转分步法与逐步结转分步法相比，缺点有（　　　）。

A.各步骤不能同时计算产品成本

B.需要进行成本还原

C.不能为实物管理和资金管理提供资料

D.不能提供各步骤的半成品成本资料

三、判断题

1. 品种法在大量大批多步骤的生产企业，无论其管理要求如何，均不适用。　　　　　　　　　　　　　　　　　　　（　　）

2. 从成本计算对象和成本计算程序来看，品种法是产品成本计算最基本的方法。　　　　　　　　　　　　　　　　　　（　　）

3. 品种法的成本计算期与会计报告期一致，与生产周期不一致。

（　　）

4. 分批法成本计算期与产品生产周期一致。　　　　　（　　）

5. 分批法一般不需要在完工产品和期末在产品之间分配生产费用，但一批产品跨月陆续完工时，也需要进行分配。　　　　（　　）

6. 采用简化的分批法，必须设立基本生产成本二级账。　（　　）

7. 在逐步结转分步法下，不论是综合结转还是分项结转，半成品成本都是随着半成品实物的流转而逐步结转的。　　　　（　　）

8. 采用分项结转法结转半成品成本，可以直接正确提供按原始成本项目反映的企业产品成本资料，而无须进行成本还原。　（　　）

9. 成本还原改变了产成品成本的构成，但不会改变产成品的成本总额。　　　　　　　　　　　　　　　　　　　　　（　　）

10. 在平行结转分步法下,各步骤在产品成本与在产品实物量不相一致。　　　　　　　　　　　　　　　　　　　　（　　　）

四、实务操作题

（一）品种法的应用

资料:某厂采用品种法计算产品成本。企业设有一个基本生产车间,生产甲、乙两种产品,还设有一个辅助生产车间——运输车间。该厂20××年5月有关产品成本核算资料如下。

（1）产量资料见表8-49。

表8-49　产量

产品名称	月初在产品（件）	本月投产（件）	完工产品（件）	月末在产品（件）	完工率（%）
甲	800	7200	6500	1500	60
乙	320	3680	3200	800	40

（2）月初在产品成本见表8-50。

表8-50　月初在产品成本

金额单位:元

产品名称	直接材料	直接人工	制造费用	合计
甲	8090	5860	6810	20760
乙	6176	2948	2728	11852

（3）本月发生的生产费用情况。

①材料费用。生产甲产品耗用4410元的材料,生产乙产品耗用3704元的材料,生产甲、乙产品共同耗用9000元的材料（甲产品材料定额耗用量为3000千克,乙产品材料定额耗用量为1500千克）。运输车间耗用了900元的材料,基本生产车间耗用1938元的材料。

②工资费用。生产工人工资为10000元,运输车间人员工资为800元,基本生产车间管理人员工资为1600元。

③其他费用。运输车间固定资产折旧费为200元,水电费为160元,办公费为40元。基本生产车间厂房、机器设备折旧费为5800元,水电

费为260元,办公费为402元。

（4）工时记录。甲产品耗用实际工时为1800小时,乙产品耗用实际工时为2200小时。

（5）本月运输车间共完成2100千米的运输工作量,其中基本生产车间耗用2000千米,企业管理部门耗用100千米。

（6）该厂有关费用分配方法的情况。

①甲、乙产品共同耗用材料按定额耗用量比例分配。

②生产工人工资按甲、乙产品工时比例分配。

③辅助生产费用按运输千米比例分配。

④制造费用按甲、乙产品工时比例分配。

⑤按约当产量法分配计算甲、乙完工产品和月末在产品成本。甲产品耗用的材料随加工程度陆续投入,乙产品耗用的材料于生产开始时一次性投入。

要求:采用品种法计算甲、乙产品成本。

（二）分批法的应用

资料:某公司生产A和B两种产品,生产组织形式为小批生产,成本计算采用分批法进行。

2月份的产品批号为:2010批号A产品12件,本月投产,本月完工8件;2011批号B产品12件,本月投产,本月完工3件 。

2月份各批号生产费用资料见表8-51:2010批号A产品完工数量较大,原材料在生产开始时一次性投入,生产费用在完工产品与在产品之间采用约当产量比例法分配,在产品完工程度为50%。2011批号B产品完工数量较少,完工产品按计划成本结转。每件产品单位计划成本:直接材料费为3180元,直接工资为4400元,其他直接支出为860元,制造费用为2500元。

表8-51 本月各批产品生产费用

金额单位:元

批号	直接材料	直接工资	其他直接支出	制造费用
2010	39990	24660	6020	29980
2011	46875	36795	7300	20012

要求：根据上述资料,采用分批法计算各批产品的完工成本和月末在产品成本,并登记产品成本明细账。

（三）分步法的应用

长城工厂有两个车间,第一车间生产A半成品,第二车间再将A半成品加工为B产成品。产品成本的计算采用逐步结转分步法。

20××年4月车间月初及本月生产费用情况如下。

（1）第一车间本月完工A半成品55件（其中50件交第二车间继续加工,5件交半成品仓库),期末有在产品20件,加工程度为75%,第一车间的生产是逐步投料,逐步加工。

（2）第二车间本月完工B产品30件,期末有在产品20件,加工程度为50%,第二车间的生产是一次性投料,逐步加工。

（3）两个车间发生的生产费用见表8-52。

表8-52 生产费用

金额单位:元

摘要	直接材料	直接人工	制造费用
第一车间月初在产品成本	6068	1626	1652
第一车间本月发生成本	22450	4310	3640
第二车间本月发生成本		3960	4860

要求：（1）计算第一车间A半成品的成本,编制第一车间成本计算单。

（2）采用综合结转分步法计算第二车间B产品成本,编制第二车间成本计算单。

（3）对综合结转分步法下的自制半成品进行成本还原,计算按原始成本项目反映的产成品的成本。

项目九　产品成本核算的辅助方法

学习目标

知识目标：了解定额法、分类法的概念、原理、特点及适用情况，掌握定额法的计算程序及定额法各种差异的计算、调整和分配，掌握分类法的成本核算程序及定额比例法的计算步骤，熟知系数分配法的计算步骤和标准产品的确定及系数的计算，掌握联产品、副产品、等级产品的成本核算。

技能目标：能运用所学定额法及分类法的相关核算原理核算产品成本案例，培养和提高学生在特定业务情境中分析问题与解决问题的能力；能依照《会计职业道德规范》，分析会计人员行为的善恶，强化学生的职业道德素质。

学习情境

乐力工厂采用定额法计算生产的甲产品的成本。其20××年3月有关甲产品原材料费用的资料如下：

（1）月初在产品定额费用为1400元，月初在产品脱离定额的差异为节约20元，月初在产品定额费用调整为降低20元。定额变动差异全部由完工产品负担。

（2）本月定额费用为5600元，本月脱离定额的差异为节约400元。

（3）本月原材料成本差异率为节约2.5%，材料成本差异全部由完工产品负担。

（4）本月完工产品的定额费用为6000元。

问题：分析该厂如何核算甲产品成本。

任务一 认识定额法

前述各种成本计算基本方法,有关产品生产费用的日常核算都是按照实际发生额进行的,产品的实际成本也都是根据实际产品生产费用计算的。因此对产品生产费用的定额或计划执行情况,只有在月末通过对实际材料与定额材料的对比、分析才能确定,而不能在费用发生的当时得到反映,因而还不能有效地发挥成本核算对于控制费用、节约开支、寻找降低产品成本途径的应有作用。在实际成本核算工作中,我们还可以采用定额法对产品成本进行核算。

一、定额法概述

定额法就是为了及时地反映和监督产品生产费用和产品实际成本脱离定额成本的差异,配合企业加强产品成本费用和产品成本的定额管理而采用的一种成本计算方法。采用这种方法计算产品成本,要求在生产耗费发生的当时,就分别计算符合定额的费用和脱离定额的差异,并在产品定额成本的基础上加减各种差异,计算产品的实际成本。

二、定额法的特点

1. 事前制定产品的定额成本

定额法与计算产品成本的品种法、分批法和分步法不同,它是以产品的定额成本为基础来计算产品的实际成本的。采用定额法计算产品成本,企业必须事前制定产品的各项消耗定额和费用定额,并以现行消耗定额和费用定额为依据,制定产品的定额成本,作为降低产品成本、节约费用支出的目标。

2. 分别核算符合定额的费用和脱离定额的差异

采用定额法计算产品成本,在生产费用发生的当时,就应当分别核算符合定额的费用和脱离定额的差异,及时解释实际生产费用脱离定额的差异,以加强对生产费用和产品成本的日常核算分析和控制。

3. 以定额成本为基础，加、减各种成本差异来求得实际成本

定额法是一种将成本计算和成本管理相结合的方法。作为成本计算方法，它应当计算出产品的实际成本。在品种法、分批法和分步法下，完工产品的实际成本是根据月初在产品实际成本加上本月实际发生的生产费用减去月末在产品实际成本的计算公式求得的。而在定额法下，完工产品的实际成本是以完工产品定额成本为基础加上或减去完工产品应负担的脱离定额差异、材料成本差异、定额变动差异等成本差异以后求得的。

三、定额法的适用范围

定额法是为了加强成本管理，进行成本控制而采用的一种将成本计算与成本管理相结合的方法。它不是成本计算的基本方法，与企业生产类型没有直接联系。定额法主要适用于定额管理制度比较健全，定额管理基础比较好，产品生产已经定型，各项消耗定额比较准确、稳定的企业。定额法最早应用于大量大批生产的机械制造企业，后来逐渐扩大到具备上述条件的其他企业。虽然定额法的核算过程和手续比较烦琐，但其对企业的成本控制是非常重要的。定额法能及时反映、监督产品成本脱离定额的差异，有利于加强日常定额管理和成本控制；能弥补其他成本计算方法只有在月末之后才能确定成本定额差异的缺陷；能及时核算并确定定额成本差异，并分析产生差异的原因，因而能将成本核算、成本分析、成本控制与成本考核有机地结合起来。

四、定额法的计算

采用定额法计算产品成本时，实际成本的计算公式如下：

实际成本＝定额成本±脱离定额差异±材料成本差异±定额变动差异

定额成本是指根据企业在一定时期所实行的各种消耗的定额为基础计算的一种预计产品成本。

脱离定额差异是指产品成本和费用支出脱离现行定额或预算的数

额,它标志着各项产品成本和费用支出的合理程度。

材料成本差异是指在定额法下,材料或半成品的日常核算以计划成本计价而产生的材料或半成品实际成本与计划成本的差异,它反映所耗材料或半成品的价差。

定额变动差异是指因为修订消耗定额而产生的新、旧定额成本之间的差额。它与产品成本费用的超支或节约无关,是定额成本修订的结果。

1. 定额成本的计算

定额成本一般是以产品现行的消耗定额和计划价格或费用的计划分配率为依据的,并分成本项目计算。其具体计算公式如下:

某产品直接材料定额成本＝产品原材料消耗定额×原材料计划单位成本

某产品直接人工定额成本＝产品生产工时定额×计划小时工资率

某产品制造费用定额成本＝产品生产工时定额×计划小时费用率

某产品定额成本＝直接材料定额成本＋直接人工定额成本＋制造费用定额成本

定额成本一般是通过编制"定额成本计算表"的方式进行计算的。企业的具体情况不同,其"定额成本计算表"的编制方法也不一样。它主要受产品的结构、产品零部件的多少等因素影响。如果产品的零部件不多,一般先计算零件的定额成本,然后再汇总计算部件和产成品的定额成本。如产品的零部件较多,为了简化成本计算工作,也可以不计算零部件的定额成本,而根据列有零件材料消耗定额、工序计划、工时消耗定额的零部件定额卡,以及材料计划单价、计划的工资率和费用率,计算零部件的定额成本,然后汇总计算产品定额成本,或者根据零部件的定额卡直接计算产成品定额成本。

2. 定额差异的计算

定额差异的计算是采用定额法计算产品成本的一个重要环节。对于定额差异,一般是按成本项目进行计算的。

(1)直接材料费用脱离定额差异的计算。直接材料费用脱离定额差异的计算一般采用如下三种方法。

①限额领料法。限额领料法是指根据企业制定的材料消耗定额来核算材料定额差异的一种方法。一般采用本方法时,企业应基于限额领料制度。这种方法运用限额领料单和限额领料卡来反映材料领用数量和实际耗用数量。符合定额的材料应根据限额领料单等定额凭证领发,如果增加产品产量或需要增加用料,必须办理追加手续,然后根据定额凭证领发。由于其他原因需要超额领料或者领用代用材料,要填写专设的超额材料领用单、代用材料领用单等差异凭证,经过一定的审批手续后领发。超额领用的材料,全部是定额差异;代用材料的数量并不都是定额差异,要先计算出所领代用材料相当于原定材料的数量,然后再计算出差异。

业务链接9-1:限额领料法下材料定额差异的计算。

某家具厂本月生产甲产品500件,单位产品A材料消耗定额10千克,A材料的计划单价为每千克6元,超额材料领料单本月登记数量为80千克。请计算材料脱离定额差异。

甲产品材料定额成本 $= 500 \times 10 \times 6 = 30000$(元)

甲产品A材料脱离定额差异 $= 80 \times 6 = 480$(元)

②切割法。为了更好地控制用料差异,对于需要切割才能使用的材料,如板材、棒材等,可以通过材料切割核算单来计算材料脱离定额的差异,控制用料。

材料切割核算单应当按切割材料的批别开立,填列切割材料的种类、数量、消耗定额及应切割的毛坯数量;切割完成后,填列实际切割成毛坯的数量和材料的实际消耗量等。根据切割的毛坯数量和消耗定额,计算出材料的定额耗用量后,可以将定额耗用量与实际耗用量相比,确定脱离定额的差异。

业务链接9-2:切割法下材料定额差异的计算。

顺达玻璃厂发出材料500千克,切割成150个零件毛坯,每个零件消耗定额为3千克,每千克材料计划单价为5元。请计算材料定额差异。

定额耗用量 $= 150 \times 3 = 450$(千克)

材料定额差异(数量) $= 500 - 450 = 50$(千克)

材料定额差异（全额）＝5×50＝250（元）

③盘存法。对于不能采用切割法核算的材料，为了更好地控制用料，可通过盘存法核算用料差异。其具体做法是：根据完工产品数量和在产品盘存数量计算产品投产数量；将产品投产数量乘以材料消耗定额，计算出材料消耗定额消耗量；根据限额领料单、超额领料单和退料单等凭证，以及车间余料的盘存资料，计算出材料实际消耗量；最后将材料的定额消耗量与实际耗用量对比，确定材料脱离定额差异。

这种方法一般适用于原材料在生产开始时一次性投入的产品。其计算公式如下：

本期投产产品数量＝本期完工产品数量＋期末盘存在产品数量－期初盘存在产品数量

直接材料脱离定额差异＝（本期材料实际消耗量－本期投产产品数量×单位产品材料消耗定额）×材料计划单价

业务链接9-3：盘存法下材料脱离定额差异的计算。

红星公司生产甲产品，原材料在生产开始时一次性投入，单位产品A材料消耗定额为20千克，A材料的计划单价为每千克10元。甲产品期初在产品有40件，本期完工入库产品为1000件，期末实地盘点确定的在产品为50件。根据限额领料单的记录，本期生产甲产品领用20000千克的A材料；根据车间材料盘存资料，A材料车间期初余料为80千克，期末余料为100千克。请计算材料脱离定额差异。

本期投产甲产品数量＝1000＋50－40＝1010（件）

本期A材料定额消耗量＝1010×20＝20200（千克）

本期A材料实际消耗量＝20000＋80－100＝19980（千克）

本期材料脱离定额差异＝（19980－20200）×10＝－2200（元）

无论采用哪种方法核算原材料定额消耗量和脱离定额差异，都应分批或定期汇总各种产品材料脱离定额差异，编制直接材料定额成本和脱离定额差异汇总表，作为登记产品生产成本明细账的依据。

（2）直接人工费用脱离定额差异的计算。直接人工费用脱离定额差异的计算，因采用工资形式不同而有所区别。

在计件工资形式下，生产工人工资脱离定额差异的核算与原材料脱离定额差异的核算类似。其计算公式为：

直接人工定额费用＝计件数量×计件单价

计件单价＝计件单位工时人工费用÷每工时产量定额

在计时工资形式下，生产工人工资脱离定额的差异平时不能按产品直接计算，只以工时进行考核，在月末实际生产工人工资总额确定以后，才能按下列公式计算：

计划单位工时工资＝计划产量的定额生产工人工资总额÷计划产量的定额生产工时总数

实际单位工时工资＝实际生产工人工资总额÷实际生产工时总数

某产品定额工资＝该产品实际产量的定额生产工时×计划单位工时工资

该产品实际工资＝该产品实际产量的实际生产工时×实际单位工时工资

该产品直接人工费用脱离定额差异＝该产品实际工资－该产品定额工资

业务链接9-4：直接人工脱离定额差异的计算。

某家具厂生产甲、乙两种产品，计划工资总额为45100元。计划产量为甲产品600件，单位工时定额为20小时；乙产品170件，单位工时定额为50小时。本月实际工资总额为48024元。甲产品实际产量为600件，实际生产工时为13200小时；乙产品实际产量为160件，实际生产工时为7680小时。请计算甲、乙两种产品直接人工脱离定额差异。

甲、乙两种产品直接人工脱离定额差异计算如下：

计划单位工时工资＝45100÷（600×20＋170×50）＝2.2（元/小时）

实际单位工时工资＝48024÷（13200＋7680）＝2.3（元/小时）

甲产品直接人工脱离定额差异＝（22×2.3－20×2.2）×600＝3960（元）

工时差异＝（22×2.2－20×2.2）×600＝2640（元）

小时工资额差异＝（22×2.3－22×2.2）×600＝1320(元)

乙产品直接人工脱离定额差异＝（48×2.3－50×2.2）×160＝64(元)

工时差异＝（48×2.2－50×2.2）×160＝－704(元)

小时工资额差异＝（48×2.3－48×2.2）×160＝768(元)

（3）制造费用脱离定额差异的计算。制造费用属于间接费用，即发生时先按车间部门进行归集，月末才能直接或分配计入产品成本。所以，在日常核算中，不能按照产品直接核算费用脱离定额差异，只能根据费用计划、费用项目核算费用脱离计划的差异，据以控制和监督费用的发生。各种产品应负担的定额制造费用和制造费用脱离定额差异，在月末时可比照上述计时工资的计算方法确定。

3. 材料成本差异的计算

采用定额法计算产品成本的企业，应当按照计划成本计价来组织原材料的日常核算。因此，直接材料费用定额成本和脱离定额的差异都是按照原材料的计划单位成本计算的。这样，在月末计算产品的实际成本时，还应当计算和分配本月消耗材料应当负担的成本差异。其计算公式为：

某产品应分配的材料成本差异＝（该产品材料定额成本±材料脱离定额差异）×材料成本差异率

4. 定额变动差异的计算

定额变动差异是指由于修订消耗定额而产生的新、旧定额之间的差额。新定额一般在月初开始实行，当月投入的产品费用，都应按新定额来计算脱离定额差异；但在新定额运用后，月初在产品的定额成本并未修订，仍然按旧定额计算。为了使按旧定额计算的月初在产品定额成本和按新定额计算的本月投入产品的定额成本，在新定额的基础上相加起来能够计算产品的实际成本，必须计算月初在产品运用新、旧定额计算成本的差异，用以把按旧定额计算的月初在产品定额成本调整为按新定额计算的定额成本。由此可见，定额变动差异主要是指月初在产品因为定额变动产生的差异。其计算公式为：

月初在产品定额变动差异＝月初在产品按原定额计算的定额成本－月初在产品按调整后定额计算的定额成本

业务链接9-5：光明制造企业甲产品月初在产品有100件，直接材料成本项目的定额成本按上月旧定额每件30元计算，共计3000元。从本月起每件材料费用定额为28元，本月投产400件，当月实际发生直接材料费用为15000元。500件产品本月全部完工。要求计算定额变动差异。

月初在产品按原定额计算的定额成本 = $100 \times 30 = 3000$（元）

月初在产品按调整后定额计算的定额成本 = $100 \times 28 = 2800$（元）

月初在产品定额变动差异 = $3000 - 2800 = 200$（元）

本月投产产品材料定额成本 = $28 \times 400 = 11200$（元）

定额成本合计 = $3000 - 200 + 11200 = 14000$（元）

材料定额超支差 = $15000 - 11200 = 3800$（元）

完工产品材料实际成本 = $14000 + 3800 + 200 = 18000$（元）

对于计算出的定额变动差异，应分不同情况予以处理。在消耗定额降低的情况下产生的差异：一方面，应从月初在产品定额成本中扣除；另一方面，还应将属于月初在产品成本费用实际支出的该项差异，列入本月产品成本中。相反，在消耗定额提高的情况下，月初在产品增值的差异应列入月初在产品定额成本之中，同时从本月产品成本中予以扣除。

月末，对计算出的定额成本、脱离定额差异、定额变动差异及材料成本差异，应在完工产品和月末在产品之间按照定额成本的比例进行分配。如果各种差异数额不大，或者差异虽然较大，但各月在产品数量比较均衡，月末在产品可按定额成本计价，即不负担材料成本差异，材料成本差异全部由产成品负担。

五、定额法的优缺点

（一）定额法的优点

（1）能够在各项耗费发生的当时反映和监督脱离定额费用（或计划）的差异，加强成本控制，从而及时有效地促进生产耗费的节约，降低产品成本。

（2）便于进行产品成本的定期分析，有利于进一步挖掘降低成本的潜力。

（3）有利于提高成本的定额管理和计划管理工作的水平。

（4）能够比较合理和简便地解决完工产品和月末在产品之间分配费用（即分配各种差异）的问题。

（二）定额法的缺点

由于要制定定额成本，单独计算脱离定额的差异，在定额变动时还要修订定额成本并计算定额变动差异，计算的工作量比较大。

但尽管计算的工作量很大，如果企业在管理当中需要严格控制生产实际脱离定额的差异，实时有效地加强成本控制，最好采用定额法与其他成本核算方法相结合的方法。

完工产品实际成本＝完工产品定额成本＋本期完工产品应负担的脱离定额差异＋材料成本差异＋定额变动差异

期末在产品实际成本＝期末在产品定额成本＋期末在产品应负担的脱离定额成本差异

某项差异的分配率＝（期初在产品承担的差异＋本期投入的差异）÷（期末在产品定额成本＋完工产品定额成本）

完工产品应负担的差异＝完工产品定额成本×某项差异的分配率

期末在产品应负担的差异＝期末在产品定额成本×某项差异的分配率

六、定额法的综合应用

芹江制造企业大量生产甲产品，该产品的各消耗定额比较准确，该企业采用定额法计算产品成本。材料系开工时一次性投入。材料成本差异和定额变动差异由完工产品成本负担，脱离定额差异按定额成本比例在完工产品与月末在产品之间分配。本月材料成本差异率为节约－2%。完工产品和月末在产品定额成本按约当产量比例法进行分配。

（1）假设月初在产品为20件，本月投产60件，当月完工70件，月末在产品10件。在产品的完工程度为50%。该企业20××年9月对材料消耗定额进行修订,单位产品的消耗定额由40千克降到35千克,材料计划单价为10元。月初在产品定额变动差异情况见表9-1。

表9-1　月初在产品定额成本及脱离定额差异表

20××年9月   金额单位:元

项目	定额成本	脱离定额差异
直接材料	8000	−500
直接人工	1000	+100
制造费用	3000	+200
合计	12000	−200

月初在产品定额变动差异计算如下:

定额变动系数 =(35×10)÷(40×10)= 0.875

月初在产品定额变动差异 = 8000×(1−0.875)= 1000(元)

(2)甲产成品定额资料见表9-2。

表9-2　甲产成品定额资料

成本项目	消耗量	计划单价	定额成本
直接材料	40千克	10元	400元
直接人工	20小时	5元	100元
制造费用	20小时	4元	80元
合计			580元

(3)本月发生的实际生产费用总额为33600元,定额成本为32600元,见表9-3。

表9-3　甲产品生产费用资料

金额单位:元

成本项目	实际发生额	定额成本	脱离定额差异
直接材料	22600	21600	1000
直接人工	6500	6200	300
制造费用	4500	4800	−300
合计	33600	32600	1000

(4)根据以上资料计算甲产品成本,见表9-4。

表9-4　甲产品成本表

项目		直接材料	直接人工	制造费用	合计
月初在产品成本	定额成本（元）	8000	1000	3000	12000
	脱离定额差异（元）	−500	100	200	−200
月初在产品定额调整	定额变动调整（元）	−1000			−1000
	定额变动差异（元）	1000			1000
本月生产费用	定额成本（元）	21600	6200	4800	32600
	脱离定额差异（元）	1000	300	−300	1000
	材料成本差异（元）	−452			−452
生产费用合计	定额成本（元）	29600	7200	7800	44600
	脱离定额差异（元）	500	400	−100	800
	材料成本差异（元）	−452			−452
	定额变动差异（元）	1000			1000
脱离定额差异分配率（%）		1.69	5.56	−1.28	
完工产品成本	定额成本（元）	25900	6720	7280	39900
	脱离定额差异（元）	437.7	373.6	−93.2	718.1
	材料成本差异（元）	−452			−452
	定额变动差异（元）	1000			1000
	实际成本（元）	26885.7	7093.6	7186.8	41166.1
月末在产品成本	定额成本（元）	3700	480	520	4700
	脱离定额差异（元）	62.5	26.7	−6.7	82.5

任务二　认识分类法

一、分类法概述

分类法是以产品的类别作为成本核算对象来归集费用，计算出各类产品实际成本，再在类内产品之间进行成本分配，计算出类内各种产品生产成本的一种方法。

二、分类法的特点

1. 以产品的类别作为成本核算对象

分类法的成本核算对象是产品的类别，最终要计算出各种（品种、规格、型号）产品的成本，以产品类别作为成本核算对象是为了简化成本计算工作。同时,在计算各类产品成本时,要运用品种法、分批法或分步法等成本计算的基本方法。因此,分类法不是成本计算的基本方法,而是辅助方法。采用分类法时,成本计算期的确定、生产费用在本月完工产品和月末在产品之间的分配等,都取决于它所依托的成本计算方法。

2. 成本计算期取决于生产特点及管理要求

如果是大批量生产,结合品种法或分步法进行成本计算,则应定期在月末进行成本计算;如果结合分批法,成本计算期可不固定,而与生产周期一致。所以,分类法并不是一种独立的基本成本计算方法。

3. 需要采用一定方法在类内产品之间进行成本分配

采用分类法,以产品类别作为成本核算对象,计算出各类产品成本以后,还应选择适当方法,将成本在各种产品之间进行分配,计算出各种(品种、规格、型号)产品的实际总成本和单位成本。

应当指出,无论采用哪种方法在类内各种产品之间进行成本分配,成本计算的结果总是带有一定的假定性。因此,采用分类法计算产品成本时,首先,应当注意产品分类的合理性。分类过少,类内产品过多,会影响计算结果的准确性;分类过细,类内产品过少,则会加大成本计算的工作量,失去分类法的意义。其次,应当注意类内产品成本分配方法的合理性。选定的分配方法应当与各种产品成本的发生有着比较密切的联系,体现产品成本费用分配中的受益原则。

三、分类法的适用范围

分类法主要适用于产品品种、规格繁多,并且可以按照一定要求和标准划分为不同类别的企业或企业的生产单位。分类法与企业生产类型没有直接联系,只要企业(或生产单位)的产品可以按照其性质、用途、生产工艺过程和原材料消耗等方面的特点划分为一定类别,包括同类产品、联产品及副产品等,都可以采用分类法进行成本计算。

同类产品,是指产品的结构、性质、用途及使用的原材料、生产工艺过程等大体相同,规格和型号不一的产品。例如,灯泡厂生产的同一类别不同瓦数的灯泡、无线电元件厂生产的同一类别不同规格的无线电元件等,都可以分别归为同一类产品。

联产品,是指企业利用相同的原材料,在同一生产过程中同时生产出的几种使用价值不同,但具有同等地位的主要产品。例如,化工企业在同一生产过程中生产出来的各种主要化工产品,炼焦企业在同一生产过程中生产出来的焦炭和煤气,炼油企业在生产过程中将原油加工提炼,生产出来的汽油、煤油和柴油等,都属于联产品。联产品在联合加工过程中发生的各种生产费用构成联产品的共同成本,也称作联合成本。联合成本的归集和在各种联产品之间的分配,适宜采用分类法。有的联产品在联合加工过程结束以后(分离以后)还需继续加工,追加一部分费用后才能出售。分离以后需继续加工而发生的费用称为可归属成本,应当作为独立的成本核算对象来归集和计算,不再采用分类法。

副产品,是指企业在生产主要产品的过程中附带生产出的一些非主要产品。例如,洗煤生产中产生的煤泥、制皂生产中产生的甘油等,都称为副产品。主副产品之间成本的划分,可以基于分类法的原理。

在生产同类产品、联产品和有副产品的工业企业中,如果按照产品的品种、规格归集费用、计算成本,则成本计算工作会极为繁重。按一定标准对产品进行分类,按照产品类别来归集生产费用,再采用适当方法计算各种产品的生产成本,这样可以大大简化成本计算工作。

四、分类法的成本计算程序

(1)按产品类别设置生产成本明细账(产品成本计算单),计算出各类产品的实际总成本。

采用分类法计算成本时,要根据产品结构、所耗用原材料、工艺技术过程等的不同,将产品划分为若干类别,按照产品的类别设置生产成本明细账(产品成本计算单),再按类归集产品的生产费用,计算出各类产品的生产成本。

企业应当根据生产经营的特点和成本管理的要求,选择品种法、分批法或分步法等成本计算的基本方法,计算出各类产品的实际总成本。

(2)选择合理的方法分配共同成本,计算出类内各种产品的实际总成本和单位成本。

企业应当根据生产经营特点和联产品、副产品的工艺要求,选择合理的分配方法,分配类内产品、联产品、副产品的共同成本(联合成本),计算出类内各种产品(联产品、副产品)的实际总成本和单位成本。

五、类内各种产品成本的分配方法

类内各种不同产品(联产品、副产品)之间成本分配的方法,有系数分配法、实物量分配法、相对销售价格分配法等。系数分配法的分配标准是产品总系数,实物量分配法的分配标准是产品数量、体积、面积、长度和重量等实物量,相对销售价格分配法的分配标准是产品销售价格。分配标准的选择,要力求合理、准确。各成本项目可以采用相同的分配标准,也可以按照成本项目的性质,分别采用不同的分配标准。例如,直接材料、燃料和动力可以按定额消耗量比例分配,直接人工和制造费用可以按定额工时比例分配。

系数分配法是将产品定额消耗量、定额工时、体积、面积、长度、重量、销售价格等分配标准折合成系数,以产品总系数为标准分配共同成本。采用系数分配法,首先要在类内产品中选择一种产量大、生产稳定、规格适中的产品作为标准产品,把标准产品的单位系数定为"1";其次,应将类内其他各种产品与标准产品进行比较,分别求出其他产品与标准产品的比例,即系数;再次,将类内各种产品的实际产量分别乘以该种产品的系数,折算为总系数(又称为标准产量,它是系数分配法的分配标准);最后,有了分配标准,并计算出费用分配率以后,即可计算出类内各种产品的实际总成本和单位成本。

系数分配法的有关计算公式如下:

$$某产品系数 = \frac{该产品售价(或定额消耗量、体积等)}{标准产品售价(或定额消耗量、体积等)}$$

$$某产品总系数(标准产量) = 该产品实际产量 \times 该产品系数$$

$$费用分配率 = \frac{应分配成本总额}{各种产品总系数之和}$$

某产品应分配费用＝该产品总系数×费用分配率

六、分类法的具体应用

（一）企业基本情况

府山工厂为大量大批单步骤小型生产企业，设有第一、第二两个基本生产车间，大量生产10种不同规格的电子元件。根据产品结构特点和所耗用的原材料及工艺技术过程的不同，可以将10种产品分为甲、乙两大类。甲类产品包括101、102、103、104、105等5种不同规格的产品，乙类产品包括201、202、203、204、205等5种不同规格的产品。根据该厂产品生产特点和成本管理要求，可以先基于品种法的基本原理计算出甲、乙两大类产品本月完工产品的实际总成本，然后采用系数分配法分配给类内各种规格的产品。本月生产的甲、乙两类产品的成本已经按照品种法的基本原理进行归集和分配，两类产品的生产费用在本月完工产品和月末在产品之间的分配都采用定额比例法。

（二）成本计算程序

1. 计算甲、乙两类产品成本

运用品种法计算出府山工厂甲、乙两类产品于20××年4月完工的产品总成本和月末在产品成本，分别见表9-5和表9-6。

表9-5　府山工厂产品成本计算单

产品：甲类产品　　　　　　　　　　20××年4月　　　　　　　　金额单位：元

项目	直接材料	直接人工	制造费用	合计
月初在产品成本	20000	4000	3000	27000
本月发生费用	100000	30000	22000	152000
生产费用合计	120000	34000	25000	179000
本月完工产品总成本	100000	31875	23375	155250
月末在产品成本	20000	2125	1625	23750

表9-6 府山工厂产品成本计算单

产品：乙类产品　　　　　　　　　　20××年4月　　　　　　　　金额单位：元

项目	直接材料	直接人工	制造费用	合计
月初在产品成本	10000	3000	2700	15700
本月发生费用	96000	60000	54000	210000
生产费用合计	106000	63000	56700	225700
本月完工产品总成本	99715	60800	54800	215315
月末在产品成本	6285	2200	1900	10385

在大量大批多步骤生产和单件小批生产类型的企业，也可以基于分步法或分批法的原理计算出各类产品成本。各类产品成本是基于品种法、分步法或分批法的原理计算出来的，分类法只解决了类内产品成本分配问题，不是独立的成本计算方法。

2. 计算类内各种产品成本

（1）选定标准产品。府山工厂甲、乙两类产品，均以生产比较稳定、产量较大、规格适中的"3号"产品为标准产品，即甲类产品中的103产品为标准产品，乙类产品中的203产品为标准产品。标准产品的系数定为"1"。

（2）确定各种产品系数。府山工厂甲、乙两类产品中，直接材料费用按材料消耗定额比例确定系数，直接人工费用和制造费用按工时消耗定额确定系数。类内产品系数的计算结果分别见表9-7和表9-8。

表9-7 府山工厂产品系数计算表一

产品：甲类产品　　　　　　　20××年度使用　　　　　　　编号：01

产品名称	材料消耗定额（千克）	材料系数	工时消耗定额（小时）	工时系数
101产品	3.00	1.2	0.70	1.4
102产品	2.75	1.1	0.60	1.2
103产品	2.50	1.0	0.50	1.0
104产品	2.00	0.8	0.45	0.9
105产品	1.75	0.7	0.40	0.8

表9-8 府山工厂产品系数计算表二

产品：乙类产品　　　　　　　20××年度使用　　　　　　　编号：02

产品名称	材料消耗定额（千克）	材料系数	工时消耗定额（小时）	工时系数
201产品	5.75	1.15	0.72	1.2

产品名称	材料消耗定额（千克）	材料系数	工时消耗定额（小时）	工时系数
202产品	5.50	1.10	0.66	1.1
203产品	5.00	1.00	0.60	1.0
204产品	4.90	0.98	0.54	0.9
205产品	4.75	0.95	0.48	0.8

（3）计算各种产品本月总系数。生产成本在类内各种产品之间分配，分配标准是总系数（标准总产量）。根据表9-7和表9-8所列各种产品的系数和本月各种产品产量资料，编制"产品总系数（标准产量）计算表"，见表9-9、表9-10。

表9-9　府山工厂产品总系数（标准产量）计算表一

产品：甲类产品　　　　　　　　　20××年4月

产品名称	产品产量（件）	材料		工时	
		系数	总系数	系数	总系数
101产品	5000	1.2	6000	1.4	7000
102产品	4000	1.1	4400	1.2	4800
103产品	21400	1.0	21400	1.0	21400
104产品	5000	0.8	4000	0.9	4500
105产品	6000	0.7	4200	0.8	4800
合计	41400		40000		42500

表9-10　府山工厂产品总系数（标准产量）计算表二

产品：乙类产品　　　　　　　　　20××年4月

产品名称	产品产量（件）	材料		工时	
		系数	总系数	系数	总系数
201产品	2000	1.15	2300	1.2	2400
202产品	4000	1.10	4400	1.1	4400
203产品	27750	1.00	27750	1.0	27750
204产品	2500	0.98	2450	0.9	2250
205产品	4000	0.95	3800	0.8	3200
合计	40250		40700		40000

（4）计算各种产品的总成本和单位成本。根据表9-5和表9-6所列甲、乙两类产品本月完工产品总成本，以及表9-9、表9-10所列各种产品总系数，可以计算出各成本项目的费用分配率。

①计算甲类产品各成本项目的费用分配率。

$$直接材料费用分配率=\frac{100000}{40000}=2.50$$

$$直接人工费用分配率=\frac{31875}{42500}=0.75$$

$$制造费用分配率=\frac{23375}{42500}=0.55$$

②计算乙类产品各成本项目的费用分配率。

$$直接材料费用分配率=\frac{99715}{40700}=2.45$$

$$直接人工费用分配率=\frac{60800}{40000}=1.52$$

$$制造费用分配率=\frac{54800}{40000}=1.37$$

③根据各种产品的总系数和费用分配率,编制"产品成本计算表"（见表9-11、表9-12),计算各种产品的实际总成本和单位成本。

表9-11 府山工厂产品成本计算表

产品:甲类产品　　　　　　　20××年4月

产品名称	产品产量（件）	材料总系数	直接材料分配金额（元）	工时总系数	直接人工分配金额（元）	制造费用分配金额（元）	产成品总成本（元）	产成品单位成本（元）
101产品	5000	6000	15000	7000	5250	3850	24100	4.82
102产品	4000	4400	11000	4800	3600	2640	17240	4.31
103产品	21400	21400	53500	21400	16050	11770	81320	3.80
104产品	5000	4000	10000	4500	3375	2475	15850	3.17
105产品	6000	4200	10500	4800	3600	2640	16740	2.79
合计			100000		31875	23375	155250	

表9-12 府山工厂产品成本计算表

产品:乙类产品　　　　　　　20××年4月

产品名称	产品产量（件）	材料总系数	直接材料分配金额（元）	工时总系数	直接人工分配金额（元）	制造费用分配金额（元）	产成品总成本（元）	产成品单位成本（元）
201产品	2000	2300	5635	2400	3648	3288	12571	6.29
202产品	4000	4400	10780	4400	6688	6028	23496	5.87

产品名称	产品产量（件）	材料总系数	直接材料分配金额（元）	工时总系数	直接人工分配金额（元）	制造费用分配金额（元）	产成品总成本（元）	产成品单位成本（元）
203产品	27750	27750	67988	27750	42180	38017	148185	5.34
204产品	2500	2450	6002	2250	3420	3083	12505	5.00
205产品	4000	3800	9310	3200	4864	4384	18558	4.64
合计			99715		60800	54800	215315	

④根据上述产品成本计算资料，编制结转本月完工入库产品成本的会计分录。

借：库存商品——101产品　　　　　　　　　24100

　　　　　　——102产品　　　　　　　　　17240

　　　　　　——103产品　　　　　　　　　81320

　　　　　　——104产品　　　　　　　　　15850

　　　　　　——105产品　　　　　　　　　16740

　　　　　　——201产品　　　　　　　　　12571

　　　　　　——202产品　　　　　　　　　23496

　　　　　　——203产品　　　　　　　　　148185

　　　　　　——204产品　　　　　　　　　12505

　　　　　　——205产品　　　　　　　　　18558

　　贷：生产成本——甲类产品　　　　　　　155250

　　　　　　　　——乙类产品　　　　　　　215315

七、副产品的成本计算

（一）副产品成本计算的特点

副产品是工业企业在主产品的生产过程中附带生产出来的非主产品。副产品虽然不是企业的主产品，但也有经济价值。副产品有的可以直接对外销售，有的经过适当加工以后也可以对外销售。因此，应当正确计算副产品成本。

副产品和主产品是企业在同一生产过程中生产出来的；但因为副产品是伴随着主产品的生产附带生产出来的，与主产品相比，一般价值较低，成本计算通常可以采用简化的方法。

为了简化成本计算工作，副产品成本的计算可以基于分类法的原理，将主产品和副产品合并为一类，作为一个成本核算对象，设置生产成本明细账（产品成本计算单），归集主产品和副产品的共同成本，采用一定的方法对副产品计价（计算确定副产品的成本），再把其从主、副产品总成本中扣除，将主、副产品总成本扣除副产品成本以后的余额，作为主产品的实际总成本。

副产品的计价主要有两种方法：一是按照副产品的售价减去销售税费和销售利润（按正常利润率计算）后的余额计价；二是按照企业制定的副产品计划（或定额）成本计价。为了简化计算，采用上述方法计算确定的副产品成本，通常可以从主、副产品总成本中的直接材料项目中扣除，以求得主产品的总成本。

（二）副产品的成本计算方法

1. 副产品按照售价减去销售税费和销售利润后的余额计价

（1）分离后可以直接出售的副产品。

副产品与主产品分离后不需要进行任何加工就可以直接出售时，可以按照副产品的售价减去销售税费和销售利润后的余额计价，作为副产品成本从主、副产品总成本中扣除。

业务链接 9-6： 钱江工厂在生产甲产品（主要产品）的同时，附带生产出副产品 A 产品。20 × × 年 7 月生产的 2000 千克甲产品已全部完工，没有月末在产品，甲产品生产成本明细账归集的生产费用合计为 780000 元，其中：直接材料 420000 元，直接人工 200000 元，制造费用 160000 元。7 月附带生产的 A 产品 100 千克已全部入库，A 产品每千克售价 80 元，销售环节应交税费为每千克 4 元，同类产品正常销售利润率为 10%。A 产品成本从甲产品直接材料项目中扣除。根据上述资料，A 产品和甲产品成本的计算如下：

A产品单位成本 $= 80 - 4 - 80 \times 10\% = 68$（元/千克）

A产品总成本 $= 68 \times 100 = 6800$（元）

甲产品总成本 $= 780000 - 6800 = 773200$（元）

甲产品单位成本 $= 773200 \div 2000 = 386.6$（元/千克）

上述成本计算结果在甲产品"产品成本计算单"中的登记情况见表9-13。

表9-13 钱江工厂产品成本计算单

产品：甲产品 　　　　产量：2000千克 　　　　20××年7月 　　　　金额单位：元

摘要	直接材料	直接人工	制造费用	合计
生产费用合计	420000	200000	160000	780000
结转本月完工A产品成本	6800			6800
本月完工甲产品总成本	413200	200000	160000	773200
本月完工甲产品单位成本	206.6	100	80	386.6

根据成本计算结果，编制结转完工入库甲产品和A产品成本的会计分录：

借：库存商品——甲产品　　　　　　　　　　　　　　773200

　　　　　　——A产品　　　　　　　　　　　　　　　6800

　　贷：生产成本——甲产品　　　　　　　　　　　　　780000

（2）分离后需进一步加工才能出售的副产品。

副产品与主产品分离以后如果需要进一步加工才能出售，按照售价减去销售税费和销售利润计算出的副产品成本，既包括应分配的共同成本，又包括进一步加工的可归属成本。

业务链接9-7：接业务链接9-6，假设钱江工厂在生产甲产品时产生的副产品A产品在与甲产品分离后不能直接出售，只能作为乙产品的原料，需要进一步加工为乙产品后才能出售。根据有关生产费用记录，在进一步对A产品加工的过程中产生材料费用200元、直接人工费用700元、应分配的制造费用500元。将A产品进一步加工后形成的乙产品，本月实际产量为90千克，每千克售价为110元，每千克应交销售税费为5.50元，同类产品正常销售利润率为10%。根据上述资料，乙产品和甲产品成本的计算如下：

乙产品单位成本 $= 110 - 5.5 - 110 \times 10\% = 93.5($ 元 $/$ 千克 $)$

乙产品总成本 $= 90 \times 93.5 = 8415($ 元 $)$

A产品总成本 $= 8415 - (200 + 700 + 500) = 7015($ 元 $)$

甲产品总成本 $= 780000 - 7015 = 772985($ 元 $)$

上述成本计算结果在甲、乙两种产品"成本计算单"中的登记情况，见表9-14、表9-15。

表9-14　钱江工厂产品成本计算单

产品：甲产品　　　　　产量：2000千克　　　　　20××年7月　　　　　金额单位：元

摘要	直接材料	直接人工	制造费用	合计
生产费用合计	420000	200000	160000	780000
结转本月副产品成本	7015			
本月完工甲产品总成本	412985	200000	160000	772985
本月完工甲产品单位成本	206.5	100	80	386.5

表9-15　钱江工厂产品成本计算单

产品：乙产品　　　　　产量：90千克　　　　　20××年7月　　　　　金额单位：元

摘要	直接材料	直接人工	制造费用	合计
结转本月原料费用	7015			
本月进一步加工费用	200	700	500	1400
生产费用合计	7215	700	500	8415
本月完工乙产品总成本	7215	700	500	8415
本月完工乙产品单位成本	80.167	7.778	5.556	93.5

根据成本计算结果，编制结转A产品成本和完工入库甲产品、乙产品成本的会计分录：

借：生产成本——乙产品　　　　　　　　　　　　　　7015

　贷：生产成本——甲产品　　　　　　　　　　　　　7015

借：库存商品——甲产品　　　　　　　　　　　　　772985

　　　　　——乙产品　　　　　　　　　　　　　　8415

　贷：生产成本——甲产品　　　　　　　　　　　　772985

　　　　　——乙产品　　　　　　　　　　　　　　8415

2. 副产品按照计划单位成本计价

为了简化成本计算工作，副产品也可以按照计划单位成本计价，从主、副产品总成本中扣除。采用计划单位成本计价时，如果副产品进一步加工处理所需的时间不长，并且是在同一车间内进行的，为了简化计算，副产品进一步加工所发生的费用也可以全部归集在主产品生产成本明细账（产品成本计算单）中。

业务链接9-8：假设钱江工厂在生产甲产品时产生的副产品A产品由本生产车间进一步加工为乙产品后再出售。由于乙产品加工处理的时间不长，加工费用不多，不单独设置生产成本明细账，全部费用在甲产品成本计算单中归集。20××年7月生产的2000千克甲产品成本计算单中归集的生产费用合计为781400元，其中：直接材料420200元，直接人工200700元，制造费用160500元。乙产品成本按计划单位成本计价，从甲产品成本中扣除。7月附带生产的乙产品为90千克，计划单位成本为93元，其中：直接材料80元，直接人工7.5元，制造费用5.5元。根据上述资料，乙产品和甲产品成本的计算如下：

乙产品总成本＝93×90＝8370（元）

其中：直接材料费用＝80×90＝7200（元）

直接人工费用＝7.5×90＝675（元）

制造费用＝5.5×90＝495（元）

甲产品总成本＝781400－8370＝773030（元）

上述成本计算结果在甲产品"产品成本计算单"中的登记情况，见表9-16。

表9-16　钱江工厂产品成本计算单

产品：甲产品　　　　　产量：2000千克　　　　20××年7月　　　　金额单位：元

摘要	直接材料	直接人工	制造费用	合计
生产费用合计	420200	200700	160500	781400
结转本月完工乙产品成本	7200	675	495	8370
本月完工甲产品总成本	413000	200025	160005	773030
本月完工甲产品单位成本	206.50	100.01	80.00	386.51

根据成本计算结果,编制结转完工入库产品成本的会计分录:

借:库存商品——甲产品   773030

         ——乙产品   8370

贷:生产成本——甲产品   781400

同步快速测试

一、单项选择题

1. 在定额法下,当消耗定额降低时,月初在产品的定额成本调整数和定额变动差异数(　　　)。

A.都是正数

B.都是负数

C.前者是正数,后者是负数

D.前者是负数,后者是正数

2. 某企业丙产品的一些零件从本月1日起实行新的材料消耗定额,该单位产品的材料定额费用为10元,新的材料费用定额为8元。该产品月初在产品按旧定额计算材料定额费用为90000元,则丙产品月初在产品定额成本调整为(　　　)。

A.-72000   B.+18000   C.+72000   D.-18000

3. 成本计算分类法的特点是(　　　)。

A.按产品类别计算产品成本

B.按产品品种计算产品成本

C.按产品类别计算各类产品成本,同类产品中各产品的间接计入费用采用一定方法分配确定

D.按产品类别计算各类产品成本,同类产品中各产品的成本采用一定的方法分配确定

4. 产品成本计算的分类法适用于（　　　）。

A.品种、规格繁多的产品

B.可按一定标准分类的产品

C.大量大批生产的产品

D.品种、规格繁多并可按一定标准分类的产品

5. 分类法下，在计算同类产品内不同产品的成本时，对于类内产品发生的各项费用（　　　）。

A.只有直接费用才需直接计入各种产品成本

B.只有间接计入费用才需分配计入各种产品成本

C.无论是直接计入费用，还是间接计入费用，都需采用一定的方法分配计入各种产品成本

D.直接生产费用直接计入各种产品，间接生产费用分配计入各种产品成本

6.（　　　）是系数分配法下的分配标准。

A.总系数或标准产量　　　　　　B.产品市场售价

C.产品定额成本　　　　　　　　D.产品面积

二、多项选择题

1. 下列关于副产品及其成本计算的描述中，正确的有（　　　）。

A.副产品指在主产品生产过程中，附带生产出来的非主产品

B.副产品不是企业生产活动的主要目的

C.副产品的价值比较低时，副产品可以不负担分离前的联合成本

D.可以按定额成本计算副产品成本

2. 系数分配法下，用于确定系数的标准可采用（　　　）。

A.产品的定额成本、计划成本等成本指标

B.产品的重量、体积、长度等经济技术指标

C.定额消耗量、定额工时等产品生产的各种定额消耗指标

D.产品的售价等收入指标

3. 在副产品作价扣除法下，副产品的计算成本方法是（　　　）。

A.将副产品与主产品合为一类，开设成本计算单归集费用

B.按售价扣除税金和销售费用、利润后的余额,作为副产品应负担的成本从联合成本中扣除

C.副产品的成本可以从直接材料成本项目中一笔扣除

D.副产品的成本可以按比例从联合成本各成本项目中减除

三、实务操作题

1. 定额法的应用。企业生产丙产品,月初有在产品220件,上月末在产品的直接材料消耗定额为每件50元,本月初调整直接材料消耗定额为每件45元。本月又投入丙产品600件,本月的直接材料脱离定额差异为超支额2500元,假定丙产品在月份内全部完工。根据上述资料计算本月丙产品的:(1)直接材料定额成本;(2)直接材料定额变动差异;(3)直接材料实际成本。

2. 分类法的应用。海东企业所属的第三分厂采用分类法进行成本计算,其所生产的产品按产品结构分为A和B两大类,每类产品的月末在产品均按所耗直接材料成本计算,其他费用全部由完工产品负担,月末在产品成本按定额成本计价法计算。

本月有关资料见表9-17至表9-20。

表9-17　直接材料定额成本

产品类别	单耗定额(千克)	计划单价(元)	定额成本(元)
A类产品	10	1	10
B类产品	8	2	16

表9-18　产量和单位定额成本

产品类别	规格	产量(件)	单位定额成本(元)
A类产品	A-1	100	12
	A-2	300	10
	A-3	200	14
B类产品	B-1	300	20
	B-2	100	25
	B-3	50	32

表9-19 月初在产品成本及本月发生费用

金额单位：元

产品类别	月初在产品直接材料定额成本	本月发生费用			
		直接材料	直接人工	制造费用	合计
A类产品	260	5600	2300	3000	10900
B类产品	180	8400	2700	2000	13100

表9-20 月末在产品数量及单位定额成本

产品类别	规格	数量（件）	单位定额成本（元）	定额成本（元）
A类产品	A-1	15	12	
	A-2	18	10	500
	A-3	10	14	
B类产品	B-1	3	20	
	B-2	4	25	320
	B-3	5	32	

要求：编制成本计算单，完成A、B两类产品成本和类内的各种产品成本的计算。

（1）计算A、B两类产品的生产成本（见表9-21、表9-22）。

表9-21 成本计算单一

产品：A类产品

金额单位：元

20××年		摘要	直接材料	直接人工	制造费用	合计
月	日					
7	31	期初在产品成本（定额成本）				
8	31	本月生产费用				
8	31	生产费用合计				
8	31	本月完工产品成本				
8	31	期末在产品成本（定额成本）				

表9-22 成本计算单二

产品：B类产品

金额单位：元

20××年		摘要	直接材料	直接人工	制造费用	合计
月	日					
7	31	期初在产品成本（定额成本）				
8	31	本月生产费用				
8	31	生产费用合计				
8	31	本月完工产品成本				
8	31	期末在产品成本（定额成本）				

（2）计算各类产品的类内各种产品的系数，如表9-23所示。

表9-23　各类产品类内各种产品的系数计算表

产品类别	规格	产量（件）	单位定额成本（元）	系数	标准产量
A类产品	A-1				
	A-2				
	A-3				
B类产品	B-1				
	B-2				
	B-3				

（3）计算各种产品的总成本和单位成本，见表9-24。

表9-24　各类产品类内各种产成品成本计算表

项目	产量（件）	总系数	直接材料分配额（元）	直接人工分配额（元）	制造费用分配额（元）	各种产品总成本（元）	单位成本（元）
A类产品							
A-1							
A-2							
A-3							
合计							
B类产品							
B-1							
B-2							
B-3							
合计							

项目十　成本报表的编制和分析

学习目标

　　知识目标：了解企业成本报表的概念、种类、作用及编制要求，掌握产品生产成本表、主要产品单位成本报表和各种费用报表的结构及编制方法。了解成本分析的意义，掌握成本分析的方法和主要内容。

　　技能目标：会编制产品生产成本表、主要产品单位成本报表和各种费用报表，能根据企业所提供的成本报表的数据指标，采取比较分析法、比率分析法和因素分析法等进行指标分析，并根据分析过程寻求降低成本的途径。

学习情境

　　成本报表作为内部报表，主要是满足企业内部经营管理者的需要，因此内容更具有针对性。格式由企业自行确定，具有较大的灵活性。与对外报表相比，成本报表更注重时效。为了及时反馈成本信息，及时揭示成本工作中存在的问题和技术经济指标变动对成本的影响，还可以采用日报、周报或旬报的形式，定期或不定期地向有关部门和人员提供不同内容的成本报表。因此，成本报表的编制和报送要求与对外报表是有区别的，不可随意套用。

　　海力公司的会计小李发现，尽管他每月按时编制三类主要成本报表：全部产品生产成本表、主要产品单位成本表和各项费用报表。厂内主管生产的副总还是经常抱怨报表提供的信息不足以帮助其改进生产，降低成本。因为这个正在高速成长的公司经常不定期地有一些新业务，而成本报表总是滞后的，发挥不了成本核算及时指导生产的作用。

　　要求：思考企业在成本报表编制过程中应注意哪些问题。

任务一　了解成本报表

一、成本报表的概念、特点和种类

（一）成本报表的概念

成本是一项综合反映企业生产技术、经营管理工作水平的重要指标。企业的原材料、机器设备、人工等的耗费及其他有关的支出，构成了企业的成本费用，并以其反映出企业物料消耗水平、生产水平、经营管理水平，以及影响企业的外部因素。相关的信息使用者通过了解企业编制的成本报表并对其进行分析，用以考核企业成本、费用计划的执行情况，寻找降低成本、费用的途径。

成本报表是根据企业日常产品成本和期间费用的核算资料，以及其他有关资料编制的，用以综合反映企业一定时期内的产品成本和期间费用水平及其构成情况的一种报告性书面文件，是会计报表体系的重要组成部分。编制和分析成本报表是成本会计日常工作的一项重要内容。

（二）成本报表的特点

从实质上看，成本报表是反映企业内部成本管理的报表。其主要特点可以归纳为以下几点。

1. 满足内部需要

在当前市场经济条件下，成本报表主要是为企业实行内部管理服务的，为企业管理者、成本责任者提供成本信息，因而又被视作企业的商业秘密，一般来说是不对外公布的。管理者通过观察、分析、考核成本的动态变化，为控制计划成本目标的实现情况和为企业进行成本预测、决策和修订成本计划提供重要依据。

2. 内容灵活

成本报表主要是对内提供报表，因而它不拘泥于统一的格式和完整的内容。外部报表的格式和内容一般由国家统一规定，而且内容上强调完整性。如四大主表,都是严格按照统一的格式和内容来编排的,不能任意改动。而成本报表属于内部报表,不受企业外部种种因素的制约和影响,可以根据企业的生产工艺特点、生产组织形式和企业的成本管理要求来确定报表采用何种格式、应填列哪些内容等。企业还可以根据客观因素的变化,随时进行适时的修改和调整。

3. 编报不定时

对外报表一般都是定期编制和报送的,并规定在一定时间内必须报送。而内部成本报表主要是为企业内部成本管理服务的,所以,内部成本报表可以根据内部管理的需要适时地、不定期地进行编制,使成本报表及时反映和反馈成本信息,揭示存在的问题,促使有关部门和人员及时采取措施,改进工作,提高效率,控制费用的发生,达到节约的目的。

4. 按生产经营组织体系上报

对外报表一般是按时间编报的,目前主要是报送财政、银行和主管部门。而内部成本报表是根据企业生产经营组织体系逐级上报,或者是为解决某一特定问题在权责范围内进行传递的,从而使有关部门和成本责任者及时掌握成本计划目标执行情况,揭示差异,查找原因和责任,评价内部环节和人员的业绩。

(三)成本报表的种类

成本报表的种类和格式不是由国家统一会计制度规定的,成本报表具有灵活性和多样性的特点。但就生产性企业来说,一般可以按以下标准分类。

1. 按照成本报表编制的时间分类

(1)定期报表,是为了满足企业日常成本管理的需要,及时反馈企业成本信息而编制的。一般来说,可以分为日报、周报、旬报、月报、季报和年报。

(2)不定期报表,主要是为了满足企业内部管理的特殊要求,而在需要时随时编报的,体现了成本报表时间上的灵活性。

2. 按照成本报表反映的内容分类

（1）反映成本水平及构成情况的报表，主要有产品生产成本表或产品生产成本及销售成本表、主要产品生产成本表、责任成本表、质量成本表等。这类报表侧重于揭示企业为生产一定种类和数量产品所花费的成本是否达到了预定的目标，并通过分析比较，找出差距，明确薄弱环节，进一步采取有效措施，为挖掘降低成本的内部潜力提供有效的资料。

（2）反映费用水平及构成情况的报表，主要有制造费用明细表、销售费用明细表、管理费用明细表、财务费用明细表等。通过它们可以了解到企业在一定期间内费用支出总额及其构成情况，并可以了解费用支出的合理性及支出的变动趋势，这有利于企业和主管部门正确制定费用预算，控制费用支出，考核费用支出指标合理性，明确有关部门和人员的经济责任，防止随意扩大费用开支范围。

二、成本报表的作用

（一）有利于综合反映企业报告期内产品成本水平

企业供、产、销各个环节的经营管理水平，最终都直接、间接地反映到产品成本中来，产品成本是反映企业生产经营各方面工作质量的一项综合性指标。通过成本报表资料，能够及时发现在生产、技术、质量和管理等方面取得的成绩和存在问题；同时还可以通过成本报表的实际数与计划数的比较，进一步检查和分析计划的执行情况和原因。

（二）有利于正确评价和考核成本环节成本管理业绩

利用成本报表所提供的数据资料，经过有关指标的计算、对比，可以明确各有关部门和人员在执行成本计划、费用预算过程中的成绩和差距，以便总结工作的经验和教训，奖励先进，鞭笞后进，调动广大职工的积极性，为全面完成和超额完成企业成本费用计划预算目标而努力奋斗。

（三）有利于企业成本预测和决策

通过分析成本报表资料，可以揭示成本差异对产品成本升降的影响程度及发现产生差异的原因和责任，并有针对性地采取措施，把注意力放在解决那些不正常的、对成本有重要影响的关键性差异上，进一步明确加强日常成本的控制和管理的目标。

任务二　编制成本报表

一、编制成本报表的依据

成本报表要以真实、完整、及时的有关资料来进行编制，具体应当包括报告期内的成本账簿资料、本期成本计划及费用预算等资料、以前年度的会计报表资料、企业有关的统计资料和其他资料等。

二、成本报表的编制要求

为了提高成本信息的质量，充分发挥成本报表的作用，成本报表的编制应符合下列基本要求。

1. 真实性

真实性也就是数字真实，即成本报表的指标数字必须真实可靠，能如实地集中反映企业实际的成本费用水平，从而有利于企业管理当局正确进行成本分析和成本决策。

2. 正确性

正确性也就是计算准确，即成本报表的指标数字要计算正确，各种成本报表之间、主表与附表之间、各项目之间，凡是有勾稽关系的数字应相互一致，本期报表与上期报表之间有关的数字应相互衔接。

3. 重要性

重要性也就是主次分明，即对于重要的项目（如重要的成本、费用项目），在成本报表中应单独列示，以显示其重要性，对于次要的项目可以合并反映。

4. 完整性

完整性也就是内容完整,即应编制的各种成本报表必须齐全,应填列的指标和文字说明必须全面。表内项目和表外补充资料不论是根据账簿资料直接填列的,还是分析计算填列的,都应当准确无误,不得随意取舍。

5. 及时性

及时性也就是编报及时,即按规定日期报送成本报表,保证成本报表的及时性,以便各方面利用和分析成本报表,充分发挥成本报表在指导生产经营活动中的作用。

总之,企业只有精心设计好成本报表的种类和格式、指标内容和填制方法,合理规划成本报表的编制时间和报送范围,及时提供内部管理必需的、真实准确的、完整的、具有实用性和针对性的成本信息,才能充分发挥成本报表的作用。

三、成本报表的编制

(一) 产品生产成本表的结构及编制方法

成本报表一般作为对内报表,其种类、格式、项目、编制方法、编报日期等一般可由企业根据管理需要自行确定,或者与其主管企业的上级机构共同商定。产品生产成本表是反映企业在报告期内生产全部产品(包括可比产品和不可比产品)的总成本,以及各种主要产品的单位成本和总成本的报表。该表一般分为两种,一种按成本项目反映,另一种按产品品种和类别反映。具体的结构和编制方法通过以下各成本报表来加以说明。

1. 按照成本项目编制的产品生产成本表

按成本项目反映的产品生产成本表,是按成本项目汇总反映企业在报告期内发生的全部生产费用及产品生产总成本的报表。该表可以分为生产费用和生产成本两部分,具体格式见表10-1。

表10-1 产品生产成本表

编制单位：××公司　　　　　　　　20××年12月　　　　　　金额单位：万元

项目	上年实际	本年计划	本月实际	本年累计实际
直接材料	5000	4500	506	4250
直接人工	3000	2800	286	2675
制造费用	50	48	4	50
生产费用合计	8050	7348	796	6975
加：在产品、自制半成品期初余额	36	35	34.8	33.8
减：在产品、自制半成品期末余额	42	41	40.9	40.9
生产成本合计	8044	7342	789.9	6967.9

表中产品生产费用部分为按照成本项目反映报告期内发生的直接材料、直接人工和制造费用各项生产费用合计数。产品生产成本部分是在生产费用的基础上，加上在产品、自制半成品期初余额，减去在产品、自制半成品期末余额，计算出的产品生产成本合计数。各项费用和成本，还可以按上年实际数、本年计划数、本月实际数、本年累计实际分栏计算并反映。

2. 按照产品品种和类别编制的产品生产成本表

按产品品种反映的产品生产成本表，是按产品种类汇总反映企业在报告期内生产全部产品的单位成本和总成本的报表。该表将全部产品分为可比产品和不可比产品，分别列示各种产品的单位成本、本月总成本、本年累计总成本。产品生产成本表中的可比产品是指企业以前年度正式生产过，具有较完备的成本资料的产品。不可比产品是指企业以前年度没有正式生产过，也没有完备的成本资料的产品。其结构见表10-2。

表10-2　产品生产成本表

编制单位：××公司　　　　　　　　　　　　　　　　　　　　　　　　20××年12月

产品名称	实际产量		单位成本（万元）				本月总成本（万元）			本年累计总成本（万元）		
	本月实际	本年累计实际	上年实际平均	本年计划	本月实际	本年累计实际平均	按上年实际平均单位成本计算	按本年计划平均单位成本计算	本月实际	按上年实际平均单位成本计算	按本年计划平均单位成本计算	本年累计实际
	1	2	3	4	5	6	7＝1×3	8＝1×4	9＝1×5	10＝2×3	11＝2×4	12＝2×6
可比产品合计：							31800	31000	30600	309800	302000	301500
其中：A产品（件）	100	900	200	195	190	192	20000	19500	19000	180000	175500	172800
B产品（台）	100	1100	118	115	116	117	11800	11500	11600	129800	126500	128700
不可比产品合计：							8000	8400		104000	106600	
C产品（件）	20	260	—	400	420	410	8000	8400		104000	106600	
全部商品产品制造成本							39000	39000		406000		408100

注：（1）可比产品成本降低额为8300万元（本年计划降低额为30000万元，309800－301500＝8300万元，30000万元为已知数）。

　　（2）可比产品成本降低率为2.68%（本年计划降低率为9.95%，8300÷309800＝2.68%，30000÷301500＝9.95%）。

编制产品生产成本表，主要依据有关产品的"产品成本明细账"、年度成本计划、上年本表等资料填列下列有关项目。

（1）产品名称。本项目一般填列"可比产品"与"不可比产品"的名称。

（2）实际产量。此项目分为两栏，分别反映本月和从年初到本月末各种主要产品的实际产量，应根据成本计算单或是产品成本明细账的记录计算填列。

（3）单位成本。此项目分为四栏，分别反映各种主要产品的上年实际平均、本年计划、本月实际及本年累计实际平均单位成本。

①上年实际平均单位成本。此项目应根据上年度本表所列各种产品的全年实际平均单位成本填列，因不可比产品无上年相关资料，因而只

有各种可比产品要填列此项目。

②本年计划单位成本。本项目根据本年度成本计划所列的单位成本有关资料填列。

③本月实际单位成本。本项目根据表中本月实际总成本除以本月实际产量计算填列。

④本年累计实际平均单位成本。本项目根据表中本年累计实际总成本除以本年累计实际产量计算填列。

（4）本月总成本。本项目分为三栏，反映各种主要产品本月实际产量的上年实际平均、本年计划和本月实际的总成本，以便按月考核产品成本计划的完成情况。其中：

①按上年实际平均单位成本计算的总成本。本项目根据上年实际平均单位成本乘以本月实际产量计算填列。

②按本年计划平均单位成本计算的总成本。本项目根据本年计划单位成本乘以本月实际产量计算填列。

③本月实际总成本。本项目根据本月成本计算单或是产品成本明细账的有关记录填列。

（5）本年累计总成本。本项目也分为三栏，反映各种主要商品产品本年累计实际产量的上年实际平均、本年计划和本年累计实际的总成本，用以考核年度内成本计划的执行情况与结果。其中：

①按上年实际平均单位成本计算的总成本。本项目根据上年实际平均单位成本乘以本年累计实际产量计算填列。

②按本年计划平均单位成本计算的总成本。本项目根据本年计划单位成本乘以本年累计实际产量计算填列。

③本年累计实际总成本。本项目根据成本计算单或是产品成本明细账有关记录填列。

（二）主要产品单位成本表的结构和编制方法

主要产品单位成本表，一般是反映企业在报告期内生产的各种主要产品的单位成本及其构成情况和各项主要技术经济指标执行情况的报表。该表是按主要产品分别编制的,是对产品生产成本表的有关单位成本所做的进一步补充说明。主要产品是指企业经常生产,在企业所生产的全部产品中所占的比重较大,能概括反映企业生产经营面貌的产品。利用主要产品单位成本表,可以考核各种主要产品单位成本计划的执行结果,分析各成本项目和消耗定额的变化及其原因,分析成本构成的变化趋势,等等。

主要产品单位成本表分为上、下两部分。上半部分列示主要产品的基本情况,下半部分则分别按成本项目列示历史先进水平、上年实际平均、本年计划、本月实际和本年累计实际平均的单位成本,同时分别列示主要技术经济指标、主要材料等的历史先进水平、上年实际平均、本年计划、本月实际和本年累计实际平均的单位用量。主要产品单位成本表的格式和内容见表10-3。

表10-3 主要产品单位成本表

编制单位:××公司 20××年×月份

产品名称	甲产品	本月实际产量	200台	
规格		本年累计实际产量	2200台	
计量单位	台	销售单价	12000元	
成本项目	历史先进水平 (20××年)	上年实际平均	本年计划	本月实际	本年累计实际平均
直接材料	4500元	4680元	4600元	4620元	4650元
直接人工	1800元	1950元	1880元	1920元	1930元
制造费用	900元	1170元	1050元	1005元	1025元
生产成本合计	7200元	7800元	7530元	7545元	7605元
主要技术经济指标					
主要材料					
其他					

主要产品单位成本表的编制方法如下。

(1)上半部分列示主要产品的基本情况:产品名称、规格、计量单位等根据有关产品目录填列;本月及本年累计实际产量,应根据生产成本明细账或是产成品成本汇总表填列;销售单价应根据产品定价表填列,也可以根据"主营业务收入"明细账资料填列。

（2）各项成本项目的历史先进水平，应根据本企业历史上该种产品成本最低年度本表中的"本年累计实际平均"项目填列。

（3）各项成本项目的上年实际平均单位成本，应根据上年度本表的"本年累计实际平均"项目填列。

（4）各项成本项目的本年计划单位成本，应根据本年度成本计划填列。

（5）各项成本项目的本月实际单位成本，根据生产成本明细账或产成品成本汇总表填列。

（6）各项成本项目的本年累计实际平均单位成本，应根据该种产品的生产成本明细账所记自年初起到报告期末完工入库产品的实际总成本除以累计实际产量计算填列。

（7）产品生产成本合计分别按历史先进水平、上年实际平均、本年计划、本月实际及本年累计实际平均的成本项目组成内容的合计数额填列。

上述各项成本项目填列的数字，应与产品成本表中的各有关数字核对相符。

（三）制造费用明细表的结构和编制方法

制造费用明细表是反映企业在报告期内发生的各项制造费用及其构成情况的报表。该表一般按制造费用明细项目分别反映企业制造费用的本年计划数、上年同期实际数、本月实际数和本年累计实际数。根据制造费用明细表，可以了解报告期内制造费用的实际支出水平，可以考核制造费用计划的执行情况，可以判断制造费用的变化趋势，以便加强对制造费用的控制和管理。

制造费用明细表一般按月编制，在某些季节性生产企业，制造费用明细账也可以按年编制。其一般格式见表10-4。

表 10-4　制造费用明细表

编制单位：××公司　　　　　　　　20××年×月　　　　　　　金额单位：元

项目	本年计划数	上年同期实际数	本月实际数	本年累计实际数
管理人员薪酬	28400	26000	2430	32300
折旧费	159000	128000	13350	167000
租赁费	2800	2200	300	3300
办公费	3050	2500	280	2600
水电费	37800	34800	3220	42500
机物料消耗	17000	14600	1216	15600
劳动保护费	3290	2930	320	4370
试验检验费	1167	950	110	1255
停工损失				
其他				
合计	252507	211980	21226	268925

制造费用明细表的编制方法：

（1）本年计划数，应根据制造费用年度预算资料填列；

（2）上年同期实际数，应根据上年同期本表所列本月实际数填列；

（3）本月实际数，应根据"制造费用"总账所属各基本生产车间制造费用明细账的本月合计数填列；

（4）本年累计实际数，应根据上月本表该栏的累计数和本月实际数汇总合计填列。

（四）期间费用明细表的结构和编制方法

期间费用明细表是反映企业在报告期内发生的各种期间费用发生额及其构成情况的报表，包括销售费用明细表、管理费用明细表和财务费用明细表。编制期间费用明细表是为了反映、分析和考核期间费用的计划执行情况及其执行结果，分析期间费用内部各项费用的构成情况和上年同期相比的增减变化情况及其升降变化的主要原因。

1. 销售费用明细表的编制

销售费用明细表是反映企业在报告期内发生的产品销售费用及其构成情况的报表。该表一般按照费用项目分别反映各费用的本年计划数、上年同期实际数、本月实际数和本年累计实际数。其格式见表10-5。

表10-5　销售费用明细表

编制单位：××公司　　　　　　　　　20××年×月　　　　　　　　　金额单位：元

项目	本年计划数	上年同期实际数	本月实际数	本年累计实际数
职工薪酬	406000	318000	37500	430000
运输费	94000	105000	8300	97000
装卸费	60000	56000	5300	57000
包装费	80000	70000	7100	83000
保险费	15000	12000	1320	16000
展览费	35000	27500	3400	31000
其他	180000	120000	16000	200000
合计	870000	708500	78920	914000

销售费用明细表的编制方法：

（1）"本年计划数"应根据销售费用预算资料填列；

（2）"上年同期实际数"应根据上年同期本表本月实际数填列；

（3）"本月实际数"应根据销售费用明细账的本月合计数填列；

（4）"本年累计实际数"可以根据上月本表该栏数字和本月实际数汇总相加填列。

若需要，还可以在本表中增加"本月计划数"栏，此栏可根据销售费用的年度各月计划来填列。

2．管理费用明细表的编制

管理费用明细表是反映企业在报告期内发生的管理费用及其构成情况的报表。该表一般按照费用项目分别反映各费用的本年计划数、上年同期实际数、本月实际数和本年累计实际数。其格式见表10-6。

表10-6　管理费用明细表

编制单位：××公司　　　　　　　　　20××年×月份　　　　　　　　　金额单位：元

项目	本年计划数	上年同期实际数	本月实际数	本年累计实际数
职工薪酬	160200	158000	14450	175500
折旧费	187000	169000	17600	198000
业务招待费	9000	9000	750	8870
印花税	1100	690	50	1080

项目	本年计划数	上年同期实际数	本月实际数	本年累计实际数
房产税	22000	22000	1800	22000
车船使用税	6200	6200	526	6300
土地使用税	11000	11000	917	11064
无形资产摊销	7000	6500	600	6800
办公费	9200	9000	830	9230
物料消耗	5400	4800	468	5179
修理费	56000	53000	4790	56680
其他				
合计	474100	449190	42781	500703

管理费用明细表的编制方法：

（1）"本年计划数"应根据管理费用预算资料填列；

（2）"上年同期实际数"应根据上年同期本表本月实际数填列；

（3）"本月实际数"应根据管理费用明细账的本月合计数填列；

（4）"本年累计实际数"可以根据上月本表该栏数字和本月实际数汇总相加填列。

如果需要，还可以在本表中增加"本月计划数"栏，此栏可根据管理费用的年度各月计划来填列。

3. 财务费用明细表的编制

财务费用明细表是反映企业在报告期内发生的财务费用及其构成情况的报表。该表一般按费用项目分别反映各费用项目的年度计划数、上年同期实际数、本月实际数和本年累计实际数。其格式见表10-7。

表10-7　财务费用明细表

编制单位：××公司　　　　　　　　　20××年×月　　　　　　　　　金额单位：元

项目	本年计划数	上年同期实际数	本月实际数	本年累计实际数
利息支出	140000	110000	11000	132000
利息收入	16800	13000	1227	13290
汇兑损失				
手续费	950	830	80	1060
其他				
合计	124150	97830	9853	119770

财务费用明细表的编制方法：

（1）"本年计划数"应根据财务费用预算资料填列；

（2）"上年同期实际数"应根据上年同期本表本月实际数填列；

（3）"本月实际数"应根据财务费用明细账的本月合计数填列；

（4）"本年累计实际数"可以根据上月本表该栏数字和本月实际数汇总相加填列。

若需要，还可以在本表中增加"本月计划数"栏，此栏可根据财务费用的年度各月计划来填列。利用该表，可以分析和考核财务费用计划的执行结果，分析财务费用的构成情况和增减变动的原因。

任务三　分析成本报表

一、成本分析的含义

成本分析是企业利用成本核算资料和成本计划资料及其他有关资料，运用一系列专门方法，揭示企业费用预算和成本计划的完成情况，查明影响成本费用升降的原因，计算各种因素变动对成本计划和费用预算完成的影响程度，寻找降低成本、节约费用的途径，挖掘企业内部增产节约的潜力的一项专门工作。成本分析是成本核算工作的继续，是成本会计工作的重要组成部分。

企业进行成本分析，就是为了改进企业内部生产经营管理，节约生产耗费，降低成本，提高经济效益。通过成本分析，可以检查企业成本计划的完成情况，分析原因，对成本计划本身和成本计划执行结果进行评价，发现成本管理中存在的问题并改正，总结经验教训为以后的成本管理服务。同时，还可以明确生产各部门各环节的成本管理责任，有利于考核和评估其管理业绩。最终，通过成本分析可促使企业不断降低成本，节约费用，从而增强产品在市场上的竞争力。

二、成本分析的方法

我们一般根据成本分析的目的、分析对象的特点，以及所掌握的计划资料的性质和内容来确定方法。通常可以采用的成本分析方法有比较分析法、比率分析法和因素分析法等。

（一）比较分析法

比较分析法，是通过将两个或两个以上有内在联系的可比的经济指标在时间上和空间上进行相减对比分析的一种方法。通过比较分析，可以确定数量差异、评价业绩、掌握动态、寻求潜力，达到降低成本、提高经济效益的目的。

在进行具体指标比较分析时，分析者可以根据目的，选择对比的基期数字，可以是企业本期和历史各期的，主要有以下几种形式。

（1）实际数与计划数对比。主要为了了解企业计划完成情况，找出脱离计划的差距和产生差距的原因。

（2）报告期实际数与基期实际数对比。基期实际数可以是本企业上期、上年同期或历史上的最好水平。主要为了了解企业成本动态变化情况，找出差距，总结经验，进而改进企业成本管理工作。

（3）企业与同类先进企业的相同指标实际数相对比。主要为了了解企业与国内外先进企业之间的差距，以便采取措施，挖掘潜力，增强企业在同行业中的竞争力。

比较分析法是一种绝对数分析法，一般适用于同类型企业、同类指标。采用此法进行成本分析时，必须注意指标间的可比性，注意指标计算的口径、计价的基础是否一致，等等。在与同类先进企业进行对比时，要注意它们在技术经济上的可比性。

业务链接10-1：乐尚家具厂对其生产的全实木美式现代简约双人床（1.5米，框架结构)的木材消耗情况进行分析，编制产品材料消耗对比表，具体见表10-8。

表10-8 实木消耗对比表

产品名称：美式现代简约双人床（1.5米）　　　　　202×年12月　　　　　金额单位：元

指标	上年实际	本年		先进企业实际	差异		
		计划	实际		比计划	比上年	比先进
材料消耗	720	760	750	680	−10	＋30	＋70

（二）比率分析法

此法主要是通过计算有关指标之间的相对数，也就是比率，来进行分析的一种方法。其一般有以下三种形式。

1. 计算相关比率

即将两个性质不同而又相关的指标进行对比相除，得出各种指标的比率，并据以分析成本管理活动的质量、水平和结构的分析方法。在实际的工作中，由于各个企业的规模不同，单纯采用比较分析法进行对比，很难说明企业经济效益和成本管理的优劣，此时可以采用比率分析法。例如，将利润与成本相比计算的成本利润率，可以反映每耗费一元成本所获得的盈利额。其计算公式为：

相关比率＝（某项经济指标的绝对数值÷另一有联系的某经济指标的绝对值）×100%

2. 计算构成比率

构成比率主要指某项指标的各个组成部分在总体中所占的比重，即部分与总体的比率，进而分析构成内容的变化，以便进一步掌握该项经济活动的特点和变化趋势。例如，将构成产品的各成本项目与产品总成本相比，计算其占总成本的比重，了解产品成本结构情况。通过对构成比率的分析，可以了解这些构成的变化与技术改造、经营管理之间的相互关系，从而确定加强管理的重点。其计算公式为：

构成比率＝（某项经济指标的部分数值÷某项经济指标的总体数值）×100%

3. 计算趋势比率

趋势比率（也称动态比率）指对某项经济指标不同时期的数值进行

对比,求出比率,揭示该项经济指标的发展方向和增减速度,以观察成本费用变化趋势的一种分析形式。其主要有以下两种形式:

(1)定基比率,也称为定基发展速度,就是将报告期水平与某一固定基期水平相除,用来反映现象在较长时间内变化的相对程度。其计算公式为:

定基发展速度=(报告期发展水平÷某一固定基期水平)×100%

(2)环比比率,也称为环比发展速度,就是将报告期水平与其前一期的发展水平相除,用来反映现象在相应时期内变化的相对程度。其计算公式为:

环比发展速度=(报告期水平÷前一期发展水平)×100%

通过比率计算,把一些平时不可比的企业变成可比的企业,可以让外部或内部决策者在选择决策方案时进行比较分析。但也存在不足,指标比率只反映比值,不能说明其绝对数额的变动;且其与比较分析法一样,无法说明指标变动的具体原因,达不到成本分析的目标。

业务链接10-2:乐尚家具厂编制了其生产的全实木美式现代简约双人床(1.5米,框架结构)的单位成本表,并进行相关成本分析,具体见表10-9。

表10-9 乐尚家具厂产品单位成本表

产品名称:美式现代简约双人床 　　　　　　　　　产品单价:1800元
产品规格:1.5米×2米,框架结构 　　　　　　　　本月实际产量:1000床
计量单位:床 　　　　　　　　　　　　　　　　　金额单位:元

成本项目	历史先进水平	上年实际平均成本	本年计划成本	本月实际成本	本年累计实际平均生产成本
直接材料	680	720	760	750	736
直接人工	400	440	400	425	430
制造费用	140	160	150	153	158
生产成本合计	1220	1320	1310	1328	1324

在分析乐尚家具厂美式现代简约双人床单位成本时,将产品成本1328元与单位售价1800元相除,得出的比率称为相关比率;将本月直接

材料实际成本750元与本月实际成本1328元相除,得出的比率称为构成比率;将本年累计实际平均生产成本1324元分别与历史先进水平1220元、上年实际平均成本1320元相除,得出的比率称为趋势比率。

(三) 因素分析法

企业成本、费用的高低是多种因素共同影响的结果。因素分析法是将企业综合经济技术指标分解为各个原始因素,依据分析指标与其影响因素之间的关系,确定各因素对各分析指标影响程度的一种技术方法。连环替代法是因素分析法的主要形式,其是根据因素之间的内在依存关系,依次测定各因素变动对经济指标差异影响的一种分析方法。运用此方法可以测算各因素的影响程度,有利于查明原因,分清责任,评估业绩,并针对问题提出相应的措施,还可解决比较分析法和比率分析法无法说明和解决的问题。

1. 连环替代法的程序

(1) 确定影响经济指标的因素,并将各因素排序。对于影响某项经济指标完成情况的因素,按其内在依存关系,分解其构成因素,并按一定的顺序排列,得出各影响因素与分析指标之间的关系式。实际工作中,一般将反映数量的因素排列在前,将反映质量的因素排列在后;将反映实物量和劳动量的因素排列在前,将反映价值量的因素排列在后。如对于材料费用指标,根据它与影响因素之间的关系,可分解为:

材料费用＝产品产量×单位产品材料费用

＝产品产量×单位产品材料消耗量×材料单价

(2) 根据分析指标的报告期数值与基期数值列出关系式或指标体系,确定分析对象。如材料费用的指标体系是:

基期材料费用＝基期产品产量×基期材料单耗×基期材料单价

报告期材料费用＝报告期产品产量×报告期材料单耗×报告期材料单价

分析对象 (材料费用差异额)＝报告期材料费用－基期材料费用

(3) 连环顺序替代,计算替代结果。

（4）比较各因素的替换结果，确定各因素对分析指标的影响程度。

（5）检验分析结果，即将各因素对分析指标的影响额相加，其代数和应等于分析对象的总差异额。如果二者相等，说明分析结果可能是正确的；如果二者不相等，则说明分析结果一定是错误的。

需要指出：连环替代法的程序或步骤是紧密相连、缺一不可的，尤其是前四个步骤，任何一个步骤出现错误，只会出现错误结果。

2. 连环替代法的典型模式可以用简单的数学公式表示

假设某项指标 N 是由相互联系的 A、B 两个因素组成的，各因素与指标之间的关系是：

$$N = A \times B$$

则基期数为：$N_0 = A_0 \times B_0$ ①

报告期数为：$N_1 = A_1 \times B_1$ ②

要测定 A、B 两因素的变动对 N 的影响，即可采用连环替代法来进行分析：

综合指标：$N_0 = A_0 \times B_0$ ③

第一步替换：$N = A_1 \times B_0$ ④

第二步替换：$N_1 = A_1 \times B_1$ ⑤

则可以通过 ④ － ③ ＝ $N - N_0$ ＝ $(A_1 - A_0) \times B_0$ ＝ $\triangle A \times B_0$ 分析 A 因素的变化对 N 综合指标的影响结果。

同理，用 ⑤ － ④ ＝ $N_1 - N$ ＝ $A_1 \times (B_1 - B_0)$ ＝ $A_1 \times \triangle B$ 分析 B 因素对 N 综合指标的影响结果。综合两个因素的共同影响结果是：$N_1 - N_0$ ＝ $A_1 \times B_1 - A_0 \times B_0$ ＝ $(N_1 - N) + (N - N_0)$ ＝ $\triangle A \times B_0 + A_1 \times \triangle B$。

3. 现举例具体说明连环替代法

业务链接10-3： 假设某企业有关产量、材料单耗和材料单价及材料总成本资料如表10-10所示。

表10-10 有关产量、材料单耗、单价及材料总成本资料

项目	单位	上年数	本年数	差异
产品产量	件	1050	1300	＋250
材料单耗	千克	15	12	－3

续表

项目	单位	上年数	本年数	差异
材料单价	元	10	14	＋4
总成本	元	157500	218400	＋60900

第一步：将指标因素分解并将因素排序。

材料总成本＝产品产量×单位产品材料消耗量×材料单价

第二步：确定分析对象。

材料总成本差异＝218400－157500＝60900（元）

第三步：进行逐步替换。

上年材料总成本＝1050×15×10＝157500（元）　　　　　　①

第一次替换：1300×15×10＝195000（元）　　　　　　　　②

第二次替换：1300×12×10＝156000（元）　　　　　　　　③

第三次替换：1300×12×14＝218400（元）　　　　　　　　④

第四步：比较各因素的替换结果，确定各因素对分析指标的影响程度。

产品产量增加使材料总成本增加：

②－①＝195000－157500＝37500（元）

或＝（1300－1050）×15×10＝37500（元）

材料单耗节约使材料总成本节约：

③－②＝156000－195000＝－39000（元）

或＝1300×（12－15）×10＝－39000（元）

材料单价上升使材料总成本增加：

④－③＝218400－156000＝62400（元）

或＝1300×12×（14－10）＝62400（元）

第五步：检验分析结果。

因产量、单耗和单价三个因素变化对材料总成本的影响为：

37500－39000＋62400＝60900（元）

此结果正好与材料的总差异相等。

4. 应用连环替代法应注意的问题

连环替代法作为因素分析方法的主要形式,在实践中主要用于分析综合经济指标变动的原因及其各因素的影响程度。但该方法也有一定的局限性,因此在应用的过程中必须注意以下几个问题。

(1)因素分解的相关性,是指分析指标与其影响因素之间必须真正相关,即有实际经济意义,各影响因素的变动确实能说明指标差异产生的原因。这就需要我们在进行因素分解时,根据分析的目的和要求,确定合适的因素分解式,以找出分析指标变动的真正原因。

(2)分析前提的假定性,是指分析某一因素对经济指标差异的影响时,必须假定其他因素不变,否则就不能分清各单一因素对分析对象的影响程度。一般地,在分析数量指标时,质量指标固定在基期;分析质量指标时,数量指标固定在报告期。且并非分解的因素越多越好,而应根据实际情况,具体问题具体分析,尽量避免相互影响较大的因素再分解。

(3)替换因素的顺序性。因素分解不仅要准确,而且因素排列顺序不能交换,因此不存在乘法交换率问题。由于连环替代法的前提是分析前提假定性,则按不同顺序计算的结果是不同的。传统是依据数量指标在前、质量指标在后的原则进行排列的。

(4)替代因素的连环性。连环替代法是严格按照各因素排列顺序逐次以一个因素的实际数替换其基数的,除第一次替换外,每个因素的替换都是在前一个因素替换的基础上进行的。只有保持这一连环性,才能使所计算出来的各因素的影响等于所要分析的综合经济指标的总差异。

三、全部产品成本计划完成情况的分析

企业全部产品成本完成情况,可以按商品产品的类别或按成本项目来进行分析。

(一)按产品类别分析产品成本计划的完成情况

按产品类别分析产品成本计划的完成情况,应通过前面编制的按产

品种类反映的生产成本表来进行。一般可以从两个方面展开：本期实际成本与计划成本的对比分析，本期实际成本与上年实际成本的对比分析。

1. 本期实际成本与计划成本的对比分析

分析时，应根据表中所列全部产品和各种主要产品的本月实际总成本和本年累计实际总成本，分别与其本月计划总成本和本年累计计划总成本进行比较，确定全部产品和各种主要产品的实际成本与计划成本的差异，了解企业成本计划的执行情况。

本期计划完成情况＝（本期实际数/本期计划数）×100%

2. 本期实际成本与上年实际成本的对比分析

分析时，应根据表中所列，比较全部产品的本期实际成本和上年实际成本，确定全部产品和各种主要产品的本期与历史同期成本的差异，了解企业本期与历史同期成本管理情况，分析原因，进而为提高成本管理提供依据。

业务链接10-4： 以任务二中的表10-2为例，进行产品成本计划完成情况的分析。

根据表10-2产品生产成本报表，将各产品的实际成本与计划成本进行对比分析，编制产品生产成本分析表，了解该公司成本计划的执行情况，具体分析过程见表10-11。

表10-11 产品生产成本分析表

产品名称	计划总成本（元）	实际总成本（元）	降低额（元）	降低率（%）
可比产品				
其中：A产品	175500	172800	＋2700	＋1.54
B产品	126500	128700	－2200	－1.74
不可比产品				
C产品	104000	106600	－2600	－2.50
全部产品成本	406000	408100	－2100	－0.52

从表10-11可以看出，该公司全部产品总成本实际比计划增加了408100－406000＝2100（元），上升了0.52%，说明公司没有达到全部产品成本的计划目标。除A产品的成本有一定下降外，B产品和C产品的成

本都较计划成本有所上升，它们的成本上升率分别为1.74%和2.50%。为此，需要进一步分析B产品和C产品成本上升的原因。

（二）按成本项目分析产品成本计划的完成情况

按成本项目反映的产品生产成本表，一般可以采用比较分析法、构成比率分析法和相关比率分析法来进行分析。

在进行具体分析时，可以根据按成本项目编制的产品成本表中的数字来进行。该表是12月份编制的，因而其本年累计实际数、本年计划数和上年实际数都是整个年度的生产费用和产品成本，可以将产品生产成本合计数、生产费用合计数及其各项生产费用进行对比，揭示差异，以便进一步分析，查明原因。

业务链接10-5：根据表10-12产品生产成本表（按成本项目编制）所列示的数据，编制产品成本计划完成情况分析表，具体见表10-13。

表10-12　产品生产成本表

编制单位：××公司　　　　　　　20××年12月　　　　　　　金额单位：万元

项目	上年实际成本	本年计划成本	本月实际成本	本年累计实际成本
直接材料	5000	4500	506	4250
直接人工	3000	2800	286	2675
制造费用	50	48	4	50
生产成本合计	8050	7348	796	6975

表10-13　产品成本计划完成情况分析表

编制单位：××公司　　　　　　　20××年12月

成本项目	本年计划成本（万元）	本年实际成本（万元）	与本年计划比		
			成本降低额（万元）	成本降低率（%）	降低率的构成（%）
直接材料	4500	4250	250	5.56	3.40
直接人工	2800	2675	125	4.46	1.70
制造费用	48	50	−2	−4.17	−0.02
合计	7348	6975	373	5.08	5.08

从表10-13中可以发现,该公司按成本项目反映的产品成本计划完成情况与计划相比,成本降低373万元,成本降低率为5.08%。进一步分析可以发现,构成产品总成本的3个成本项目,直接材料项目和直接人工项目完成了计划,与计划相比较,其降低率分别为5.56%和4.46%,但制造费用项目超支了2万元,超支率为4.17%,对于制造费用项目超支的原因应当进一步分析。

四、可比产品成本计划完成情况分析

在对全部产品进行产品成本分析时,应检查有无将成本超支的可比产品列为不可比产品,或将成本降低较多的不可比产品列为可比产品,以掩盖可比产品成本超支的弄虚作假情况,即要注意检查可比产品的正确性。可比产品成本计划完成情况分析,可以按产品的品种进行,也可以按全部可比产品进行。

(一)可比产品成本降低计划完成情况的分析

根据产品生产成本表所列可比产品和不可比产品的本月实际总成本和本年累计实际总成本,分别与按上年实际平均单位成本计算的本月总成本和本年累计总成本进行比较,确定可比产品和不可比产品本期实际成本与上年实际成本的差异,了解成本升降程度的情况。

业务链接10-6:根据表10-2产品成本表,分析得出可比产品和不可比产品成本计划完成情况。并根据分析结果编制全部产品成本计划完成情况分析表,具体见表10-14。

表10-14 全部产品成本计划完成情况分析表

编制单位:××公司　　　　　　　　　　　20××年12月

产品名称	计划总成本(万元)	实际总成本(万元)	降低额(万元)	降低率(%)
可比产品合计	302000	301500	500	0.17
其中:A产品	175500	172800	2700	1.54
B产品	126500	128700	−2200	−1.74
不可比产品合计	104000	106600	−2600	−2.50

产品名称	计划总成本 (万元)	实际总成本 (万元)	降低额 (万元)	降低率 (%)
C产品	104000	106600	−2600	−2.50
合计	406000	408100	−2100	0.52

从表10-4中数据可以看出,该公司可比产品A产品的实际总成本低于计划总成本,B产品的实际总成本高于计划成本,不可比产品C产品的实际总成本较计划总成本也有所上升。从全部的产品成本来看,整个企业的成本还是有所上升的,上升额为2100万元,说明总体成本比计划成本略有上升。

(二) 可比产品成本降低任务完成情况的因素分析

可比产品的成本计划降低额和降低率是根据各种产品的计划产量确定的,实际降低额和降低率是根据实际产量计算的。因此,在产品品种结构和比重及产品单位成本不变的情况下,产量增减会和成本降低额同比例增减;但因为按上年实际平均单位成本计算的本年累计总成本也发生了同比例的增减,所以不会使成本降低率发生变动。产品单位成本的变动,则会影响成本降低额和降低率同时变动。产品单位成本降低使成本降低额和降低率增加;反之,则减少。此外,由于各种产品的成本降低程度不同,产品品种结构的变动,也会影响成本降低额和降低率同时变动。成本降低程度大的产品比重增加,会使成本降低额和降低率增加;反之会减少。

业务链接10-7: 以业务链接10-6的资料为例,产品成本表见表10-2,对其可比产品成本降低额计划执行结果分析如下。

影响可比产品成本降低额与降低率的因素前面已经说过,即各可比产品的产量、产品品种结构 (比重) 和产品单位成本3个。3个因素的变动对可比产品成本降低计划执行结果的影响程度分别如下述。

1. 产品产量变动的影响

产品产量因素的变动对成本降低额的影响,可根据下列公式计算:

产品产量变动对成本降低额的影响＝[∑（本期实际产量×上年实际平均单位成本)×计划降低率]－计划降低额＝309800×9.95%－30000＝825.1（万元）

产量变动对成本降低率的影响＝成本降低额/∑（本期实际产量×上年实际平均单位成本)×100%＝825.1/309800×100%＝0.27%

2. 产品品种结构（比重）变动的影响

全部可比产品成本降低率，实质上是以各种产品的个别降低率为基础，以各种产品的产量比重（即品种结构）为权数计算的平均成本降低率。由于各种产品的产量比重不同，因而各种产品成本降低的幅度也不相同。当成本降低幅度大的产品产量在全部可比产品产量中所占比重比计划提高时，实际可比产品成本降低额和降低率就会比计划提高；反之，就会减少。可用下面的计算公式来分析：

产品品种结构变动对成本降低额的影响

＝[∑（本期实际产量×上年实际平均单位成本）－∑（本期实际产量×本年计划单位成本)]－[∑（本期实际产量×上年实际平均单位成本)×计划降低率]

＝（309800－302000）－（309800×9.95%）＝－23025.1（万元）

产品品种结构变动对成本降低率的影响

＝[产品品种结构变动对成本降低额的影响/∑（本期实际产量×上年实际平均单位成本)]×100%

＝－23025.1/309800×100%＝－7.43%

3. 产品单位成本变动的影响

成本降低计划是本年度计划成本相比上年度实际成本的降低数，而实际成本降低额则是本年度实际成本相比上年度实际成本的降低数。因此，当本年度可比产品实际单位成本相比计划单位成本降低或升高时，就必然会引起降低额和降低率的变动。在其他因素保持不变的前提下，单位产品成本的变动正好与成本降低额和成本降低率相反。产品实际单位成本比计划降低得越多，成本降低额和降低率就越大；反之，就越小。可用下列公式来计算分析：

产品单位成本变动对成本降低额的影响

=∑（本期实际产量×本年计划单位成本）－∑（本期实际产量×本年实际单位成本）

=302000－301500＝500（万元）

产品单位成本变动对成本降低率的影响

=［产品单位成本变动对成本降低额的影响/∑（本期实际产量×上年实际平均单位成本）］×100%

=500/309800×100%＝0.16%

汇总上述三因素分析结果，可得：

总的成本降低额＝825.1－23025.1＋500＝－21700（万元）

总的成本降低率＝0.27%－7.43%＋0.16%＝－7.00%

从以上计算分析可以看出，由于产量的减少，使得实际成本降低825.1万元，降低率下降了0.27%；由于产品品种结构（比重）变动，使得实际成本降低额增加了23025.1万元，降低率上升了7.43%；在产品单位成本变动的影响下，可比产品成本降低了500万元，其中：A产品单位成本降低了2700万元，B产品上升了2200万元，两种产品的降低率为0.16%。综合影响结果是总成本降低额增加了21700万元，降低率为－7.00%。

五、主要产品单位成本分析

单位成本是影响全部产品总成本升降的重要因素。为了保证总成本降低任务的完成和超额完成，必须重视对单位成本的分析，以便找出影响成本升降的具体原因，寻求降低成本的途径，制定有效措施，完善成本管理，促使企业产品成本不断降低。对成本的计划完成情况的分析，除了对全部产品成本计划完成情况和可比产品成本降低任务的完成情况进行总括性的分析外，还应对企业主要产品的成本进行具体的分析。这样，才能把成本分析工作从总括的、一般性的分析，逐步引向比较具体的、深入细致的分析。对主要产品单位成本的分析，主要从其计划完成情况和项目变动原因展开。

（一）主要产品单位成本计划完成情况分析

分析主要产品单位成本计划完成情况，一般按成本项目逐项对比其计划数与实际数，也可以同时列示主要消耗材料和耗用工时的对比资料。

业务链接10-8：某公司20××年生产的主要产品是女款羊绒大衣，其单位成本分析如表10-15所示。

表10-15　主要产品（女款羊绒大衣）单位成本分析表

编制单位：某公司　　　　　　　　　　　　　20××年度

成本项目	计划数（万元）	实际数（万元）	比计划降低（万元，超支用负号）	为计划的百分比（%）
直接材料	200	199	1	0.5
直接人工	50	55	−5	−10.0
制造费用	75	76	−1	−1.3
小计	325	330	−5	−1.5

在分析时应当注意：一是寻求降低成本的具体途径，这是进行主要产品单位成本分析的目的，因此，一般可以采用简化的办法，即本年实际成本直接与计划成本对比；二是在分析时，尽可能地先剔除价格变动因素，即实际消耗可按计划单价计算，因为价格因素是外来因素，与产品生产无直接关系；三是在分析时，应尽可能分析得具体和细致，使之更能反映出降低成本的方向。

（二）主要产品单位成本项目变动原因分析

1. 直接材料项目分析

如果企业生产的产品只耗用一种材料，或虽耗用几种材料，但它们之间不存在配比关系时，对单位材料成本的变动情况，应结合单位产品材料消耗量（简称单耗）和材料单价两个因素的变动情况进行深入分析，此种分析方法称为两因素分析法。如果生产一种产品耗用几种材料，并且在各种材料之间存在着配比关系时，除了分析单耗和材料单价因素的变动情况外，还应分析材料配比因素变动的影响，此种方法称为三因素分析法。现举例简单说明如下。

业务链接10-9：××公司生产的某产品在20××年12月的直接材料计划与实际费用资料如表10-16所示。

表10-16　直接材料计划与实际费用对比表

编制单位：××公司　　　　　　　　　　　20××年12月份

项目	材料消耗量（公斤）	材料价格（元）	直接材料费用（元）
本年计划	50	30	1500
本年实际	45	32	1440
直接材料费用差异			－60

单位产品成本中的直接材料费用是材料消耗数量与材料价格的乘积，其影响因素不外乎材料消耗量差异和材料价格差异两个方面。从表中可以看出，该种产品单位成本中的直接材料费用本年实际比本年计划减少60元。至于变动是材料消耗量变动引起的还是材料价格引起的，或是两因素同时引起的，我们可以采用差额分析法来进行分析。

材料消耗量变动的影响额＝（45－50）×30＝－150(元)

材料价格变动的影响额＝（32－30）×45＝90(元)

两因素产生的共同影响额＝－150＋90＝－60(元)

通过以上计算可以看出，该种产品单位成本中的直接材料费用本年实际比本年计划减少60元的原因是：单位产品消耗量的降低，使得直接材料费用节约了150元；材料价格的上涨，使得直接材料费用超支了90元。两者相抵，则单位产品成本中直接材料费用节约了60元。通过分析，企业若想降低产品的直接材料费用，可以在生产车间加大生产工艺改革，加强成本管理，但绝不能偷工减料，影响产品质量，破坏企业的信誉；也可以对材料价格进行监督管理，坚决杜绝企业采购人员不得力或是从中牟取私利行为，否则会导致企业材料买价偏高或是材料运杂费增加。

2. 直接人工项目分析

如果企业只生产一种产品，则所生产产品的单位成本中的人工费用应该等于全部的人工费用总额除以产品的产量。此种情形下进行直接人工分析时，可以看出影响单位产品直接人工的因素有两个：一是全部的人工费用总额，另一是产品的产量，即单位产品的人工费用＝生产工人全部的人工费用/产品总量。

业务链接10-10：××公司一车间只生产一种产品A。20××年12月产量、工时、工资资料如表10-17所示。

表10-17 A产品产量、工时、工资资料

编制单位：××公司 20××年12月份

项目	计划	实际	差异
产量（件）	500	600	＋100
工资总额（件）	14350	15600	＋1250
单位产品人工费用（元）	28.7	26	－2.7

从表10-7中可以看出，A产品12月份单位产品人工费用实际比计划减少2.7元。而影响人工费用的主要因素有两个，即A产品的产量和工资总额。具体各自影响额的计算如下：

产量变动的影响额＝（14350/600）－（14350/500）＝－4.78（元）

工资总额变动的影响额＝（15600/600）－（14350/600）＝2.08（元）

两因素产生的共同影响额＝－4.78＋2.08＝－2.7（元）

但在多数企业中，各环节生产的产品品种可能在两种以上，则产品的人工费用一般是基于生产工时分配后计入各种产品生产成本的。所以单位产品的人工费用取决于单位产品的生产工时和分配计入产品成本的分配率（即小时工资率）这两个因素，即单位产品人工费用＝单位产品生产工时×分配率。

业务链接10-11：××公司二车间生产B、C两种产品。20××年12月B产品的单位人工费用的有关材料如表10-18所示。

表10-18 B产品产量、工时、工资计算表

编制单位：××公司 20××年12月

项目	计划	实际	差异
产量（件）	400	500	＋100
总工时（件）	15320	15500	＋180
单位产品工时（件）	38.3	31	－7.3
工资总额（件）	20200	24500	＋4300
分配率（元/小时，小时工资率）	50.5	49	－1.5

项目	计划	实际	差异
单位产品人工费用	1934.15	1519	−415.15

从表10-18中计算结果可以看出，B产品单位产品人工费用实际比计划减少415.15元。究其节约的原因，可以从其影响因素单位产品生产工时和分配率（即小时工资率）进行分析。建立分析体系：

单位产品人工费用＝单位产品生产工时×分配率

分析对象：$1519-1934.15＝-415.15$（元）

进行因素分析：

单位产品生产工时变动的影响额＝$（31-38.3）×50.5＝-368.65$（元）

分配率变动的影响额＝$31×（49-50.5）＝-46.5$（元）

两因素产生的共同影响额＝$-368.65+（-46.5）＝-415.15$（元）

从以上的分析结果可以看出，B产品单位产品人工费用的下降，是单位产品工时减少和分配率下降这两个因素共同作用的结果。单位产品工时减少意味着劳动生产率在提高。劳动生产率越高，单位产品的工时就越少，单位产品的人工费用就越低；反之，就越高。因此，提高劳动生产率是降低单位产品人工费用的重要途径。企业想要提高劳动生产率，可以从改变生产工艺和产品设计，提高机器设备的性能和工人技术的熟练程度，严肃劳动纪律和端正劳动态度等方面入手。而分配率，也就是小时工资率，是企业生产工人的工资总额与生产总工时的比率。生产工人工资总额的变动，主要与企业的工资政策和岗位定员及工人的出勤、缺勤等情况有关。生产总工时的变动，则主要取决于出勤率和出勤工时利用率的高低，所以在分析时应结合以上因素的变动情况进一步分析找出具体原因。

3. 制造费用项目分析

制造费用是为组织和管理生产所发生的各项费用，是生产车间的间接费用。在分析单位产品制造费用时，应视企业生产产品的品种多少来展开。若企业只生产一种产品，单位产品制造费用应等于制造费用总额除以产品产量。所以我们在对单位产品制造费用进行分析时，需要考虑制造费用总额和产品产量两个因素。

业务链接10-12：仍以前面业务链接10-10中××公司的A产品为例，有关资料如表10-19所示。

表10-19　A产品产量、制造费用资料

编制单位：××公司　　　　　　　　　　　　20××年12月

项目	计划	实际	差异
产量（件）	500	600	＋100
制造费用总额（元）	8000	8500	＋500
单位产品制造费用（元）	16	14.17	－1.83

从表10-19中可以看出，A产品单位产品制造费用实际比计划减少了1.83元。是什么原因导致的，根据影响A产品单位产品制造费用的两因素，即产品产量和制造费用总额，来具体分析。

产量变动的影响额＝（8000/600）－16＝－2.67（元）

制造费用总额变动的影响额＝14.17－（8000/600）＝0.84（元）

两因素产生的共同影响额＝－2.67＋0.84＝－1.83（元）

同样，很多企业各环节生产的产品品种不是只有一种，而是在两种以上，产品的制造费用一般是按生产工时进行归集与分配后计入各种产品生产成本的。所以单位产品制造费用取决于单位产品生产工时和分配计入产品成本的分配率（即小时费用率）这两个因素。单位产品生产工时的大小取决于劳动生产率的高低，分配率（即小时制造费用率）的大小受费用总额（制造费用的数额）变动的影响。随着劳动生产率的提高、产品产量的增长，制造费用中的变动费用相应地有所增长，固定费用基本稳定不变，分配率将会提高。

业务链接10-13：以业务链接10-11中B产品说明其分析方法，有关资料如表10-20所示。

表10-20　B产品产量、工时、工资制造费用计算表

编制单位：××公司　　　　　　　　　　　　20××年12月

项目	计划	实际	差异
产量（件）	400	500	＋100
总工时	15320	15500	＋180
单位产品工时	38.30	31	－7.30
制造费用总额（元）	20000	22000	＋2000
分配率（元/小时，小时费用率）	1.31	1.42	＋0.11
单位产品制造费用（元）	50.17	44.02	－6.15

从表10-20中计算结果可以看出，B产品单位产品制造费用实际比计划减少6.15元。根据影响其的两个因素，即单位产品生产工时和分配率（即小时费用率），建立分析体系：

单位产品制造费用＝单位产品生产工时×分配率

分析对象：$44.02-50.17=-6.15$（元）

进行因素分析：

单位产品生产工时变动的影响额＝$(31-38.30)\times1.31=-9.56$（元）

分配率变动的影响额＝$31\times(1.42-1.31)=3.41$（元）

两因素产生的共同影响额＝$-9.56+3.41=-6.15$（元）

根据以上的计算分析，可以得出的结论是：B产品的单位产品制造费用节约的原因可能是，劳动生产率的提高，使得单位产品生产工时降低，虽然分配率提高了，但最终导致单位产品制造费用的减少。

六、期间费用预算执行情况分析

成本费用预算包括产品成本计划和期间费用预算，对成本费用计划完成情况的分析也就包括了对期间费用预算执行情况的分析。对企业管理费用、财务费用和销售费用等期间费用预算执行情况的分析，在对象、内容、方法和费用分析表的编制等方面，都与制造费用预算执行情况的分析基本相同，此处不再专门讲述。

同步快速测试

一、单项选择题

1. 可比产品成本降低额与降低率之间的关系是（　　　　）。

A.成反比　　　　　　　　　　B.成正比

C.同方向变动　　　　　　　　D.无直接关系

2. 企业成本报表（　　　　）。

A.是对外报送的报表

B.是对内编报的报表

C.有关部门规定哪些指标对外公布，哪些指标不对外公布

D.根据债权人和投资人的要求，确定哪些指标对外公布，哪些指标不对外公布

3. 经济技术指标变动对产品成本的影响主要表现在对（　　　　）指标的影响。

A.产品总成本　　　　　　　　B.产品单位成本

C.产品产量　　　　　　　　　D.产品总成本和产品产量

4. 分析主要产品单位成本的计划完成情况，通常首先采用（　　　　）进行。

A.对比分析法　　　　　　　　B.趋势分析法

C.比率分析法　　　　　　　　D.连环替代法

5. 企业成本报表的种类、项目、格式和编制方法（　　　　）。

A.由国家统一规定

B.由企业自行制定

C.由企业主管部门统一规定

D.由企业上级与企业共同制定

6. 采用连环替代法，可以揭示（　　　　）。

A.产生差异的因素

B.实际数与计划数之间的差异

C.产生差异的因素和各因素的影响程度

D.产生差异的因素和各因素的变动原因

7. 可比产品是指（　　　　）。

A.企业过去曾经正式生产过,有完整的成本资料可以进行比较的产品

B.企业过去曾经生产过的产品

C.有完整的定额成本资料可以进行比较的产品

D.在行业中正式生产过,有完整的成本资料可以进行比较的产品

8. 下列关于主要产品单位成本表的说法中,错误的是（　　　　）。

A.主要产品单位成本表是反映企业在报告期生产的各种主要产品单位成本构成情况的报表

B.主要产品单位成本表应按主要产品分别编制

C.主要产品单位成本表是对产品生产成本表的补充说明

D.主要产品单位成本表是反映企业在报告期内全部产品单位成本构成情况的报表

9. 生产单一品种的情况下,影响可比产品成本降低额变动的因素是（　　　　）。

A.产品产量　　　　　　　　B.产品单位成本

C.产品产量和产品单位成本　　D.产品产量、单位成本和品种结构

10.（　　　　）是进行成本分析的主要依据。

A.成本制度　　　　　　　　B.成本预测

C.成本报表　　　　　　　　D.企业会计准则

二、多项选择题

1. 工业企业成本报表一般包括（　　　　）。

A.产品生产成本表　　　　　　B.主要产品单位成本表

C.制造费用明细表　　　　　　D.各种期间费用明细表

2. 主要产品单位成本表反映的单位成本包括（　　　　）。

A.本月实际　　　　　　　　B.历史先进水平

C.本年计划　　　　　　　　D.上年实际平均

3．生产多品种的情况下，影响可比产品成本降低额变动的因素有
（　　）。

A.产品产量　　　　　　　　　B.产品单位成本

C.产品价格　　　　　　　　　D.产品品种结构

4．期间费用明细表，一般按照期间费用项目分别反映费用项目的（　　）。

A.计划数　　　　　　　　　　B.上年同期实际数

C.本月实际数　　　　　　　　D.本年累计实际数

5．下列财务指标中，属于相关比率指标的有（　　）。

A.产值成本率　　　　　　　　B.销售收入成本率

C.成本利润率　　　　　　　　D.制造费用构成比率

6．连环替代的顺序性表现在（　　）。

A.先替代数量指标，后替代质量指标

B.先替换基本因素，后替换从属因素

C.先替换实物量指标，后替换价值量指标

D.先替代质量指标，后替代数量指标

7．成本报表分析的主要内容包括（　　）。

A.成本计划完成情况的分析　　B.主要产品单位生产成本的分析

C.费用预算执行情况的分析　　D.成本效益的分析

8．下列费用项目中，属于生产性费用的有（　　）。

A.生产车间的折旧费、修理费　B.劳动保护费

C.生产车间的机物料消耗　　　D.职工教育经费

9．技术经济指标的变动对产品单位成本影响的分析，主要包括
（　　）。

A.产量变动对产品单位成本的影响

B.废品率变动对产品单位成本的影响

C.原材料利用率变动对产品单位成本的影响

D.劳动生产率和工资水平变动对产品单位成本的影响

10．主要产品单位生产成本表中反映的内容主要包括（　　）。

A.产品产量　　　　　　　　　B.产品单位成本

C.主要技术经济指标　　　　　　D.产品的销售价格

三、实务操作题

1. 练习主要产品单位成本的分析。

资料：海力企业生产甲产品，有关资料见表10-21、表10-22。

表10-21　主要产品单位成本表

成本项目	上年实际平均	本年计划	本年实际
原材料（元）	1862	1890	2047
人工费（元）	150	168	164
制造费用（元）	248	212	209
合计	2260	2270	2420

表10-22　单位甲产品耗用原材料的资料表

项目	上年实际平均	本年计划	本期实际
原材料消耗量（千克）	950	900	890
原材料单价（元）	1.96	2.10	2.30

要求：根据上述资料，分析甲产品单位生产成本的计划完成情况；分析影响原材料费用变动的因素和各因素对材料费用变动的影响程度。

2. 练习分析可比产品成本降低率计划完成情况。

资料：海力企业生产甲、乙两种可比产品的成本资料如下。

（1）可比产品成本计划降低额为1800元，计划降低率为3.75%。

（2）可比产品生产成本资料见表10-23。

表10-23　可比产品成本资料表

可比产品	产量（件）	单位成本（元）		
	实际	上年实际平均	本年计划	本年实际
甲	30	700	690	680
乙	35	900	850	830
合计				

要求：分析可比产品成本降低率计划完成情况，分析其升降的原因。

项目十一　产品成本核算的其他方法

学习目标

知识目标：了解作业成本法与传统成本核算方法的区别，理解作业成本法、标准成本法的基本原理，掌握作业成本法的核算流程和标准成本差异的计算。

技能目标：会利用作业成本法核算产品成本，能进行标准成本差异的计算和分析。

学习情境

美国钢管公司是一家生产乐器的制造商，多年来一直为音乐爱好者制造各种型号的短号、长号和低音大号。在该公司成立50周年庆上，有人问创始人乔治先生，成功的秘诀是什么？他回答："质量控制和成本控制。我们紧缩银根，使产品具有极高的质量、极低的缺陷率并进行严密的成本控制，我们的企业与其他企业一样面临激烈的竞争。我们以合理的成本生产了高质量的产品，通过监控生产来确保质量，并充分利用生产空间，同时用非常完善的标准成本法控制成本。"

乔治先生继续说："我们为每件事情制定标准，如材料数量和价格、人工效率和工资率及间接费用。我们的主计长不断提供详细的成本报告，告诉我们标准成本和实际成本有无差异。若差异是由一种偶然因素所致，则忽略这种情况。"乔治先生还补充道："标准成本法不用于惩罚，我们从不用它过分地要求员工。它仅仅是一件诊断工具，它帮助我们评价了生产过程中的财务状况。"

思考：美国钢管公司成功的秘诀是什么？

任务一　认识作业成本法

一、作业成本法基本内容

(一) 作业成本法的含义

作业成本法 (Activity-Based Costing, ABC),又译为作业成本计算法,是通过对作业进行动态的追踪反映,计量作业和成本对象的成本,评价作业业绩和资源利用情况的一种方法。作业成本法把直接成本和间接成本作为产品(服务)消耗作业的成本同等地对待,拓宽了成本的计算范围,使计算出来的产品(服务)成本更准确真实。

(二) 作业成本法下的相关概念

作业成本法的指导思想是:"作业消耗资源,产出消耗作业。"作业成本法基于资源耗用的因果关系进行成本分配:根据作业活动耗用资源的情况,将资源耗费分配给作业;再依照成本对象消耗作业的情况,把作业成本分配给成本对象。作业是成本计算的核心和基本对象,产品成本或服务成本是全部作业的成本总和,是实际耗用企业资源成本的终结。

1. 资源

资源是企业生产耗费的原始形态,是成本产生的源泉。企业作业活动系统所涉及的人力、物力、财力都属于资源。一个企业的资源包括直接人工、直接材料、间接制造费用等。

2. 作业

作业,是指在一个组织内为了某一目的而进行的耗费资源的动作。作业是作业成本计算系统中最小的成本归集单元。它贯穿产品生产经营的全过程。在这一过程中,每个环节、每道工序都可以视为一项作业。

作业按其层次,可以分为单位作业、批次作业、产品作业和支持作业。单位作业,如加工零件、对每件产品进行的检验等。批次作业,如设备调试、生产准备等。产品作业，如产品工艺设计等。支持作业，如厂房维修、管理等。通常认为单位作业、批次作业、产品作业以外的所有作业均是支持作业。

3．成本动因

成本动因，亦称成本驱动因素，是指导致成本发生的因素，即成本的诱因。成本动因通常以作业活动耗费的资源来进行度量，如质量检查次数、用电度数等。在作业成本法下，成本动因是成本分配的依据。成本动因又可分为资源动因和作业动因。

资源动因是引起作业成本变动的驱动因素，反映作业量与耗费之间的因果关系。资源动因被用来计量各项作业对资源的耗用，根据资源动因可以将资源成本分配给各有关作业。

作业动因是引起产品成本变动的驱动因素，反映产品产量与作业成本之间的因果关系。作业动因被用来计量各种产品对作业耗用的情况，并被用来作为作业成本的分配基础，其是连接资源消耗与最终产出的桥梁。

4．作业中心

作业中心，又称成本库，是指构成一个业务过程的相互联系的作业集合，用来汇集业务过程及其产出的成本。换言之，按照统一的作业动因，将各种资源耗费项目归结在一起，便形成了作业中心。

二、作业成本法与传统成本计算法的比较

作业成本法作为新型产品成本计算方法，应用于制造行业，与传统成本计算方法有一定的区别，具体如图11-1所示。

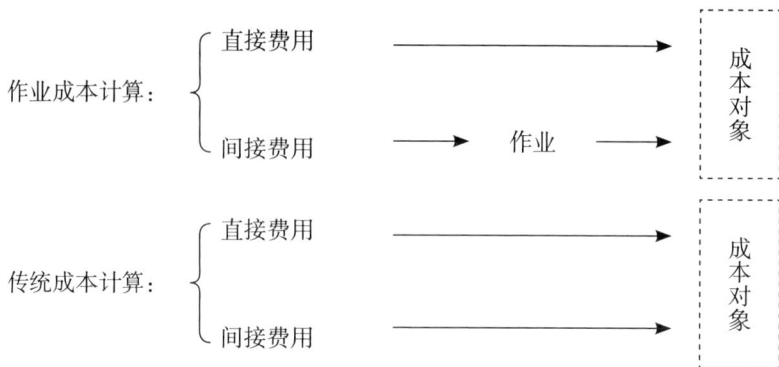

图 11-1　作业成本计算与传统成本计算

两者的区别集中在对间接费用的分配上，主要是制造费用的分配。采用作业成本计算法，制造费用按照成本动因直接分配，避免了传统成本计算法下的成本扭曲的问题。

三、作业成本法的成本计算

根据作业成本法的基本指导思想，产品成本计算过程可以分为两个阶段：第一阶段，识别作业，根据作业消耗资源的方式，将作业执行中耗费的资源分派（追溯和间接分配）到作业，计算作业的成本；第二阶段，根据产品消耗的成本动因，将第一阶段计算的作业成本分派（追溯和间接分配）到各有关成本对象。

作业成本法下间接成本的分配路径是"资源—作业—成本对象"。

作业成本法的具体核算步骤为：

（1）设立资源库，并归集资源库价值。

（2）确认主要作业，并设立相应的作业中心。纳入同一个作业组的作业应具备两个条件：一是属于同一类作业；二是对于不同的产品来说，有着大致相同的消耗比率。

（3）确定资源动因，并将各资源库汇集的价值分派到各作业中心。资源动因是把资源库价值分派到各作业中心的依据。

（4）选择作业动因，并确定各作业成本的成本动因分配率。选择成本动因时，要确保作业消耗量与成本动因消耗量相关，综合权衡收益与成本,并确认成本动因后的行为结果。

当各作业中心已经建立,成本动因已经选定后,就可以将各作业成本除以成本动因单位数,计算出以成本动因为单位的分配率。作业成本分配率可以分为实际作业成本分配率和预算作业成本分配率两种形式。

第一,实际作业成本分配率。实际作业成本分配率是根据各作业中心实际发生的成本和作业的实际产出,计算得出的单位作业产出的实际成本,计算公式为:

实际作业成本分配率＝当期实际发生的作业成本÷当期实际作业产出

第二,预算作业成本分配率。预算作业成本分配率根据预算年度预计的作业成本和预计作业产出计算,其公式为:

预算作业成本分配率＝预计作业成本÷预计作业产出

(5)计算作业成本和产品成本。根据每种产品所耗用的成本动因单位数和该作业分配率,可以计算该产品应分配的作业成本和单位成本。

某产品耗用的作业成本＝∑(该产品耗用的作业量×作业成本分配率)

某产品当期发生成本＝当期投入该产品的直接成本＋当期耗用的各项作业成本

其中:直接成本＝直接材料成本＋直接人工成本

业务链接11-1:某企业生产甲、乙两种产品,有关资料如下:

甲、乙两种产品的基本资料如表11-1所示。

表11-1　甲、乙产品基本资料

产品名称	年产量(台)	单位产品机器工时	直接材料单位成本(元)	直接人工单位成本(元)
甲	10000	10	50	20
乙	40000	10	30	20

企业每年的制造费用总额为2000000元。甲、乙两种产品的复杂程度不一样,所耗用的作业量也不一样。依据作业动因设置五个成本库。有关资料如表11-2所示。

表11-2 甲、乙两种产品作业成本资料

作业名称	成本动因	作业成本(元)	作业动因数（个）		
			甲产品	乙产品	合计
机器调整	调整次数	600000	3000	2000	5000
质量检验	检验次数	480000	4000	4000	8000
生产订单	订单份数	120000	200	400	600
机器维修	维修次数	600000	400	600	1000
材料验收	验收次数	200000	100	300	400
合计		2000000			

要求：分别用作业成本法与传统成本计算法计算上述两种产品的单位成本。

首先，用作业成本法计算各项作业的成本动因分配率，计算结果如表11-3所示。

表11-3 作业成本动因分配率

作业名称	成本动因	作业成本(元)	作业动因数（个）			分配率(元/个)
			甲产品	乙产品	合计	
机器调整	调整次数	600000	3000	2000	5000	120
质量检验	检验次数	480000	4000	4000	8000	60
生产订单	订单份数	120000	200	400	600	200
机器维修	维修次数	600000	400	600	1000	600
材料验收	验收次数	200000	100	300	400	500
合计		2000000				

其次，计算作业成本法下两种产品的制造费用，计算结果如表11-4所示。

表11-4 制造费用分配表

作业名称	作业成本(元)	作业动因数（个）		分配率(元/个)	分配的制造费用（元）	
		甲产品	乙产品		甲产品	乙产品
机器调整	600000	3000	2000	120	360000	240000
质量检验	480000	4000	4000	60	240000	240000
生产订单	120000	200	400	200	40000	80000
机器维修	600000	400	600	600	240000	360000
材料验收	200000	100	300	500	50000	150000

作业名称	作业成本（元）	作业动因数（个）		分配率（元/个）	分配的制造费用（元）	
		甲产品	乙产品		甲产品	乙产品
合计	2000000				930000	1070000

再次，使用传统成本计算法分别计算甲、乙两种产品的制造费用。

甲、乙两种产品的机器工时分别为100000小时和400000小时，制造费用总额为2000000元。

制造费用分配率 = 2000000 ÷（100000 + 400000）= 4（元/小时）

甲产品应分配的制造费用 = 100000 × 4 = 400000（元）

乙产品应分配的制造费用 = 400000 × 4 = 1600000（元）

最后，比较两种成本计算法下制造费用分配的结果，如表11-5所示。

表11-5 两种计算法下制造费用分配对照表

金额单位：元

项目	甲产品（产量10000台）				乙产品（产量40000台）			
	总成本		单位成本		总成本		单位成本	
	传统	作业	传统	作业	传统	作业	传统	作业
直接材料	500000	500000	50	50	1200000	1200000	30	30
直接人工	200000	200000	20	20	800000	800000	20	20
制造费用	400000	930000	40	93	1600000	1070000	40	26.75
合计	1100000	1630000	110	163	3600000	3070000	90	76.75

根据以上案例分析，与作业成本法比较，传统成本计算法采用单一分配标准进行制造费用的分配，忽视了各种产品生产的复杂性的技术含量不同及相联系的作业量不同。相比之下，传统成本计算法相关性较弱，而作业成本法考虑了引起制造费用发生的具有代表性的各种成本动因，并以此为基础分配制造费用，因而它能较客观、合理地反映高新技术环境下各产品的成本。

任务二　认识标准成本法

一、标准成本管理及相关概念

标准成本，是指通过调查分析、运用技术测定等方法制定的，在有效经营条件下所能达到的目标成本。标准成本主要用来控制成本开支，衡量实际工作效率。

标准成本管理，又称标准成本控制，是以标准成本为基础，将实际成本与标准成本进行对比，揭示成本差异形成的原因和责任，进而采取措施，对成本进行有效控制的一种管理方法。标准成本管理以标准成本的确定作为起点，通过差异的计算、分析等得出结论性报告，然后据以采取有效措施，巩固成绩或克服不足。

二、标准成本的类型

企业在确定标准成本时，可以根据自身的技术条件和经营水平，在以下类型中进行选择。

一是理想标准成本。这是一种理论标准，它是指在现有条件下所能达到的最优成本水平，即在生产过程无浪费、机器无故障、人员无闲置、产品无废品的假设条件下制定的成本标准。

二是正常标准成本，是指在正常情况下，企业经过努力可以达到的成本标准。这一标准考虑了生产过程中不可避免的损失、故障和偏差等。

通常来说，正常标准成本大于理想标准成本。因为理想标准成本的要求异常严格，一般很难达到，而正常标准成本具有客观性、现实性和激励性等特点，所以，正常标准成本在实践中有广泛应用。

三、标准成本的确定

产品成本由直接材料、直接人工和制造费用三个项目组成。无论是确定哪一个项目的标准成本，都需要分别确定其用量标准和价格标准，两者的乘积就是每一成本项目的标准成本，再将各项目的标准成本汇

总,即得到单位产品的标准成本。其计算公式为:

单位产品的标准成本=直接材料标准成本+直接人工标准成本+制造费用标准成本=Σ(用量标准×价格标准)

(一)直接材料标准成本的制定

单位产品耗用的直接材料的标准成本是由材料的用量标准和价格标准来确定的。

材料的用量标准是指在现有生产技术的条件下,生产单位产品所需的材料数量。它包括构成产品实体的材料和有助于产品形成的材料,以及生产过程中必要损耗的材料。材料的用量标准一般应根据科学的统计调查,以技术分析为基础计算确定。

材料的标准价格通常采用企业编制的计划价格,它通常以订货合同的价格为基础,并考虑到未来物价、供求等各种变动因素后按材料种类分别计算。其一般由财务部门和采购部门等共同制定。

制定直接材料标准成本的基本程序是:首先,区分直接材料的种类;其次,逐一确定它们在单位产品中的标准用量和标准价格;再次,按照种类分别计算各种直接材料的标准成本;最后,汇总得出单位产品的直接材料标准成本。其计算公式是:

某产品直接材料标准成本=Σ(单位产品直接材料用量标准×直接材料价格标准)

业务链接11-2:假定某企业A产品耗用甲、乙、丙三种直接材料,其直接材料标准成本的计算结果如表11-6所示。

表11-6 A产品直接材料标准成本

项目	标准		
	甲材料	乙材料	丙材料
用量标准	3千克/件	6千克/件	9千克/件
价格标准	45元/千克	15元/千克	30元/千克
成本标准	135元/件	90元/件	270元/件
单位产品直接材料标准成本	495元		

（二）直接人工标准成本的制定

直接人工是由直接人工用量和直接人工的价格两项标准决定的。

直接人工用量标准，即工时用量标准。它是指在现有的生产技术条件下，生产单位产品所耗用的必要的工作时间，包括对产品直接加工工时、必要的间歇或停工工时，以及不可避免的废次品所耗用的工时等。其一般由生产技术部门、人力资源部门等运用特定的技术测定方法和分析统计资料后确定。

直接人工的价格标准就是标准工资率，它通常由人力资源部门根据用工情况制定。当采用计时工资时，标准工资率就是单位标准工资率，是由标准工资总额与标准总工时的商来确定的。即：

标准工资率＝标准工资总额÷标准总工时

因此，直接人工标准成本＝工时用量标准×标准工资率。

业务链接11-3：沿用业务链接11-2企业的基本资料。A产品直接人工标准成本的计算结果如表11-7所示。

表11-7　A产品直接人工标准成本

项目	标准
月标准总工时	15600 小时
月标准总工资	168480元
标准工资率	10.8元/小时
单位产品工时用量标准	1.5小时/件
直接人工标准成本	16.2元/件

（三）制造费用标准成本的制定

成本按照其性态分为变动成本和固定成本。前者随着产量的变动而变动，后者相对固定，不随产量波动。所以，制定制造费用标准成本时，也应分别制定变动制造费用和固定制造费用的成本标准。制造费用标准成本是由制造费用用量标准和价格标准两项因素决定的。

制造费用用量标准，即工时用量标准。其含义与直接人工用量标准相同。

制造费用价格标准,即制造费用的分配率标准。其计算公式为:

变动性制造费用分配率＝变动性制造费用预算总额÷标准总工时

固定性制造费用分配率＝固定性制造费用预算总额÷标准总工时

因此,制造费用标准成本可按照下面的公式来计算:

变动性制造费用标准成本＝工时用量标准×变动制造费用分配率

固定性制造费用标准成本＝工时用量标准×固定制造费用分配率

业务链接11-4:沿用业务链接11-3企业的基本资料。A产品制造费用标准成本的计算结果如表11-8所示。

表11-8　A产品制造费用标准成本

项目		标准
工时	月标准总工时	15600小时
	单位产品工时标准	1.5小时/件
变动性制造费用	标准变动制造费用总额	56160元
	标准变动制造费用分配率	3.6小时/件
	变动制造费用标准成本	5.4元/件
固定制造费用	标准固定制造费用总额	187200元
	标准固定制造费用分配率	12元/小时
	固定制造费用标准成本	18元/件
单位产品制造费用标准成本		23.4元

四、成本差异的计算及分析

在标准成本管理模式下,成本差异是指一定时期生产一定数量的产品所发生的实际成本与相关的标准成本之间的差额。凡实际成本大于标准成本的,称为超支差异;凡实际成本小于标准成本的,则称为节约差异。

从标准成本的制定过程可以看出,任何一项费用的标准成本都是由用量标准和价格标准两个因素决定的。因此,差异分析就应该从这两个方面进行。实际产量下总差异的计算公式为:

总差异＝实际产量下实际成本－实际产量下标准成本

＝实际用量×实际价格－实际产量下标准用量×标准价格

$$=标准价格\times(实际用量-实际产量下标准用量)+(实际价格-标准价格)\times实际用量$$

$$=用量差异+价格差异$$

其中:用量差异$=标准价格\times(实际用量-实际产量下标准用量)$

价格差异$=(实际价格-标准价格)\times实际用量$

(一)直接材料成本差异的计算分析

直接材料成本差异,是指直接材料的实际总成本与实际产量下标准总成本之间的差异,它可进一步分解为直接材料价格差异和直接材料用量差异两部分。有关计算公式如下:

$$直接材料成本差异=实际产量下实际成本-实际产量下标准成本$$

$$=实际价格\times实际用量-标准价格\times标准用量$$

$$=直接材料价格差异+直接材料用量差异$$

$$直接材料价格差异=(实际价格-标准价格)\times实际用量$$

$$直接材料用量差异=标准价格\times(实际用量-实际产量下标准用量)$$

直接材料价格差异的形成受各种主客观因素的影响,较为复杂,如市场价格、供货厂商、运输方式、采购批量等的变动,都可以导致材料价格的差异。但因为它与采购部门的关系更为密切,所以其差异应主要由采购部门承担责任。

直接材料用量差异形成的原因是多方面的,有生产部门的原因,也有非生产部门的原因,如产品设计结构、原料质量、工人的技术熟练程度、废品率的高低等都会导致材料用量的差异。直接材料用量差异的责任需要通过具体分析才能确定,但主要由生产部门承担。

业务链接11-5:沿用业务链接11-2中的资料。A产品甲材料的标准价格为45元/千克,用量标准为3千克/件。假定企业本月投产A产品8000件,领用甲材料32000千克,其实际价格为40元/千克。其直接材料成本差异计算如下:

$$直接材料成本差异=40\times32000-45\times3\times8000=200000(元)$$
(超支)

其中：直接材料价格差异＝（40－45）×32000＝－160000（元）（节约）

直接材料用量差异＝45×（32000－8000×3）＝360000（元）（超支）

通过以上计算可以看出，A产品本月耗用甲材料发生200000元超支差异。由于生产部门实际耗用材料超过标准，导致超支360000元，应该查明材料用量超标的具体原因，以便改进工作，节约材料。从材料价格而言，因为材料价格降低，节约了160000元，从而抵消了一部分因为材料超标耗用而形成的成本超支。这是材料采购部门的工作成绩，也应查明原因，以便巩固和发扬成绩。

（二）直接人工成本差异的计算分析

直接人工成本差异，是指直接人工的实际总成本与实际产量下标准总成本之间的差异。它可分为直接人工工资率差异和直接人工效率差异两部分。有关计算公式如下：

直接人工成本差异＝实际总成本－实际产量下标准成本

＝实际工资率×实际人工工时－标准工资率×标准人工工时

＝直接人工工资差异率＋直接人工效率差异

直接人工工资率差异＝（实际工资率－标准工资率）×实际人工工时

直接人工效率差异＝标准工资率×（实际人工工时－实际产量下标准人工工时）

直接人工工资率差异是价格差异。其形成原因比较复杂，工资制度的变动、工人的升降级、加班或临时工的增减等都将导致工资率差异。一般地，产生这种差异的责任不在于生产部门，劳动人事部门更应对其承担责任。

直接人工效率差异是效率差异。其形成原因也是多方面的，工人技术状况、工作环境和设备条件的好坏等，都会影响效率的高低，但其主要责任在于生产部门。

业务链接11-6：沿用业务链接11-3中的资料。A产品标准工资率为10.8元/小时，工时标准为1.5小时/件，工资标准为16.2元/件。假定企业本月实际生产A产品8000件，用工10000小时，实际应付直接人工工资

110000元。其直接人工差异计算如下：

直接人工成本差异＝110000－16.2×8000＝－19600（元）（节约）

其中：直接人工工资率差异＝（110000÷10000－10.8）×10000＝2000（元）（超支）

直接人工效率差异＝10.8×（10000－1.5×8000）＝－21600（元）（节约）

通过以上计算可以看出，该产品的直接人工成本总体上节约19600元。其中，直接人工效率差异节约21600元，但直接人工工资率差异超支2000元。直接人工工资率差异超过标准，可能是为了提高产品质量，调用了一部分技术等级和工资级别较高的工人，使小时工资率增加了0.2元（110000÷10000－10.8）。但也因此在提高产品质量的同时，拓宽了销路，使工时的耗用由标准的12000小时（8000×1.5）降为10000小时，节约工时2000小时，从而导致了最终的成本节约。可见生产部门在生产组织上的成绩是值得肯定的。

（三）变动制造费用成本差异的计算和分析

变动制造费用成本差异，是指实际发生的变动制造费用总额与实际产量下标准变动费用总额之间的差异。它可以分解为耗费差异和效率差异两部分。其计算公式如下：

变动制造费用成本差异

＝实际总变动制造费用－实际产量下标准变动制造费用

＝实际变动制造费用分配率×实际工时－标准变动制造费用分配率×标准工时

＝变动制造费用耗费差异＋变动制造费用效率差异

变动制造费用耗费差异＝（变动制造费用实际分配率－变动制造费用标准分配率）×实际工时

变动制造费用效率差异＝变动制造费用标准分配率×（实际工时－实际产量下标准工时）

其中，变动制造费用耗费差异属于价格差异，变动制造费用效率差异是用量差异。变动制造费用效率差异的形成原因,与直接人工效率差异的形成原因基本相同。

业务链接11-7:沿用业务链接11-4中的资料。A产品标准变动费用分配率为3.6元/小时,工时标准为1.5小时/件。假定企业本月实际生产A产品8000件,用工10000小时,实际发生变动制造费用40000元。其变动制造费用成本差异计算如下:

变动制造费用成本差异 = 40000 - 3.6 × 1.5 × 8000 = -3200(元)(节约)

其中:变动制造费用耗费差异 = (40000 ÷ 10000 - 3.6) × 10000 = 4000(元)(超支)

变动制造费用效率差异 = 3.6 × (10000 - 1.5 × 8000) = -7200(元)(节约)

通过以上计算可以看出,A产品变动制造费用节约3200元,这是因为效率提高了,工时由12000小时(1.5 × 8000)降为10000小时。因为标准变动制造费用分配率由3.6元提高到4元(40000 ÷ 10000),使变动制造费用发生超支,从而抵消了一部分变动制造费用的节约额。此时,应该查明标准变动制造费用分配率提高的具体原因。

(四)固定制造费用成本差异的计算分析

固定制造费用成本差异,是指实际发生的固定制造费用与实际产量下标准固定制造费用的差异。其计算公式为:

固定制造费用成本差异

= 实际产量下实际固定制造费用 - 实际产量下标准固定制造费用

= 实际分配率 × 实际工时 - 标准分配率 × 实际产量下标准工时

标准分配率 = 固定制造费用预算总额 ÷ 预算产量下标准总工时

因为固定制造费用相对固定,实际产量与预算产量的差异会对单位产品所应承担的固定制造费用产生影响,所以,固定制造费用成本差异的分析有其特殊性,具体分析方法分为两差异分析法和三差异分析法。

1. 两差异分析法

它是指将总差异分为耗费差异和能量差异两部分。其计算公式如下：

耗费差异＝实际固定制造费用－预算产量下标准固定制造费用

　　　　＝实际固定制造费用－标准分配率×工时标准×预算产量

　　　　＝实际固定制造费用－标准分配率×预算产量下标准工时

能量差异＝预算产量下标准固定制造费用－实际产量下固定制造

　　　　费用

　　　　＝标准分配率×（预算产量下标准工时－实际产量下标准

　　　　工时）

业务链接11-8：沿用业务链接11-4中的资料。A产品的固定制造费用标准分配率为12元/小时，工时标准为1.5小时/件。假定企业A产品的预算产量为10400件，实际生产A产品8000件，用工10000小时，实际发生固定制造费用190000元。其固定制造费用的成本差异计算如下：

固定制造费用成本差异＝190000－12×1.5×8000＝46000（元）
（超支）

其中：耗费差异＝190000－12×1.5×10400＝2800（元）（超支）

能量差异＝12×（1.5×10400－1.5×8000）＝43200（元）（超支）

通过以上计算可以看出，该企业A产品固定制造费用超支46000元，主要是因为生产能力不足，使实际产量小于预算产量。

2. 三差异分析法

它是将两差异分析法下的能量差异进一步分解为产量差异和效率差异，即将固定制造费用成本差异分为耗费差异、产量差异和效率差异三个部分。其中，耗费差异的概念和计算与两差异分析法下一致。其相关计算公式为：

耗费差异＝实际固定制造费用－预算产量下标准固定制造费用

　　　　＝实际固定制造费用－标准分配率×工时标准×预算产量

　　　　＝实际固定制造费用－标准分配率×预算产量下标准工时

产量差异＝标准分配率×（预算产量下标准工时－实际产量下实际

　　　　工时）

效率差异＝标准分配率×(实际产量下实际工时－实际产量下标准
　　工时)

业务链接11-9：沿用业务链接11-4中的资料。A产品固定制造费
用成本差异的计算如下：

固定制造费用成本差异＝190000－12×1.5×8000＝46000(元)
(超支)

其中：耗费差异＝190000－12×1.5×10400＝2800(元)(超支)

产量差异＝12×(1.5×10400－10000)＝67200(元)(超支)

效率差异＝12×(10000－1.5×8000)＝－24000(元)(节约)

通过上述计算可以看出，采用三差异分析法，能够更好地说明生产
能力利用程度和生产效率高低所导致的成本差异情况，便于分清责任。

(五)分析结果的反馈

标准成本差异分析是企业规划与控制的重要手段。通过差异分析，
企业管理人员可以进一步掌握实际执行结果与标准不同的深层次原因。
差异分析的结果，可以更好地凸显实际生产经营活动中存在的不足或在
何时修改成本标准，这对企业成本的持续降低、责任的明确划分及经营
效率的提高具有十分重要的意义。

同步快速测试

一、单项选择题

1. 某公司生产甲产品，实行标准成本管理。每件产品的标准工时为
3小时，固定制造费用的标准成本为6元。假设企业预算产量为400件，
实际产量为350件，发生固定制造费用2250元，实际工时为1100小时。
根据上述数据计算，固定制造费用效率差异为(　　　)元。

A.100　　　　　B.150　　　　　C.200　　　　　D.300

2. 若直接人工效率差异为1500元，标准工资率为5元/小时，变动制造费用标准分配率为1.5元/小时，则变动制造费用的效率差异为（   ）元。

    A.300   B.200   C.150   D.450

3. 某公司月成本考核例会上，各部门经理正在讨论、认定直接材料价格差异的主要责任部门。根据你的判断，该责任部门应是（   ）。

    A.采购部门   B.销售部门

    C.劳动人事部门   D.管理部门

4. 在两差异分析法下，固定制造费用的差异可以分解为（   ）。

    A.价格差异和产量差异

    B.耗费差异和效率差异

    C.能量差异和效率差异

    D.耗费差异和能量差异

5. 下列各项中，属于"直接人工标准工时"组成内容的是（   ）。

    A.由于设备意外故障产生的停工工时

    B.由于更换产品产生的设备调整工时

    C.由于生产作业计划安排不当产生的停工工时

    D.由于外部供电系统故障产生的停工工时

6. 下列成本项目中，与传统成本计算法相比，运用作业成本法核算更具优势的是（   ）。

    A.直接材料成本   B.直接人工成本

    C.间接制造费用   D.特定产品专用生产线折旧费

二、多项选择题

1. 以下标准成本差异中，属于数量差异的有（   ）。

    A.直接材料价格差异   B.直接人工效率差异

    C.直接人工工资率差异   D.变动制造费用效率差异

2. 在下列成本差异项目中，其形成原因与直接人工效率差异相同的有（   ）。

    A.直接材料价格差异   B.变动制造费用效率差异

C.固定制造费用效率差异　　　　D.固定制造费用开支差异

3. 在成本差异分析中,变动制造费用开支差异类似于(　　　)。

A.直接材料用量差异　　　　　　B.直接材料价格差异

C.直接人工工资率差异　　　　　D.直接人工效率差异

4. 在成本差异分析中,变动制造费用效率差异类似于(　　　)。

A.直接材料用量差异　　　　　　B.直接材料价格差异

C.直接人工效率差异　　　　　　D.固定制造费用开支差异

三、实务操作题

1. 绿地公司是专业制造电动自行车配件产品的小型企业,主要生产电动自行车充电器和电动自行车电机。已知20××年1月两种产品的有关成本资料如表11-9所示。

表11-9　产品成本资料

产品名称	产量(件)	直接材料单位产品成本(元)	直接人工单位产品成本(元)
充电器	100	50	40
电机	200	80	30

本月发生的制造费用(作业成本)总额为50000元,相关的作业有4个,有关资料见表11-10。

表11-10　作业成本资料

作业名称	成本动因	作业成本(元)	充电器耗用作业量	电机耗用作业量
质量检验	检验次数	4000	5	15
订单处理	生产订单份数	4000	30	10
机器运行	机器小时数	40000	200	800
设备调整准备	调整准备次数	2000	6	4

要求:

(1)用作业成本法计算两种产品的单位成本。

(2)以机器小时作为制造费用的分配标准,采用传统成本计算法计算两种产品的单位成本。

2. 天顺公司运用标准成本系统计算甲产品成本,有关资料如下。

（1）本期单位产品直接材料的标准用量为5千克，单位材料的标准价格为2元，单位产品的标准工时为4小时，预计标准总工时为2000小时，标准工资总额为6000元，标准制造费用总额为7200元（其中变动制造费用为5000元，固定制造费用为2200元）。

（2）其他情况：本期产品的实际产量为490件，耗用工时2100小时，支付工资6620元，支付制造费用7300元（其中变动制造费用5400元，固定制造费用1900元），原材料的价格为2.1元/千克，本期领用原材料2050千克。

要求：

（1）编制甲产品标准成本卡，填写表11-11。

表11-11 甲产品标准成本卡

项目	用量标准（千克）	价格标准（元/千克）	单位标准成本（元）
直接材料			
直接人工			
变动制造费用			
固定制造费用			
单位标准成本			

（2）计算直接材料价格差异和直接材料用量差异。

（3）计算直接人工效率差异和直接人工工资率差异。

（4）计算变动制造费用效率差异、变动制造费用耗费差异。

（5）计算固定制造费用耗费差异、能量差异、产量差异和效率差异。